DANSE
AVEC LE SIÈCLE

STÉPHANE HESSEL

DANSE AVEC LE SIÈCLE

ÉDITIONS DU SEUIL
*27, rue Jacob, Paris VIe*

ISBN 2-02-023556-0

Introduction

Issu d'une famille d'écrivains, je n'ai jamais envisagé de prendre à mon tour la plume. J'ai toujours préféré l'action à l'écriture, l'avenir aux nostalgies et réminiscences.

Mais, à mon âge, on est témoin de son temps. Mon existence se termine avec le siècle. C'est probablement à cela que je dois les amicales pressions – dont celles, réitérées et impérieuses, de Régis Debray – qui m'ont fait entreprendre cet exercice périlleux qui consiste à parler d'un destin personnel lié aux événements de son époque, sans notes ni archives.

Me fondant sur ma seule mémoire, je m'accroche à quelques points de repère, à de simples coïncidences, pour dérouler un récit forcément subjectif et décanté par les années.

Cherchant les principaux points de rencontre entre le temps du monde et le temps de ma vie, j'en trouve d'irréfutables mais aussi de plus subtils. Ainsi 1917, l'année de ma naissance à Berlin, est aussi le crépuscule de l'empire de Guillaume II, où l'échec de la révolution prolétarienne imposera des bornes à celle que Lénine fait triompher à Petrograd à quelques jours de ma venue au monde.

En 1937, j'acquiers la nationalité française. L'*Anschluss* prélude à l'aventure atroce qui va faire des citoyens de ma terre natale les bourreaux de ma terre d'adoption et couvrira de honte la civilisation dont ils se réclament.

L'année 1944, où j'échange mon nom contre ma vie, est celle où les Alliés rédigent la charte de l'ONU, la plus ambitieuse des organisations que l'humanité ait conçues. Pour justifier ma survie, c'est cette organisation que je servirai.

L'année 1985, où je prends officiellement ma retraite, est celle de la *perestroïka* et de la *glasnost*, signes avant-coureurs de l'effondrement de l'Union soviétique, qui aura duré moins longtemps que moi ; celle de l'entrée du monde dans une phase imprévisible, exposé, sans gouvernail, à toutes sortes de violences, mais libéré d'une menaçante confrontation, hantise de nos consciences pendant quarante ans.

Je pense à d'autres coïncidences fortuites : je découvre un message dans l'œuvre de mon père l'année où l'Allemagne recouvre son unité ; je rentre d'une mission au Burundi le mois où se déclenche un génocide au Rwanda voisin.

A chacun de ces carrefours, mon jugement sur moi-même et sur l'histoire avance un peu. Malgré beaucoup de candeurs contestées et d'illusions perdues, d'horreurs observées et de bilans aigres, ma certitude demeure : tout ce qui mérite d'être souhaité devient réel. Dans la faveur que le destin me prodigue entre pour une bonne part ce privilège de porter sur le monde et sur son mouvement à travers le temps un regard confiant. Et plus la période qu'il embrasse est longue, plus il conforte cet optimisme.

I

Première transhumance : de Berlin à Paris

J'ai longtemps conservé un cahier où j'avais peint les épisodes de ma vie, depuis ma naissance jusqu'à mon arrivée en France, à l'âge de sept ans. Chaque aquarelle avait sa légende. Je me souviens de la première : elle représentait un lit où étaient couchées une figure féminine et une autre plus petite. Au pied du lit, deux paires de pantoufles, l'une deux fois plus grande que l'autre. En face, un homme en blouse blanche, attablé devant une assiette maculée d'une tache rouge. La légende disait : « Après ma naissance, le docteur mange une tranche de jambon. » J'avais restitué le récit de ma mère, amusée par ce geste incongru de son accoucheur dans le Berlin d'octobre 1917, où l'on manquait de tout.

Mes parents habitaient un vaste appartement dans un bel immeuble fin de siècle, doté d'un escalier large et incurvé dont je foulais avec délices le tapis rouge. La maison faisait le coin des rues Friedrich-Wilhelm et Von-der-Heydt, à cent mètres du Tiergarten, le grand parc de la capitale où mon frère et moi allions jouer au cerceau. Ce quartier des ambassades, dont je garde un souvenir si précis que je pourrais, aujourd'hui encore, en dessiner le plan, a été entièrement rasé par les bombes. De ma maison natale il ne reste rien.

Dans ma mémoire, il y a une image que je situe peu après la fin de la guerre. Je dois avoir un peu plus de deux ans. Je danse, à Noël, dans le grand salon, libéré pour la fête. J'ai aux chevilles et aux poignets des anneaux de raphia bleus et rouges. Mon frère me regarde. Les parents applaudissent. Je tourne et tourne et tourne.

Qui sont ces parents ?

La famille de mon père avait acquis sa fortune, substantielle, dans le commerce des grains. Elle avait quitté la Pologne, où elle faisait partie de la communauté juive, pour s'installer dans ce qui était alors le grand port allemand de Poméranie : Stettin, redevenu en 1945 le Szczecin polonais. Son troisième fils, Franz, y vit le jour en 1880. Au tournant du siècle, Heinrich Hessel et sa femme Fanny rompirent avec la tradition juive, s'établirent à Berlin et firent baptiser leurs enfants dans la religion luthérienne.

Deux d'entre eux, le fils aîné, Alfred, et le benjamin, Hanns, correspondent à l'image que l'on se fait de la bourgeoisie juive assimilée, qui occupe, dans le premier tiers du XXe siècle, une gamme étendue de positions sociales de premier plan, dans la banque, l'Université, le théâtre, la presse, l'intelligentsia en général, ce qui en fait la cible d'abord de la droite nationaliste, puis des nazis.

Les deux autres enfants ne semblent pas sortis du même moule : une fille, Anna, sans doute très belle, très douce, et que la tuberculose emportera à l'âge de vingt-cinq ans, et un fils, Franz, mon père, son cadet de quinze ans, que cette mort bouleversera. Il y puisera peut-être cette mélancolie et ce détachement de la vie matérielle qui siéent aux poètes. Les affaires sont pour Paul Briske, son beau-frère, qui fera péricliter la fortune familiale, la banque pour Hanns et l'Université pour Alfred, qui mourra à Göttingen, pleuré par ses étudiants, en 1939. Franz, quant à lui, se voue dès son plus jeune âge aux lettres, aux langues et à l'étude de l'Antiquité grecque.

Ma mère, Helen Grund, vint au monde à Berlin en 1886. Elle était la fille cadette d'un banquier mélomane dont la famille, de confession protestante et d'origine silésienne, avait donné à la Prusse de brillants architectes et de grands administrateurs. J'ai appris récemment que mon arrière-grand-père avait été fait commandeur de la Légion d'honneur pour avoir, dans les années 1850, contribué à l'aménagement du bassin fluvial de la Sarre, en coopération avec les autorités impériales françaises. Ma grand-mère était née à Zurich, dans une famille allemande émigrée en Suisse après la révolution de 1848. Elle avait une belle-sœur française et une belle-sœur anglaise. Les récits de ma mère sur son enfance, sur ses quatre frères et sœurs qui cajolaient la cadette, laissaient deviner un monde d'intense jubilation, de folles imprudences, d'angoisses maternelles et de laxisme paternel qui devaient conduire ma grand-mère en maison de santé, où elle mourut avant ma naissance.

Franz est d'abord attiré par la bohème artiste de Schwabing, le Montparnasse de Munich, où, pendant trois ans, il vit aux pieds de la comtesse Franziska zu Reventlow, entre le poète Stefan George et son disciple Karl Wolfskehl, dans un cénacle orgueilleux qui l'impressionne fort, même s'il s'en moque dans des écrits satiriques. De retour à Berlin, il fonde une revue littéraire : *Vers und Prosa*[1]. Puis, en 1906, il vient à Paris, où il se lie avec Henri-Pierre Roché, Guillaume Apollinaire et Marie Laurencin.

Helen veut être peintre, et son professeur, Mosson, qui est aussi son premier partenaire amoureux, l'engage à se former à la Grande Chaumière, à Paris, auprès de Maurice Denis.

C'est à Montparnasse, en 1912, au café du Dôme, que Franz et Helen se rencontrent, aussi allemands, aussi cosmopolites l'un que l'autre.

Ce Paris des années d'avant-guerre est le creuset culturel et moral d'où nous sommes sortis, mon frère et moi, un lieu de rêves et de révoltes. C'est là que nos parents ont décidé de se marier, non pour se forger des chaînes, mais au contraire pour accroître leur liberté, hautement revendiquée. Liberté par rapport à leurs familles : les frères d'Helen trouvaient qu'il y avait trop de juifs parmi les invités de la noce ; ceux de Franz, plus tolérants, se demandaient s'il n'avait pas été épousé pour sa fortune. Qui d'entre eux pouvait comprendre le lien si particulier qui les unissait et les délivrait en même temps l'un de l'autre ?

C'est à Berlin que le mariage a lieu, un an avant la déclaration de guerre. Helen est enceinte. Elle décide d'accoucher à Genève.

1. Il publie des nouvelles dans les gazettes berlinoises, celle de Stefan Grossmann, *Das Tagebuch*, fréquente Brecht, Ringelnatz, Tucholsky, Hofmannsthal, Rilke.

Son premier enfant, Ulrich, naît le 27 juillet 1914, dans des conditions périlleuses, tandis que Franz la quitte pour rejoindre son régiment. Le bébé, blessé au crâne, est sauvé par l'acharnement de sa mère. Il en gardera une infirmité qui fera de lui à la fois mon grand et mon petit frère. Trois ans plus tard, à Berlin, alors qu'on se massacre à Verdun, je suis le fruit d'une permission accordée à Franz par le service de la censure, où il s'est fait affecter. L'absurdité qu'est pour lui cette guerre s'exprime dans son meilleur livre, qui prend la forme d'un échange de lettres avec son ami français Henri-Pierre Roché, *Pariser Romanze*. Il y met en scène sa rencontre à Paris avec Helen, dont il se fait le protecteur amoureux, ambigu, et la décrit telle qu'il aurait désiré l'aimer.

Au long de cette phase belliqueuse des relations franco-allemandes, les bébés que nous sommes, mon frère et moi, ne bénéficient guère de la présence paternelle. Helen et sa sœur Bobann constituent notre univers physique et mental, fait de rires et de caresses, de jeux et de déguisements : deux Berlinoises endiablées.

Helen avait pour moi les traits d'Aphrodite, avec ses yeux bleus et ses longs cheveux blonds, sa tendresse fougueuse et son besoin de séduire. Elle a joué toute sa relation avec moi sur l'admiration : me mettre en valeur sans guère me critiquer ou me gronder. Les effets d'une telle éducation auraient pu être désastreux. Mais elle a voulu également m'inculquer la modestie, qualité pour elle fondamentale. Elle l'a caractérisée dans l'un de ses aphorismes préférés : « *Bescheidenheit ziert nur den Erfolgreichen.* » Difficile à traduire en français. Je dirais : « Pour que la modestie soit seyante, il faut qu'elle accompagne le succès. » Bien plus tard, j'ai retrouvé dans son journal la marque de ce paradoxe : elle était furieuse quand on échappait à sa séduction, mais elle exerçait sur elle-même une critique impitoyable.

Notre père ? Helen n'en répercutait sur nous qu'une image assez pâle, celle d'un esprit subtil dans un corps ingrat. Franz était presque chauve, de petite taille, assez corpulent. Son visage et ses gestes étaient doux, il faisait à nos yeux figure de sage, un peu absent, vivant à part, ne s'occupant guère de nous. Peu loquace, il était soucieux de son expression verbale et tirait un plaisir ludique de l'agencement des mots. Je revois le bureau, tout au bout du couloir, où il travaillait et où régnait en permanence une forte odeur de tabac. Il en sortait pour nous lire des passages de sa traduction de *L'Odyssée*. Celui où Ulysse crève l'œil de Polyphème fit vomir de saisissement le petit garçon que j'étais. Bien plus que les contes de Grimm et les livres de Wilhelm Busch que nous lisions, couchés sur le tapis dans le salon de ma grand-mère Fanny, c'est la mythologie grecque, les épopées homériques qui ont été mes premières nourritures intellectuelles. Franz m'a inculqué le goût du polythéisme, qui ne réduit pas le divin à l'entité unique et un peu angoissante du Père éternel, mais nous livre à l'arbitraire émouvant d'Athéna, d'Aphrodite, d'Apollon et d'Hermès. Quarante ans après sa mort, il est devenu pour moi une figure initiatique. Son œuvre, que je connaissais mal et dont je n'attendais que du divertissement, a refait surface, apportant un éclairage prophétique et mélancolique sur le premier quart du siècle, en assonance avec Bertolt Brecht et Walter Benjamin.

Récemment, j'ai reçu d'un éditeur allemand, qui l'avait retrouvé dans un recueil d'archives littéraires, un texte de cinq pages où mon père, s'adressant à ses deux fils, nous recommande la lecture d'un petit nombre d'extraits de ses écrits dont il estime que nous pourrions tirer profit. Le mélange de modestie, de tendresse et de sens de ses responsabilités qui s'en dégage me fit une profonde impression. Comme si un signal m'atteignait de très loin, me rappelant moins un héritage qu'une dette que je n'avais pas honorée. Dans le couple assez inhabituel que constituaient mes parents, j'avais subi si vivement l'impact de la personnalité d'Helen que j'avais refoulé celle de Franz.

Helen avait un besoin d'indépendance qui s'accommodait mal d'une vie de rentière. D'ailleurs la fortune des Hessel n'avait pas survécu à l'inflation galopante de l'après-guerre à Berlin. La peinture a été sa passion et elle a toujours été entourée de peintres. Mais elle-même ne peignait plus, jugeant cet exercice trop salissant. Elle a toujours continué à dessiner, à la plume, faisant des portraits talentueux de ses proches. Mais, pendant la guerre, elle décida de gagner sa vie en s'engageant comme ouvrière agricole chez un propriétaire terrien. Plus tard, elle voulut être danseuse ou peut-être actrice. Mais c'est finalement l'écriture qui a eu le dernier mot.

Elle avait trente-quatre ans et moi trois lorsque nous nous sommes tous trouvés pris dans une situation triangulaire somme toute assez banale mais que sa transposition romanesque, puis cinématographique allait hisser au rang de mythe.

L'auteur du roman *Jules et Jim*, Henri-Pierre Roché, avait été avant la guerre le très proche ami de Franz. Il partageait avec Marcel Duchamp, auquel il était très lié et dont il a brossé un portrait très affectueux, une conception qui se voulait radicalement neuve des relations entre hommes et femmes, sans concessions, libre. Franz et Henri-Pierre s'intéressaient aux mêmes femmes et partageaient leurs découvertes et leurs plaisirs. La guerre les avait séparés, la paix les ramena tout naturellement l'un vers l'autre.

Comment le Français, élégant et séducteur, ne serait-il pas devenu l'amant de l'épouse de son vieil ami ? Mais le triangle s'avéra plus tragique que frivole, révélant les aspérités de ceux qui s'y trouvaient pris. Mon père comprit que ce qui arrivait à sa femme et à son ami était une découverte grave et belle qui pourrait les transformer tous les deux. Il voulut non seulement ne pas être un obstacle, mais encore être le médiateur littéraire de cette passion. Il les encouragea à la décrire minutieusement chacun dans un journal intime dont surgirait un livre écrit à deux, voire à trois.

Nous assistions, mon frère, alors âgé de sept ans, et moi, qui en avais quatre, à cette étrange aventure qui aurait pu nous priver de notre mère si son dessein de refaire sa vie et un enfant avec Roché s'était réalisé. Il ne reste presque rien, dans ma mémoire, des scènes que Truffaut a fait tomber dans le domaine public, et je suis agacé lorsqu'un nouvel interlocuteur, qui a vu le film, me dit : « Ah, c'est vous la petite fille de *Jules et Jim* ! » J'étais un petit gambadeur qui trouvait que ce grand Français, mince, élancé, sympathique, aux gestes sûrs, était un parfait compagnon de jeu dans les prairies de Bavière et au bord de l'étang où il nous apprenait à faire des ricochets. Je laissais à mon frère Ulrich le soin de protéger

Franz, comme il l'a fait toute sa vie. Dès ce très jeune âge, il me semble que nous avions divisé le monde en deux parts : celle de mon frère et la mienne. Sa part comportait Franz, la rigueur, l'équité et la musique ; la mienne, Helen, l'irrespect, l'ingéniosité et la poésie. Partage arbitraire, contestable, mais dont, aujourd'hui encore, j'ai peine à nous défendre.

Au cœur de cette agitation, une personne sauvegardait l'équilibre : Emmy Toepffer. Cette puéricultrice, issue d'une famille protestante du Mecklembourg, souffrait d'une déformation de la hanche qui rendait sa démarche curieusement dansante. Emmy avait été recrutée par ma tante, qui avait un home d'enfants à vingt kilomètres à l'est de Berlin, où mon frère et moi jouions avec nos cousins. Emmy avait reçu une excellente formation d'éducatrice, connaissait jeux, poésies et chansons ; son approche des jeunes êtres était d'une tendresse et d'une délicatesse exceptionnelles. Ma mère obtint de sa sœur aînée qu'elle la laisse prendre Emmy à son service, pour s'occuper de ses propres enfants.

Nous avions donc une gouvernante – figure emblématique et si souvent ambiguë de la bourgeoisie du siècle dernier. Je n'en ai connu que les côtés harmonieux : une présence protectrice qui n'est pas celle d'une parente tout en étant de la famille, un être de sexe féminin sans être vraiment sexué, le reflet terrestre le plus proche d'un ange gardien. Il y en a eu un deuxième exemple dans ma vie, vingt ans plus tard, Valya Spirga de Riga, gouvernante de Vitia, ma première femme, puis de nos trois enfants. En 1920, Emmy Toepffer de Ratzeburg devint le centre de gravité de notre enfance et je lui dois ma première remise en question.

J'étais, pendant les premières années de ma vie, un enfant turbulent, volontiers rageur, batailleur et ébouriffé. Je refusais mon prénom, Stefan, prétendant avec tant d'insolente assurance m'appeler « Kadi » que ce choix, qui ne s'explique par rien d'autre qu'une farouche affirmation d'identité, s'impose aujourd'hui encore à mon frère et à mes cousins. A en croire les récits maternels, lorsqu'on pénétrait dans ma chambre, qui était mon domaine privé, je trépignais et braillais. Emmy me fit comprendre, qui sait grâce à quels sortilèges, que la colère est contre-productive. Je pris donc, vers l'âge de six ans, la décision de n'y plus recourir, et je m'y suis tenu jusqu'à ce jour.

J'ai abandonné la colère au profit de la passion de plaire, également capable de remuer l'âme. Plaire en tout premier lieu à ma mère, donc flatter les ambitions qu'elle avait pour son fils cadet. Il fallait savoir lire, calculer, réciter des poèmes, inventer des bons mots, résoudre des énigmes plus tôt et plus vite que les autres. Ambitions, comme on voit, tout intellectuelles. La force ou l'adresse n'y avaient pas place.

Et puis la relation entre Emmy et Helen m'a aussi appris l'art d'admirer, ingrédient précieux de celui de plaire : admirer Helen comme Emmy l'admirait ; admirer ce qu'Helen admirait avec toute sa générosité – le beau, l'inattendu, l'offert.

C'est investi de cette nouvelle personnalité que j'arrivai à Paris à l'âge de sept ans.

Pourquoi mes parents avaient-ils décidé de s'établir en France ? Je ne me suis jamais vraiment posé la question. Aujourd'hui encore, mon analyse ne peut être qu'une reconstruction artificielle : les décisions fondamentales de la vie sont souvent les plus difficiles à justifier. Mon père adorait Paris et, ayant perdu sa fortune, gagnait sa vie comme traducteur. Ma mère aimait Henri-Pierre Roché et souhaitait vivre auprès de lui. Était-ce une raison pour dépayser leurs enfants en pleine scolarité ? En 1925, les Allemands n'étaient pas populaires en France ; nous étions inéluctablement des « Boches ». Emmy, qui vivait avec nous, parlait un français approximatif.

En évoquant cette transplantation de Berlin à Paris, j'en perçois aujourd'hui pour la première fois l'incongruité. Dans mon souvenir, c'était la chose la plus naturelle du monde. Et, surtout, la plus enthousiasmante. Tout m'enchantait, depuis le long voyage en train, le défilé diurne et nocturne des gares, dont je déchiffrais le nom, penché à la fenêtre au mépris des escarbilles, jusqu'à l'arrivée sous la voûte immense de la gare du Nord. Premier contact avec le métro, puis avec le lion de Belfort, premières nuits à l'hôtel du Midi, sur l'avenue du parc Montsouris. C'était en été, au début des vacances. A l'automne, j'avais déjà pris goût à cette nouvelle vie, à cette nouvelle ville.

Nous avions quitté une capitale culturelle que la défaite avait rendue perverse, où nos parents partageaient les tourments d'une intelligentsia amère, révoltée, parfois cynique, ailée par le lyrisme pur de Rilke et minée à la fois par les sombres prophéties de l'expressionnisme. Nous rejoignions le Paris de 1925, fier d'être redevenu le pôle d'une ambition artistique nouvelle en rupture radicale avec le passé, prêt à explorer, selon la formule d'Apollinaire, « la bonté, contrée immense où tout se tait ».

A sept ans, on perçoit facilement les effluves d'un nouveau cadre, son non-conformisme et sa morgue. A mon propre goût puéril du jeu et du risque répond la mise en question des formes, des mœurs, des traditions qui caractérise le milieu où vivent mes parents, celui auquel Roché leur donne accès. Plus la fracture est vive, plus elle mérite l'attention. Dada m'est naturel. Marcel Duchamp désigne avec la plus grande simplicité les renversements nécessaires, les cul-par-dessus-tête qui réjouissent les enfants. Je suis tout prêt à croire que plus c'est ludique, plus c'est profond. Le message du *ready-made*, c'est que l'acte par lequel l'objet le plus quelconque est posé comme œuvre est un acte de foi dans l'imaginaire inlassablement disponible.

J'entrai de plain-pied dans cette fête rituelle dont Apollinaire avait été le prophète : cette danse des mots, des sons et des couleurs où le calembour détrônait la rhétorique ; cette revendication de liberté ardente, décomposant le réel en cubes et le recomposant en fantasmes, nourrie des découvertes révolutionnaires de Freud et des ascèses vertigineuses de Nietzsche, qui devait s'épanouir dans le surréalisme.

Lorsque nous allons, mon frère et moi, dans l'atelier d'Alexander Calder, qui fait marcher, pour une bande d'enfants et d'adultes, son cirque composé de figures mobiles en fil de fer, lorsque nous nous esclaffons à voir le cheval déposer un peu de crottin que le groom ramasse à la pelle, nous savons que ce n'est pas seulement un amusement. Cette grosse tête ronde et rose penchée sur des mécaniques subtiles est celle, pour nous, du héraut d'une liberté à proclamer, qui vaut pour Paris comme pour Berlin, pour l'ancien et pour le nouveau monde.

Une certitude ne m'a jamais quitté : la vie n'a tout son sens que si elle ouvre les chemins qui mènent à ce surcroît de liberté créatrice, que si elle vise, par-delà le réel, l'accès à ce qui le surdétermine. Cette certitude, c'est dans mon enfance berolino-parisienne des années vingt que je l'ai puisée.

II

Un adolescent allemand en France

Berlinois devenu Parisien, je suis partagé entre mon cocon familial, polyglotte et artiste, et le nouvel environnement scolaire et urbain auquel, de toutes mes forces, je veux m'intégrer. Je vois Paris d'abord depuis Fontenay-aux-Roses, banlieue au nom poétique, que deux tramways relient à la capitale, avec leurs freins à sable que, debout sur la plate-forme arrière, je brûle d'actionner.

C'est là que pendant un an mon frère et moi allons à l'école communale. Accueil fraternel des élèves, attentif des instituteurs. Le mien s'appelle Pépin et me prend en affection. Je décroche coup sur coup le prix d'honneur et le prix de bonne camaraderie : *Ivanhoé* de Walter Scott dans une superbe édition à couverture rouge et lettres d'or. Mon frère l'aurait mérité plus que moi.

Vite plus à l'aise dans le maniement de la langue populaire que nos parents, nous nous instituons leurs mentors dans ce pays que nous avons fait nôtre. Plus tard, lorsque je m'occuperai des problèmes de l'immigration, je constaterai le même phénomène : ce seront les enfants scolarisés qui, dans les milieux maghrébins notamment, seront les meilleurs acteurs de l'intégration de leurs parents.

A la maison nous parlions français, rarement quelques mots d'allemand. Franz maîtrisait parfaitement le français écrit mais il a toujours gardé une pointe d'accent. Emmy faisait parfois des fautes, que nous prenions plaisir à corriger. Les enfants sont impitoyables : lorsque notre grand-mère venait en visite, nous nous moquions de sa prononciation. J'ai donc vite pris mes distances avec la langue allemande. J'étais plus attiré par l'anglais, qu'Helen affectionnait. Très tôt, j'ai été à peu près trilingue. Si j'ai gardé une prédilection pour la poésie allemande, dont les rythmes m'émeuvent sans doute parce que ce sont ceux d'une langue maternelle, il me serait aujourd'hui difficile d'écrire un bon texte en allemand. En revanche, Helen a continué à pratiquer l'allemand jusqu'à la fin de sa vie, dont elle a partagé les dernières années avec Anne-Marie Uhde[1]. Elle a fait plusieurs traductions de français ou d'anglais en allemand. A soixante-quinze ans, elle a traduit *Lolita*, de Nabokov, performance dont elle était assez fière.

Le 20 octobre 1925, jour de mon huitième anniversaire, je fais l'expérience d'une première mort et d'une première résurrection. A la station Val-de-Grâce, je saute d'un tramway sur le boulevard Saint-Michel et suis happé par une grosse voiture. Je roule sur la chaussée entre ses quatre roues. Mon hurlement couvre le cri de ma mère : j'ai la conviction fulgurante que c'est ma fin. Mais je réapparais de l'autre côté du véhicule, simplement égratigné au front par le pot d'échappement. Je me relève indemne et c'est la jubilation du champion triomphant. Le mot clé est « indemne ». J'ai procuré à Helen une émotion intense et lui ai prouvé ma chance. Mon *Geburtstag*[2] m'offre une re-naissance : clin d'œil du destin, complicité nouée dès l'enfance et qui ne se démentira pas. Enfin, j'ai passé un contrat avec le pavé de Paris. Je peux oublier le pavé de Berlin.

L'année suivante, mon frère et moi entrons à l'École Alsacienne. Ulrich en quatrième, moi en sixième, très en avance pour mon âge. Mes maîtres en tiennent compte, soutiennent ma soif d'apprendre, mon désir d'entrer dans cette relation spécifique avec le monde qui caractérise la culture française, son assurance intellectuelle, sa tolérance. Je n'ai souvenir d'aucune attitude de rejet. Peut-être ai-je gommé les manifestations de xénophobie. Ulrich, lui, garde certaines

1. Sœur du collectionneur mécène Wilhelm Uhde, qui fit connaître, notamment, Séraphine et le Douanier Rousseau.
2. Anniversaire du jour de naissance.

réminiscences précises. Mon aîné de trois ans, il se considérait un peu comme exilé (plus tard, il dira : « J'en ai assez de cette France, je veux rentrer en Allemagne »), et il se souvient d'avoir entendu autour de lui des insultes xénophobes. A l'époque, le mot « Boche » est proféré régulièrement, à l'école, dans la rue, et j'ai bien dû l'entendre à mon propos, mais je n'en ai gardé aucune blessure particulière.

Sept ans durant l'École Alsacienne m'a servi de cadre intellectuel, moral, sportif et ludique. Je lui dois une bonne part de ce que je suis devenu. Au centre du VIe arrondissement, cœur de Paris, cœur du monde, avec ses origines patriotiques et protestantes, elle ne pouvait qu'être élitiste, ambitieuse, arrogante, fière d'une pédagogie lourde de vertus. J'ai eu bien des occasions d'en faire la critique, même lorsque, soixante ans plus tard, j'ai siégé dans son conseil d'administration. Elle constituait pourtant un cadre particulièrement propice à mon intégration.

Je me souviens des nombreux élèves étrangers qui fréquentaient l'école, de notre émulation face aux filles, peu nombreuses et généralement en tête de classe, d'une belle Américaine qu'en sixième je ne quittais pas des yeux. Toute une année, j'ai inventé pour mes camarades français un royaume imaginaire dont ils étaient les princes et moi le plus jeune et le plus humble sujet. Ces affabulations devaient rester secrètes. S'y mêlaient le besoin de jouer un jeu caché et la crainte d'être démasqué : je n'étais pas celui que les autres croyaient, j'étais un étranger infiltré dans un milieu où il devait passer inaperçu. Ces enfantillages se dissipèrent à partir de la quatrième, mais il m'en reste quelque chose qui reparaît souvent dans mes rêves. Un certain goût du mensonge, qui protège les autres autant que moi-même. Je ne m'en suis débarrassé – définitivement ? – que le jour de mon deuxième mariage, à l'âge de soixante-dix ans. Il était temps.

A l'École Alsacienne, nous étions les « internationaux » plutôt que les « étrangers » : ceux qui mêlaient à cette substance française qui nous était commune les couleurs et les tons d'autres parages.

Il y avait deux Russes – un prince, Jean Wiazemski, et Georges Kagan, un parent d'Ilya Ehrenbourg –, deux Polonais – Alexandre

Minkowski et Gordowski –, un Arménien – Alec Prochian – et Hetherwick – un Anglais très roux. Avec chacun individuellement, mais aussi avec ce sextuor, j'avais noué des relations de protection mutuelle dont certaines se sont prolongées tout au long de notre vie.

Georges Kagan était un garçon mince aux traits fragiles, doté d'une mémoire prodigieuse, dont nous pensions, lui et moi, qu'elle lui venait d'une typhoïde contractée à l'âge de huit ans et qui l'avait rendu amnésique à tout ce qui la précédait. Il avait donc un cerveau vierge, où s'imprimaient les données de l'histoire, de la géographie et de la littérature. La maladie lui avait laissé aussi une sorte de tremblement de l'être qui me le rendait proche. Le contact quotidien de mon frère, sujet à de fréquentes crises d'épilepsie, m'avait habitué à reconnaître le pouvoir magnétique des traumatismes surmontés. Avec Kagan, les jeux de mémoire, où il me surpassait sans peine, étaient des exercices dont les effets me sont restés : la capacité de retenir tout ce qui semble ne servir à rien, comme le nom des pays et de leurs capitales, des fleuves et de leurs affluents, des dates de naissance et de mort des poètes, ou l'emplacement des sorties sur les quais des stations de métro. Kagan était né en Russie, comme tant de personnes qui ont marqué ma vie. La sienne, lourde à porter, faute pour lui d'avoir trouvé à s'insérer dans une société qui ne le comprenait pas, fut celle d'un apatride nomade auquel j'ai maladroitement tenté de manifester une solidarité trop intermittente. L'annonce de sa mort a-t-elle été pour moi une délivrance ou en ai-je conçu des remords ?... Sa destinée était aux antipodes de la mienne, exemple de l'échec d'une intégration.

Jean Wiazemski occupe une place toute différente au cœur d'un trio dont le troisième personnage, Joseph Berkowitz, est resté jusqu'à la guerre un ami très proche. Wiazemski, futur gendre de François Mauriac et dont la fille, Anne, est romancière et actrice, jette un pont entre ma deuxième femme et moi. Il l'a connue dans les années cinquante, moi, je naviguais avec lui sur l'Ebre dans les années trente. Grand et beau, prince authentique, très candide dans son aspiration à une vie hautaine, il faisait pendant à Joseph Berkowitz, habile à manier notre canoë, pôle réaliste, sceptique et jouisseur, qui donnait sa cohérence à un groupe d'adolescents. J'étais le plus jeune et j'observais mes amis comme des Don Juan dont il me fallait percer les techniques. Mais ma première tentative, auprès de Blanche, qui habitait Gentilly et que j'allais chercher chaque matin à la gare de Sceaux, tourna court : ma déclaration d'amour, maladroitement glissée vers son banc, finit entre les mains de mes camarades. Leurs moqueries stoppèrent net mes entreprises de séduction.

L'amitié durable qui s'est nouée entre Alexandre Minkowski et moi est d'une autre nature. Pour nous, il était d'abord le fils d'un psychiatre illustre dont nous savions, sans avoir lu ses œuvres, qu'il avait apporté de Pologne des vues originales sur le fonctionnement de l'esprit humain. Il n'était pas dans ma classe, mais dans celle de mon frère. Ce sont les camps d'éclaireurs, en forêt de Rambouillet ou sous les pins des Landes, qui nous ont rapprochés. Tout le long de notre vie, nous nous sommes retrouvés autour de quelques grands thèmes ou causes : l'action humanitaire, le combat de la gauche, la solidarité avec le Sud. A chaque occasion, « Minko » commence par évoquer l'École Alsacienne. Pour lui, c'est là que se sont forgés notre sens de la vraie camaraderie, de la tolérance et de l'éthique démocratique, notre attachement aux plus hautes valeurs humaines. C'est là que sa vie et son œuvre ont puisé leur vigueur, dans cette éducation dont notre école se voulait la championne. Aussi défend-il les causes qui nous sont communes avec plus de fougue et de lyrisme que moi. J'ai parfois essayé de lui conseiller la modération, mais en vain : il a été mon chef de patrouille aux éclaireurs et je lui dois le respect !

Si l'Anglais Hetherwick, à la chevelure de feu, reste dans mon souvenir l'incontournable premier de la classe de quatrième, si Gordowski, le Polonais rieur, figure plutôt parmi les cancres, l'Arménien Alec Prochian resurgit brusquement trente ans plus tard, docteur et bibliophile, dans un appartement au-dessus de l'Opéra.

L'aventure singulière que vivaient nos parents n'avait d'insolite que l'absence de dissimulation. Si elle choquait Ulrich, qui n'aimait pas voir Roché se présenter comme un substitut de notre père, elle me semblait, à moi, simple et légitime. C'est d'ailleurs l'image que nous en présentait Emmy : Franz est un sage, Helen une force de la nature, libre et indomptable, Roché un Français raffiné qui la rend heureuse. Et puis j'avais la conviction que de Franz, Pierre et moi, le plus aimé d'Helen, c'était moi.

Comment Emmy conciliait-elle cette situation avec son éducation luthérienne ? Où puisait-elle cette bonté, cette générosité dont nous avons été, Ulrich et moi, les bénéficiaires ? J'avais quatorze ans quand nos chemins se sont séparés. Ulrich avait choisi de poursuivre ses études en Allemagne, puis de rejoindre Franz à Berlin et d'y faire son apprentissage chez l'éditeur Rowohlt. Emmy les rejoignit. J'ai pu lui rendre compte, dix ans après la fin de la guerre, de la façon dont je m'étais acquitté de la tâche implicite qu'elle m'avait confiée : faire partager aux autres ma confiance inébranlable dans la vie. Je suis allé la voir à Hambourg, où elle s'est occupée jusqu'à sa mort d'enfants traumatisés par le conflit. Il me semblait que personne ne pouvait avoir une image plus juste de moi. Tout ce qu'elle ne savait pas de moi ne pouvait être que l'éphémère. J'ai beaucoup pleuré à son enterrement.

En 1929, quittant Fontenay-aux-Roses, la famille s'était installée rue Ernest-Cresson, dans le XIVe arrondissement, à deux pas de la villa Adrienne, où Helen est morte en 1984, après y avoir passé les quarante dernières années de sa vie. Dans notre appartement très Bauhaus, aux meubles géométriques, aux murs peints de couleurs vives et contrastées, auxquels étaient accrochés quelques tableaux cubistes, nous recevions la visite des amis de Roché, avec lesquels Helen s'était vite liée. Il y avait Marcel Duchamp et sa compagne, Mary Reynolds, Man Ray, qui a fait d'Helen un beau nu sur une plage, Le Corbusier et Philippe Soupault, Jules Pascin et Alexander Calder, Constantin Brancusi et Max Ernst, André Breton et Pablo Picasso. Je trouvais un charme particulier à Man Ray, avec sa tête de petit chat et son goût des surprises. Impossible de s'ennuyer avec lui. Il aimait jouer. Moi aussi.

Franz, qui entame alors avec Walter Benjamin la traduction d'*A la recherche du temps perdu*, va regagner Berlin. Il laisse Helen à Paris avec ses fils. Peut-être est-ce à cette époque que se situe le divorce de mes parents. Je n'en ai pas gardé le souvenir. Helen gagne sa vie comme correspondante de mode de la *Frankfurter Zeitung*. Ce journal édite un supplément hebdomadaire, *Für die Frau*, dont elle assure depuis Paris l'essentiel du contenu. Travail harassant, bien rémunéré, qui lui vaut notre admiration. Elle nous emmène parfois voir les collections des grands couturiers de ce temps. Poiret et Paquin ont disparu, Patou et Jeanne Lanvin, Chanel et Schiaparelli sont à leur apogée. Rodier et Bianchini-Férier produisent les plus belles étoffes. Nous nous doutons qu'Helen préférerait faire œuvre plus littéraire. Mais nous constatons aussi que de ce qui était d'abord un gagne-pain elle a réussi à faire un art. Elle prend son métier au sérieux, prononce à Munich une conférence sur l'« essence de la mode », réflexion poétique et philosophique. Quand nous rentrons de l'école, nous la trouvons derrière sa petite machine à écrire Underwood, terminant l'article de la semaine, toujours au dernier moment et sous pression.

Roché habitait avec nous, mais il avait conservé son appartement au 99 du boulevard Arago, à deux pas de la rue Ernest-Cresson. Il me l'avait ouvert et donné accès à sa bibliothèque de collectionneur et d'écrivain. J'y découvris Jean Cocteau et André Gide, les temples de l'Inde et les cubistes. J'y trouvai aussi un jour un beau gros stylo Parker et ne résistai pas au désir de me l'approprier. Il s'en aperçut et m'en réclama la restitution. De la lettre que je lui adressai pour m'expliquer il a gardé l'original annoté. Je l'ai récupéré grâce au conservateur de l'université d'Austin, au Texas, qui collectionne tous les documents relatifs à Henri-Pierre Roché, et je ne résiste pas à l'amusement de la reproduire :

> Cher Pierre,
> Maman m'a raconté hier soir que tu avais trouvé d'étranges ressemblances entre mon stylo et un stylo qui, justement, te manquait. Tu comprends sans doute que cette coïncidence est rudement embêtante pour moi aussi bien que pour toi. Je ne chercherai pas à te convaincre que ce stylo n'est pas à toi, non plus que tu ne pourrais me prouver que je te l'ai pris. C'est inutile. J'espère que tu comprendras tout le pénible de ma situa-

tion. Le pire, c'est que je ne peux même pas te fournir des détails sur la provenance de ce stylo, vu que je l'ai acheté à un camarade d'école, à un moment où j'avais absolument besoin d'un stylo.
Je te prie donc, pour éviter tout malentendu, de garder ce stylo, car probablement il provient malgré tout de chez toi, puisque tu le reconnais si bien. Je t'inclus donc le capuchon, que tu avais oublié d'emporter. En espérant que cette histoire fâcheuse n'aura pas de conséquences plus fatales que l'énervement de maman, je demeure ton sincère ami,

Kadi.

PS : J'ai confiance que cette affaire ne détruira pas une amitié aussi fondée que la nôtre.

Roché avait porté une annotation au bas de la lettre : « Lettre apportée – démentie plusieurs heures plus tard par un coup de phone affirmant le chipage. »

De tous les amis de Roché, celui qui nous impressionnait le plus était Marcel Duchamp. Leur très proche amitié remontait aux années de la Grande Guerre. Tous deux avaient été envoyés en mission aux États-Unis pour y plaider la cause de leur entrée dans le conflit. Duchamp avait pour moi tous les traits d'une figure héroïque, y compris la courtoise modestie. Tout ce qui émanait de lui était revêtu d'un halo, celui de l'apôtre d'une approche radicalement autre, superbement ironique et en même temps très structurée, de la réalité et de la création. J'avais quatorze ans lorsqu'il m'initia aux bases mathématiques du jeu d'échecs, dont je le savais maître et où je me sentais son disciple. Plus tard, il me donna à étudier sa « boîte verte », dans laquelle sont réunis, sous forme de dessins, de fiches, d'objets et de textes mystérieux, les éléments constitutifs de *La Mariée mise à nu par ses célibataires, même.*

Janvier 1933 : Hindenburg nomme Hitler à la chancellerie du Reich. Le rêve, cher à mon père, d'une Europe riche des héritages conjugués de Charlemagne et du siècle des Lumières, s'évanouit. Notre refus est total et immédiat. Selon nous, ce clown mégalomane, qui hurle dans une langue atrocement vulgaire, ne tarder à sombrer. Les Allemands ne sont pas assez stupides

Faut-il changer notre mode de vie ? Pas trop vite. Helen reste correspondante de mode, la *Frankfurter Zeitung* a toujours besoin d'elle. Franz, protégé par son patron et ami, l'éditeur Ernst Rowohlt, garde son poste de lecteur et de traducteur, même si son « statut » de juif lui interdit d'écrire sous son nom. Ce n'est qu'en 1938, quelques semaines avant la nuit de cristal (le 9 novembre), qu'Helen ira le chercher à Berlin et le mettra dans le train pour Paris.

Je ne savais pas grand-chose de ce « sauvetage ». Helen a dû réépouser Franz pour lui obtenir une autorisation de sortie, ce qui lui a permis d'accepter l'invitation d'Alix de Rothschild de s'installer à Paris. Nous l'y avons accueilli avec un immense soulagement. Helen était restée à Berlin, où elle avait assisté au pogrom de la nuit de cristal, sur lequel elle a écrit, en anglais, pour le *New Yorker*, un de ses meilleurs articles. Quarante-cinq ans plus tard, dans un texte de Franz retrouvé dans les papiers posthumes de son ami Wilhelm Speyer, qui avait gagné l'Amérique en 1941, je tombe sur des passages où mon père évoque ses relations avec son fils cadet. Je cite ceux qui me touchent le plus vivement. Franz est arrivé à Paris la veille et a rejoint son ami et ses fils, mon frère et moi, au café des Deux-Magots. Mais les deux figurines chinoises ne sont plus à leur place habituelle. Comme il s'en étonne, Speyer, qu'il appelle Lothar, se moque de sa curiosité pour des détails insignifiants au moment où il retrouve la liberté et ses enfants. Il écrit :

> Le reproche de mon ami ne me semblait pas aussi fondé qu'il pouvait paraître. J'avais voulu détourner l'attention des autres de ce qui me fascinait. C'était le visage de mon fils cadet. Dans ce visage émergeaient, se superposaient et se confondaient, je ne saurais dire comment, toute une gamme de visages antérieurs de ce Gaspard[1] âgé maintenant de vingt ans, celui du temps où il était un minuscule Kaspar, puis un moins petit qui grandissait rapidement. Il y avait celui de l'enfant endormi sur son peignoir de bains, étendu sur le côté, dont les mains retenaient encore le

1. Il s'agit de Stéphane, dont le troisième prénom est Kaspar.

seau, la pelle et le moule, comme celles d'un charretier ivre retiennent les rênes dans son sommeil. De la plage de la station balnéaire sur la Baltique on ramenait le petit bonhomme titubant, âgé de deux ans, dans une voiturette grinçante jusqu'à la maison. Mais déjà le petit visage mincit et s'allonge. La lèvre supérieure s'avance, le nez s'enracine énergiquement dans le front que recouvre le capuchon de sa capote : un gnome escalade la rue du village de la vallée de l'Isar. L'instant d'après il m'apparaît, assis à la table du petit déjeuner, le plus petit des convives, le front dégagé et les cheveux en broussaille, les jambes ballantes, qui jette un regard sous des cils tremblants par-dessus le bord de sa tasse. Et là, tout à coup, surgit un être tout neuf, non pas étranger, mais nouveau, qui lève un bras d'éphèbe avec lequel il fait signe à son père qui débarque sur l'île de Majorque, comme s'il portait le fanion du coureur de Marathon. J'avais été saisi alors d'une bienheureuse frayeur. (Est-ce la même qui me saisit à nouveau ou seulement l'évocation de cette rencontre qui date de six ans déjà ?)

Avant ces retrouvailles trois années s'étaient écoulées au cours desquelles je ne l'avais pas vu du tout. Et avant cela nous n'avions passé ensemble que quelques semaines éparses. Dans le carton que j'ai laissé à Berlin, tendrement rangées, il y a les lettres du petit garçon, puis de l'adolescent, des phrases gaies, d'autres plus mélancoliques, reflets de l'adieu à l'enfance encore proche dans sa respiration continue, mais la plupart du temps stimulantes, en allemand et en français, avec des dessins explicatifs et des photographies (trop vite attirées vers des yeux avides). Mes réponses n'avaient pas pu être aussi satisfaisantes que les lettres de Kaspar et de Gaspard. Mais l'ermite et le collectionneur que j'étais avait trouvé pâture dans cette accumulation de signes de vie. Serai-je à la hauteur, aujourd'hui, de cette vie dont j'ai recueilli si fidèlement les manifestations ? Telles étaient les questions qui montaient en moi à présent dans le clair-obscur du café. Elles étaient là déjà lorsqu'à l'âge de quinze ans l'adolescent m'avait fait signe, sa silhouette de messager se détachant sur le fond du port, avec la ville de Palma étincelante au-dessus. Et cependant au même instant m'apparaissait l'être minuscule confondu avec les jouets de sa chambre. Et qui redevient aussitôt le petit garçon qui accourt vers moi en montant le chemin qui mène à la porte du jardin. Avec ses genoux d'enfant au-dessus des socquettes qui retombent sur les chevilles, il s'éloigne en courant pour ramasser les feuilles tombées sur son chemin à lui, et se retourne avant de disparaître derrière les arbres, et crie : au revoir !

Les vacances à la pointe nord-est de l'île de Majorque que ce texte évoque précèdent de peu la fin de ma scolarité. En 1933, à l'âge de quinze ans, je suis reçu au baccalauréat de philosophie. Je n'ai aucune idée ou presque de la voie que je veux suivre. L'architecture m'attire, et aussi la diplomatie. Tout dépendra de l'évolution des tensions internationales. Il s'agit d'abord de troquer mon passeport allemand contre un passeport français. Tant que Hitler est au pouvoir, l'idée de rentrer en Allemagne me fait horreur. En attendant, il faut fêter mon succès scolaire par des vacances avec mes camarades.

Berkowitz et Wiazemski m'embarquent, non plus, comme les années précédentes, sur le Tarn ou la Vézère, mais en Espagne, sur l'Ebre. Je garderai de cette expédition un souvenir chatoyant : les dernières images d'une Espagne qui va devenir, deux ans plus tard, le théâtre d'un conflit où se jouera l'équilibre entre les démocraties et les fascismes, une Espagne héroïque et meurtrie que cette descente de l'Ebre à travers la Navarre, l'Aragon et la Catalogne m'aura rendue si sensible, tellement mangée et bue, humée et entendue.

A mi-chemin entre Miranda et Tortosa, nous fendons la coque de notre canoë dans le déversoir d'un barrage. Hébergés trois jours durant dans la maison du gardien, qui nous a fraternellement offert l'hospitalité, nous nous nourrissons de fruits et de pois chiches et apprenons à boire à la régalade. Le troisième jour, notre embarcation réparée, nous repartons. Nous laissons rapidement derrière nous les rudes paysages de l'Aragon, pour gagner les parages tout à coup méditerranéens de la Catalogne, pins et oliviers reflétant une lumière plus libre. Puis nous doublons le cap, entre Port-Bou et Port-Cerbère, et rembarquons notre canoë sur le train, à quelques kilomètres du lieu où, huit ans plus tard, Walter Benjamin va se donner la mort.

Au retour, je trouvai Helen effondrée, le visage tuméfié. Une phase tourmentée de ses relations avec Roché avait commencé au début des années trente, années d'espoirs et de déceptions, de refus et de reprises, qui devaient se terminer par une rupture assez morbide. Ce jour de juillet 1933, Helen avait découvert à la fois que Roché s'était secrètement marié avec Germaine et qu'il avait un fils. Elle ne supporta pas ce long mensonge et il y eut une scène d'une rare violence. Elle l'avait menacé d'un revolver et, saisi de panique, Roché avait eu recours à la boxe pour se dégager. A l'issue de cette scène, elle décida de ne plus jamais le revoir. Ce à quoi elle s'est rigoureusement tenue.

C'est durant cette période que j'ai l'idée enfantine de rédiger un manuel d'histoire et géographie imité du « Mallet et Isaac » et du « Schrader et Gallouédec ». L'ouvrage, un gros cahier vert enrichi d'illustrations, de cartes et d'encarts, traite de l'archipel Hesselland, un groupe d'îles dont chacune porte le nom d'un membre de la famille ou d'un ami de l'école. Sa dernière mise à jour retrace l'épisode au cours duquel l'île de Pedroland, celle d'Henri-Pierre Roché, disparaît, engloutie par un raz de marée. Je clôture ainsi la grande passion de ma mère.

III

Initiations

J'arrive à Londres en octobre 1933, à la découverte d'un pays qu'Helen a toujours aimé. Elle y passe quelques jours avec moi, puis m'installe chez son cousin Frank, père de deux vrais petits Anglais roses et sportifs, Basil et Jonathan. Dans le jardin de sa maison, près de Croydon, j'apprends à jouer au cricket.

J'ai le sentiment d'avoir échappé au « continent », où l'atmosphère est lourde, où Helen balance entre rage et peine, où les réfugiés juifs, qui affluent d'Allemagne, diffusent des nouvelles à faire froid dans le dos, où circulent les premiers récits sur ces lieux qu'on appelle déjà « camps de concentration » mais dont on comprend mal le fonctionnement. Un ami d'Helen, Hulchinski, qui est resté quelques semaines à Buchenwald et a pu monnayer sa libération, n'en parle qu'à voix basse quand nous le revoyons, lors de son passage à Paris, sur le chemin des États-Unis : « Les coups, dit-il, toujours sur la tête. »

Je laisse tout cela derrière moi. Ici, sur cette île, je suis libre, je suis seul. J'ai conscience aujourd'hui de tout ce que m'a apporté cette année anglaise : l'apprentissage d'une troisième langue vivante, qui va me devenir rapidement aussi familière que l'allemand et le français ; l'immersion dans l'univers britannique, en pleine adolescence, tous les sens en éveil. J'ai tout de suite aimé Londres, cette royale capitale que je suis heureux d'avoir parcourue, dévorée, explorée, avant que la guerre ne la mutile, telle que la décrivent Charles Dickens et Henry James. J'y ai cultivé plusieurs manies qui m'ont accompagné tout au long de ma vie : les longues promenades, diurnes et nocturnes, à travers la ville ; l'investigation systématique des transports publics, autobus à impériale, métro, réseau suburbain ; l'apprentissage par cœur de poèmes anglais, allemands et français, que je me récitais à mi-voix en longeant la Tamise.

Avec un père poète et une mère enthousiaste « passeuse » de l'émotion poétique (elle a laissé à sa mort des dizaines de cahiers où elle avait recopié les strophes de ses écrivains préférés), je concevais la poésie comme la dimension spirituelle qui justifiait la vénération, comme j'aurais pu concevoir la religion dans une famille croyante. Franz nous lisait des passages de sa traduction d'Homère, Helen nous faisait apprendre des vers de Rilke et de Hölderlin. Dès notre arrivée en France, Ulrich et moi avions monté des spectacles autour de fables de La Fontaine ou de scènes de Molière, de Corneille et de Racine. Dans *Le Misanthrope*, j'étais Philinte, le souple, et lui Alceste, le rigoureux. J'avais appris « Le corbeau » d'Edgar Poe et je me le récite encore aujourd'hui, avec un sanglot dans la voix à l'antépénultième strophe, où l'oiseau noir dénie au poète tout espoir de retrouver sa bien-aimée dans l'au-delà.

Au fil des ans ma mémoire s'est chargée de centaines de poèmes dont les strophes surgissent au moindre appel, sans que j'aie à faire effort pour les enchaîner. Ce n'est pas moi qui les cherche au fond de mon cerveau, ce sont elles qui s'empressent l'une après l'autre. Cela vaut pour mes trois langues et me rend un peu ridicule, je le sais, non seulement à cause de ma propension à solliciter des auditoires pour mes récitations, que j'ai du mal à écourter, mais aussi du fait de l'émotion qui m'envahit, et que je sais mal cacher, dès qu'un vers atteint un certain degré de charge poétique, comme un vin atteint un certain taux d'alcool. Il m'est arrivé aussi de faire des vers et de les adresser à de belles dames, mais sans en obtenir les faveurs espérées.

Cette année londonienne ne se réduisit pas à parcourir la ville en me récitant des sonnets de Shakespeare. J'étais inscrit à la London School of Economics, dont je suivais les cours assez irrégulièrement. Je consacrais plus de temps aux séances de cinéma du matin, qui, moins chères que celles de l'après-midi, ne coûtaient que 10 pence. Mes professeurs préférés enseignaient l'histoire de la diplomatie. Un art qui, exercé par des Anglais, paraissait subtil et efficace. Mais j'y ai rencontré aussi Harold Laski et Arthur Koestler : le premier, hardi et convaincu que l'économie était à construire ; le second, sombre et prévoyant la déchéance de l'homme. Je sentais bien qu'ils avaient raison tous les deux, mais j'étais plus séduit par l'analyse de Laski. Je pensais qu'une meilleure connaissance de l'économie doit permettre de faire évoluer les sociétés humaines vers plus de justice et de liberté.

A vrai dire, mes relations avec la politique sont alors superficielles. Celles que je noue avec la mythologie grecque sont bien plus accaparantes. Je passe des matinées derrière les vitraux gothiques de la Guildhall Library, au cœur de la City, à en compulser les textes essentiels et je reconstitue minutieusement la généalogie des dieux, des héros et des rois de la Grèce ancienne à partir des épopées d'Hésiode et d'Homère et des « bibliothèques » d'Apollodore d'Athènes et de Diodore de Sicile.

Si lointaine que soit ma dix-septième année, ma mémoire l'orne de tous les charmes du dépaysement et de la libre solitude, interrompue seulement par des vacances à Paris, où je retrouve Helen. Elle a recueilli une personne très singulière, Charlotte Wolff, docteur en médecine, juive, fuyant l'Allemagne hitlérienne, amie de Franz et de Walter Benjamin, avec lequel elle a rivalisé dans la traduction en allemand des poèmes de Baudelaire. Charlotte a découvert une vraie science derrière la lecture des lignes de la main, la chiromancie, dont elle a fait son gagne-pain. Lesbienne militante, elle s'est prise pour Helen d'une passion platonique. Elles partagent, à mi-hauteur de la montagne Sainte-Geneviève, un appartement que leur a prêté l'une des dernières égéries de Rilke, Baladine Klossowska, mère du peintre Balthus et du philosophe et romancier Pierre Klossowski. Peu à peu, Helen a surmonté son ire et sa rancune contre Roché et tourné son énergie vers le travail, l'écriture et la rencontre de créateurs, à laquelle elle associe Charlotte Wolff. Lors de mes courts séjours à Paris entre deux trimestres, je découvre cette personnalité ardente et forte, créature svelte, très masculine par le ton de sa voix et par le duvet sombre qui orne son menton volontaire, sûre de sa science, fascinant ses partenaires d'un regard lumineux. Je me laisse captiver avec reconnaissance et initier à Freud, à Marx et à Claude Bernard. Justement parce qu'elle traite l'interprétation des lignes de la main comme une science, elle incarne pour moi la victoire assurée de la raison.

J'ai retrouvé dans son autobiographie ce portrait d'Helen dont le ton me plaît :

> Helen Hessel était l'exemple parfait d'une femme d'avant-garde. Elle pouvait tout faire et faisait tout bien, qu'elle travaille la terre après la Première Guerre mondiale ou qu'elle fasse du journalisme de mode dans les années vingt et trente, qu'elle soit la maîtresse de nombreux hommes ou mère et épouse. Elle enchantait hommes et femmes de la même manière. Ses yeux bleus, clairs et froids comme l'air vif d'un matin de printemps, son élégance et son assurance en faisaient l'exemple même de la séduction féminine. [...] Elle pouvait aussi bien écrire un essai que dresser un cheval ou conduire une auto. Une amoureuse du risque, qui faisait tout avec passion, qu'elle aime ou qu'elle haïsse, qu'elle travaille ou qu'elle paresse. [...] J'étais fascinée par elle et acceptai avec plaisir son invitation à faire avec elle, en voiture, le voyage de Berlin jusqu'en Normandie. Elle avait loué avec son ami Pierre Roché une ferme dans le petit village de Sotteville. C'était en 26 ou 27. [...] Je ne savais pas ce qui m'attendait. Helen et Pierre partageaient une chambre. La troisième semaine de nos vacances arriva Franz Hessel. On aurait pu s'attendre à ce qu'il soit jaloux de l'amant de sa femme, mais il apparut que Roché était son meilleur ami. [...] Ce trio semblait être une heureuse constellation où ni l'amour, ni l'amitié n'avaient à souffrir[1].

Revenu à Londres, je fais une autre rencontre captivante : mon cœur va battre très fort pour la première fois, pour une poétesse autrichienne, disciple et amie de Franz, qui lui a donné mon adresse.

Pour moi, la sensualité se confondait jusqu'alors avec l'émotion que la présence de ma mère faisait naître en moi. Elle-même ne

1. Charlotte Wolff, *Augenblicke verändern uns mehr als die Zeit*, Weinheim, Basel und Beltz, 1983, p. 123 *sq*.

cachait pas qu'elle me verrait bien faire d'abord l'expérience d'une liaison homosexuelle, et bénéficier ainsi de la tendresse et de la sagesse d'un partenaire socratique. La lecture dans l'appartement de Roché du *Corydon* d'André Gide, vers l'âge de douze ans, m'avait préparé à cette éventualité. Mais, à dix-sept ans, j'étais resté chaste.

Maria Kreitner avait tous les attributs de la séduction. Une chevelure blond cendré, à quoi je n'ai jamais résisté, la silhouette émouvante et la timidité d'une continentale abordant l'Angleterre pour la première fois et cherchant un guide. Nous avions été invités l'un et l'autre dans une belle demeure du Wiltshire, dont les propriétaires, les Guinness, « aimaient beaucoup l'Allemagne », ce qui signifiait qu'ils avaient suivi l'ascension de Hitler avec une certaine complaisance. Il y avait là des chiens superbes, des quantités de chevaux et des jeunes femmes de bonne famille qui racontaient leur dernière visite à Berlin. Maria et moi ne nous sentions pas très à l'aise et, tout en profitant de la générosité de l'accueil et des charmes du paysage, nous échangions notre étonnement devant tant de candeur. Lors de nos longues promenades à travers champs, je respirais son parfum avec la douce angoisse de celui qui sait qu'il n'osera pas déclarer son amour. Elle eut la bonne grâce de m'accueillir dans son intimité sentimentale, tout en me maintenant à la lisière de son intimité physique. Rien d'étonnant que cet épisode reste très vivant dans mes souvenirs.

L'année suivante, de retour à Paris, je décide de poursuivre des études à l'École libre des sciences politiques. Je ne m'y montre pas plus assidu qu'à la London School of Economics et préfère jouer au bridge dans les bistrots du Quartier latin avec Berkowitz et ses camarades étudiants en médecine. Je reste à l'écart des bagarres entre Action française, Croix-de-Feu et militants communistes. Je sens bien que je perds mon temps. Helen prend alors deux initiatives qui vont faire de l'adolescent un peu flou dans ses projets, fort maladroit dans ses relations avec les femmes, un jeune homme sûr de lui et ambitieux.

La première consiste à me faire rencontrer une de ses amies, rédactrice au *Jardin des modes*, mère d'une fille de douze ans. Jeanne est belge de naissance, sa sœur aînée est la femme d'Aldous Huxley, son premier mari un dramaturge belge de quelque renom. Ayant vécu, après son divorce, une aventure amoureuse noble mais éprouvante, elle a entrepris une psychanalyse pour échapper à la tentation du suicide. Helen, qui trouve beaucoup de charme à sa fille, pense que Jeanne sera un jour ma belle-mère. Mais notre rencontre prend un tout autre tour, et c'est de la mère, qui a deux fois mon âge, que je tombe immédiatement amoureux.

Parfois – trop rarement – la destinée rapproche deux personnes à un moment crucial pour l'une et pour l'autre. Jeanne avait besoin d'être aimée avec ferveur, moi d'être initié aux secrets de la féminité. Elle le fit avec beaucoup de tact, d'intelligence et de tendresse. Je lui dois plus que je ne peux dire. Cette liaison, dont nous savions l'un et l'autre qu'elle ne durerait qu'un temps, exalta en moi le goût du libre jeu des corps en dehors de toute contrainte de fidélité.

Des nombreux voyages initiatiques où je l'accompagnai, je garde un souvenir particulièrement émouvant de notre randonnée dalmate. J'avais consulté mon atlas et décidé que de Split à Cetinje, la côte de l'Adriatique devait se prêter à un parcours à bicyclette, moyen de locomotion que nous aimions tous les deux. Nous voilà donc dans le train pour Venise avec nos deux vélos. Là, il faut les transborder de la gare de Santa Lucia jusqu'à la Dogana, puis jusqu'au paquebot à destination de la Yougoslavie. J'entends encore l'exclamation amusée des gondoliers à la vue de nos machines, bien ridicules sur les canaux de Venise. Plus ridicule encore, à l'arrivée à Split, notre prétention à longer en plein été une côte beaucoup trop escarpée pour des cyclistes. Rien ne nous décourage ni n'interrompt notre hilarité. Si la route est trop dure, nous prendrons le car. Nous atteignons Dubrovnik par une soirée de juillet superbe et sommes fascinés par la rigueur de son architecture et les statues monumentales enserrées dans ses places étroites aux palais baroques. Poursuivant notre route autour de la baie de Cattaro, la seule portion de la côte praticable à bicyclette, nous nous émerveillons des façades vénitiennes qui s'y succèdent. Ultime surprise : le jour de notre arrivée, les Monténégrins accueillent le prince de Galles et son amie, Mme Simpson. En leur honneur, tous les sommets autour de la baie sont éclairés d'un collier de feux scintillants, tandis que, du port, des chants s'élèvent dans la nuit.

La seconde initiative de ma mère fut de suivre le conseil de ses amis français : flattant les ambitions qu'elle nourrissait pour son fils cadet, ils lui avaient fait valoir que, pour conquérir la France par le sommet, il fallait passer par l'École normale supérieure. Elle m'inscrivit donc en hypokhâgne au lycée Louis-le-Grand. Pour la première fois, j'eus l'impression d'apprendre à penser. Dès le début de l'année, Albert Bayet nous fit lire la première *Provinciale* de Pascal, qu'il connaissait par cœur, et nous démontra la pertinence de cette implacable mise en pièces de la théorie jésuitique de la grâce. La première heure de cours achevée, il nous fit sortir pour la récréation, puis il consacra la seconde heure à nous démontrer avec la même aisance l'incontestable supériorité des arguments avancés par les jésuites. Magnifique exercice pour la formation de l'esprit critique !

L'émulation intellectuelle que suscitent et encouragent ces lieux spécifiquement français, les classes préparatoires aux grandes écoles, convenait à ma forme d'esprit.

La densité des études, s'ajoutant à l'intensité de ma vie amoureuse, m'éloignait insensiblement d'Helen, qui gérait alors, non sans difficultés, son statut de citoyenne allemande résidant en France et travaillant pour un employeur allemand.

Cet éloignement s'accroît encore lorsque, vers la fin de la khâgne, je fais la connaissance d'une jeune fille russe assez sauvage, Vitia, hypokhâgneuse, pivot d'une bande de camarades plus exubérantes qu'elle, et dont la finesse et l'humour sarcastique me frappent d'emblée. Je cherche à mieux la connaître. Elle est née à Petrograd, dans une famille juive cultivée. Ses parents, qui ont d'abord accueilli la révolution d'Octobre avec ferveur, se sont résolus à quitter la Russie en 1919, pour gagner la « patrie des droits de l'homme » après un périple qui les a menés d'Odessa à Paris, en passant par Constantinople et Naples. Son père, Boris Mirkine Guetzévitch, est professeur de droit constitutionnel. Plus je découvre Vitia, plus elle me semble unique. C'est l'inverse du coup de foudre : un lent cheminement vers l'intimité.

Ma liaison avec Jeanne, dont je me persuade aisément qu'elle y trouve le même bonheur et le même épanouissement que moi, m'a rendu quelque peu présomptueux. A quoi s'ajoute le superbe mépris que m'a transmis Helen pour la morale conventionnelle, surtout en matière de relations sexuelles. Il me semble donc que je n'aurai aucun mal à faire la conquête de la farouche Vitia. L'initier aux plaisirs du corps me semble un service à lui rendre. Pour l'en convaincre, je lui tiens des propos de khâgneux et lui écris des lettres inspirées de Choderlos de Laclos. Mais, comme Valmont, je finis par être pris à mes propres pièges ; mois après mois, je me rends compte qu'il m'est de plus en plus difficile de me passer de Vitia. Ce prénom ambigu (il est le diminutif russe de « Victor » et non de son véritable prénom, « Victoria », qu'elle déteste) va devenir pour moi le vocable le plus important, le plus chargé d'émotions et d'échos, sans cesse renouvelés au long des quarante-neuf années que durera notre vie commune.

Quelques jours avant l'oral du concours d'entrée à l'École normale, en juin 1937, nous effectuons, Vitia et moi, une longue randonnée à bicyclette le long de la Seine, entre Caudebec et Duclair. Cette belle journée de printemps vibre encore dans ma mémoire comme une étape majeure sur le chemin, prudemment parcouru, de notre intimité croissante. J'ai failli de peu, ce soir-là, vaincre ses résistances.

Vient l'heure des résultats : je suis reçu dès la première tentative. Moment de joie intense pour Helen, d'heureuse surprise pour moi. Mais on est en juin et ma naturalisation, en cours depuis longtemps, ne pourra m'être accordée qu'à l'âge de vingt ans révolus, donc en octobre. Je suis reçu en surnombre et en tant qu'élève étranger, pas comme interne. En octobre, je ne suis plus un élève étranger, puisque je suis désormais français, mais pas encore un élève français, puisque reçu comme étranger !

Cette situation, apparemment sans précédent, embarrasse l'école. Son secrétaire général, Jean Baillou, ne voit qu'une solution : repasser le concours. Je décide, en attendant, de compléter ma licence de philosophie à la Sorbonne et remets à 1939 la deuxième tentative pour entrer rue d'Ulm, lesté de mon nouveau passeport et d'un décret de naturalisation signé par Léon Blum.

Ces cinq années, de mon retour de Londres, en juillet 1934, à mon « entrée » à l'École normale, en juin 1939, ont été, pour ma formation, capitales, celles où s'est cherchée, puis affirmée la personne que je suis devenu. Pourtant, elles sont occultées dans mon souvenir par les six années qui les ont suivies : celles de la guerre Je dois faire un effort pour en retrouver, soixante ans plus tard, les traits les plus saillants. Je vois d'abord mon choix de la France, sans ambiguïté, avec sa langue, sa culture, son histoire et sa terre que je veux miennes. L'attente de l'acte officiel, le décret de naturalisation, est en elle-même une épreuve dont le succès fait date. Et quelle date ! Mon vingtième anniversaire ! Je me sentais français depuis longtemps. Voilà que le *Journal officiel* me le confirme.

De cette France revendiquée j'adopte les institutions et les multiples aspects de l'héritage culturel et historique : non seulement la Révolution de 1789 et la Déclaration des droits de l'homme, mais encore la valorisation sans cesse renouvelée de l'intelligence et de la tolérance, de la lucidité et du respect de l'autre : Montaigne, Pascal, Voltaire, George Sand; la conquête des libertés modernes : Hugo, Baudelaire, Rimbaud, Apollinaire ; la profonde clarté d'une langue analytique, articulée, précise.

En résulte une moindre curiosité à l'égard des idéologies étrangères. Je n'ai pas éprouvé pour le marxisme, comme mes camarades d'hypokhâgne, de khâgne et de l'École normale, cette fascination que les fraternités de la Résistance vont rendre difficilement réversible. Je n'ai donc pas connu les combats intérieurs que beaucoup d'entre eux ont dû livrer pour s'en défaire. Sans jamais mettre le communisme sur le même plan que le nazisme, je n'y ai pas vu un idéal lumineux ni même une stratégie gagnante, susceptible de faire régner plus de justice entre les hommes. Il m'est apparu d'emblée comme une déviation de l'esprit critique et de la démocratie, trop évidente pour ne pas être suspecte aux yeux du citoyen épris de liberté. Je n'ai eu besoin ni des procès de Moscou ni du récit des conflits internes aux Brigades internationales, pour me dissuader de marcher sous le signe de la faucille et du marteau.

Ayant classé d'emblée la vulgate marxiste parmi les simplifications abusives de l'imaginaire politique, j'ai pu rester candidement convaincu que la recherche d'une plus grande justice sociale est l'objectif normal de la démocratie et qu'elle se nourrit de l'engagement confiant de citoyens responsables. C'était, bien sûr, évacuer trop vite la problématique du pouvoir. Mais elle me préoccupait peu. J'étais à l'aise dans les réunions d'intellectuels antifascistes, qui faisaient l'amalgame entre l'internationalisme, le socialisme et la défense des valeurs démocratiques. J'avais applaudi aux conquêtes du Front populaire, admiré le courage de Léon Blum, regretté les failles qui avaient lézardé les avancées d'une politique sensible aux besoins des classes travailleuses, suspecté le Parti communiste d'avoir fait échouer la grande entreprise en tirant la couverture à lui, mais sans jamais m'interroger sur l'essence de l'État.

Pour ma part, je partais d'une réflexion sur la condition humaine que je situais à la croisée de la littérature et de la philosophie. J'y découvrais des complexités nouvelles, qui fouillaient l'horizon bien au-delà des allées bien ratissées de la philosophie scolaire. La lecture de *La Nausée*, puis du *Mur*, de Sartre, celle de *Lumière d'août*, de Faulkner, de *La Verge d'Aaron*, de D. H. Lawrence, de *Manhattan Transfer*, de Dos Passos, du *Procès* et du *Château*, de Kafka, et d'*Ulysse*, de Joyce, pour ne citer que les plus saisissantes, mettaient plus fortement en cause pour moi les paramètres de notre société que les textes de Hegel, de Kierkegaard et de Husserl. Bien plus, l'initiateur incomparable de la phénoménologie qu'a été pour moi, dans les jardins de la rue d'Ulm, Maurice Merleau-Ponty nous délivrait de l'abstraction autant que des dogmes. Son enseignement explorait l'expérience la plus concrète, celle du corps et de ses relations avec *le* sens, grand singulier face au pluriel des sens. Nous l'écoutions plutôt comme un grand frère partageant avec nous ses conquêtes fragiles que comme un professeur transmettant un savoir : l'inverse de Léon Brunschwicg, dont le prestige était fondé sur des certitudes réconfortantes.

Ni mes maîtres, ni ma famille, ni les milieux dans lesquels j'évoluais ne me laissaient imaginer que je pourrais sortir un jour de cette communauté très littéraire, qui faisait ses délices de ses tourments, une communauté d'explorateurs de l'humain et non de bâtisseurs du social.

Pendant ce temps, le contexte historique évoluait à vive allure sans que j'en perçoive les menaces. J'avais rencontré, grâce au père de Vitia, des républicains espagnols en exil qui reprochaient leur faiblesse aux démocraties occidentales. Tout en blâmant la politique de non-intervention du Front populaire, j'estimais que la crise économique qui était, pour nous, à l'origine de la montée des fascismes pouvait être surmontée. Franklin Roosevelt avait su la juguler. Il fallait l'imiter. La France, l'Angleterre et l'URSS n'avaient qu'à montrer leur puissance et les régimes autoritaires s'écrouleraient.

Je me souviens d'une de mes dernières conversations avec Jeanne, qui devait rejoindre sa sœur en Californie quelques semaines plus tard. J'étais passé la prendre, comme tant de fois déjà, à la sortie de son bureau de la rue Saint-Florentin, pour une courte promenade dans le jardin des Tuileries et une pause à la terrasse d'un café de la rue Royale. C'est alors que les journaux du soir annoncent les accords de Munich. Je lui fais part de ma joie : on vient d'éviter la guerre, cette façon absurde entre toutes de régler un différend. Moins naïve que moi, elle craint que le lâche abandon de Prague n'encourage Hitler à pousser plus loin ses audaces. Je n'ai aucun mal à lui démontrer que nous le ramènerons à la raison en lui coupant les vivres et en le déshonorant devant son propre peuple. Nous vaincrons parce que nous sommes les plus forts.

IV

Drôle de guerre

La mobilisation de 1939 me surprend au retour d'une sorte de voyage de noces anticipé en Grèce, couronnement d'une double réussite : je viens d'être admis, pour la seconde fois, à l'École normale et j'ai vaincu les résistances de Vitia, qui m'accepte comme compagnon de route et initiateur à l'Hellade. Partis de Marseille à la mi-juillet sur un bateau plein d'étudiants, où nous campons sur le pont et scrutons le ciel nocturne en récitant avec tout le pathos et l'ironie de notre âge des vers de Heredia, nous arrivons à Athènes dans la chaleur écrasante de juillet. J'ai encore en tête les généalogies des dieux et des héros collectionnées cinq ans plus tôt dans les hautes salles fraîches de la Guildhall Library à Londres, et devant chaque temple, chaque statue, j'impose à ma compagne le récit commenté de ces ascendances et descendances.

Découverte à deux de l'Acropole. Elle est inscrite dans ma mémoire comme celle de masses blanches très hautes, découpées sur un ciel bleu, bien au-dessus de la ville : le Parthénon, grave perfection, l'Érechtéion, plus ciselé, plus léger, qui honore ce fils mystérieux qu'Athéna mit au monde, sans cesser d'être vierge, après que Poséidon, qui la poursuivait amoureusement, eut inondé sa cuisse divine de son sperme.

L'air, aujourd'hui l'un des plus pollués d'Europe, était encore limpide. Il l'était déjà moins lors de ma deuxième visite, en 1961, au retour d'une conférence de ministres africains de l'Éducation, que l'UNESCO avait organisée à Tananarive. Je voyageais dans le même avion que les ministres de Madagascar et du Dahomey, qui désiraient passer par Paris avant de regagner leur poste. L'escale d'Athènes devant durer quatre heures, je proposai à mes deux compagnons de monter sur l'Acropole, ce lieu mythique que leurs livres d'histoire désignaient comme le berceau de la démocratie. Le Malgache était grand, gros et plutôt bonhomme, le Dahoméen fluet et avisé. Planté entre eux sur les marches du Propylée, j'ai perçu physiquement leur émerveillement comme un hommage à mes dieux grecs.

Avec Vitia, en 1939, nous avons cheminé de colonne en colonne, palpant le marbre frais des yeux et des doigts. Le lendemain, nous décidions de gagner à pied le cap Sounion.

Dans mon souvenir cet épisode s'inscrit avec netteté : je nous vois marchant le long d'une route, passant les mines du Laurion et dressant notre tente, le soir, à quelques kilomètres du cap, que nous découvrons dans sa splendeur matinale aux premières heures du lendemain. Poséidon est là, entre les blanches colonnes de son temple, jetant un regard impérieux sur les flots dont il est le maître.

Je suis revenu en Grèce plusieurs fois, j'ai revu le cap Sounion envahi par les cars de touristes, mesuré la distance qui le sépare d'Athènes, conclu que mon souvenir ne pouvait être exact et compris que nous avions dû nous y prendre autrement : par car ? par train ? Mais le contenu de ma mémoire est le plus fort, il a la même qualité obsessionnelle que certains rêves. Méfiez-vous des témoins sûrs !

De ces vacances grecques, ce fut un des moments extrêmes. Un autre fut la nuit que nous passâmes sous la tente, dans les ruines de l'Héraïon à Olympie. Est-ce cette divinité éminemment conjugale qui fit naître en nous l'idée, jusque-là jugée prématurée sinon puérile, de nous marier ? Ou bien prit-elle une soudaine pertinence à la lecture des nouvelles glanées dans les rares journaux qui donnaient le conflit comme imminent ?

Brusquement, le temps se mit à galoper : embarquement hâtif, traversée de la France déjà encombrée de convois militaires, mobilisation et départ, à peine le temps d'embrasser Helen, incorporation dans une unité d'aspirants élèves, à Saint-Maixent, dans les Deux-Sèvres. Trois promotions de normaliens allaient y perfectionner leurs connaissances militaires. Et, cinq semaines plus tard, mariage, le 2 novembre, à la mairie de cette sous-préfecture, avec comme témoins deux des normaliens les plus sympathiques : André Monteil, que je devais retrouver quinze ans plus tard ministre de Pierre Mendès France, et Pierre Grappin, qui aurait à affronter, trente ans après, comme doyen de l'université de Nanterre, l'effervescence de Mai 68.

Ni ma mère ni mes futurs beaux-parents n'étaient préparés à ce mariage. J'avais eu l'imprudence de confier à Vitia le soin d'en informer Helen alors que j'étais déjà à Saint-Maixent. La rencontre fut rude, et il m'a fallu ensuite près de trente ans pour réparer cette maladresse, trente ans pour que naissent entre ces deux êtres qui m'étaient l'un et l'autre également indispensables une confiance non feinte et une sympathie active. L'hostilité exprimée sans détour par Helen ne pouvait que susciter l'aigreur, assurément plus voilée, des Mirkine-Guetzévitch. Aussi notre mariage fut-il le plus discret de tous ceux auxquels j'ai assisté. Le maire eut quelque mal à épeler nos noms et à énoncer nos lieux de naissance – Berlin et Petrograd –, dans les deux pays signataires de ce pacte qui, neuf semaines plus tôt, avait bouleversé la donne politique. Un subside, obtenu *in extremis* de Valya Spirga, la gouvernante de Vitia, nous permit d'offrir quelques maigres gâteries aux témoins, et notre voyage de noces prit la forme d'une nuit dans un hôtel de Poitiers, assez proche de l'école d'infanterie pour me permettre d'assister le lendemain à la manœuvre du jour.

C'est à Saint-Maixent, au cours de ces premiers mois de la guerre, que je me suis, pour la première et peut-être la seule fois, senti clairement normalien. Au moins autant que les couloirs de la rue d'Ulm, la caserne Canclaux, où il n'y avait que mes pairs, nous enfermait dans cet état d'esprit fait de morgue, d'humour, de goût du canular, de pédantisme et de vraie curiosité qu'une formation et des ambitions communes avaient fait éclore en nous. Le statut spécial de l'École normale conférait d'emblée à ses élèves le grade d'aspirant, par une faveur singulière à laquelle les élèves officiers formés dans les autres casernes de la ville n'avaient pas droit mais qui ne faisait pas de nous, pour autant, des guerriers bien redoutables. L'état militaire, désigné dans le jargon de l'École par le terme « bonvoust », ne jouissait pas, tant s'en faut, d'un grand prestige. Il était plus commode de le brocarder que de le respecter.

Du reste, quel regard portions-nous sur cette guerre ? J'ai le sentiment – mais que vaut une telle affirmation cinquante-sept ans plus tard ? – que nous la considérions comme une épreuve nécessaire, à laquelle nous étions mal préparés. Nos gouvernants s'étaient montrés trop conciliants avec le fantoche d'outre-Rhin. Au lieu d'afficher leur force, qui était de toute évidence supérieure à la sienne, ils avaient cherché à l'apaiser. C'était un calcul qui, nous assuraient ceux qui avaient lu *Mein Kampf*, relevait d'une naïveté coupable. L'heure était maintenant venue d'en finir. Bien entendu, cette guerre devrait être toute différente de la précédente. Il n'était pas question de laisser se reproduire les monstrueuses tueries du chemin des Dames et de Verdun. Hitler ne tarderait plus longtemps à lancer son offensive, qui se briserait forcément sur la ligne Maginot. Car à trop attendre, il risquait de voir son « Reich millénaire », asphyxié par l'embargo, s'effondrer de l'intérieur.

Si nous n'avions aucun doute quant à l'issue du conflit, la question de sa durée se posait : guerre courte ou guerre longue ? Or, ni Mussolini ni Franco, complices de Hitler, ni même l'Union soviétique, mise hors jeu par le pacte de non-agression, ne nous semblaient susceptibles d'inquiéter sérieusement la coalition des trois grandes démocraties, Grande-Bretagne, France, États-Unis, dont les terres métropolitaines et impériales couvraient les deux hémisphères. Contre de telles puissances, les cabrioles vaguement hystériques d'une Wehrmacht hâtivement reconstituée seraient sans effet durable.

Du reste, ces *Kriegsspiele* de stratèges en chambre n'étaient pas notre passe-temps favori. Nous préférions de beaucoup jouer aux échecs dans le réfectoire ou commenter nos dernières lectures, impatients de reprendre nos recherches intellectuelles et laissant à d'autres le soin de gagner le plus rapidement possible cette guerre devenue inévitable.

A Saint-Maixent, les hommes mariés (nous étions deux dans ce cas) jouissaient du privilège de pouvoir vivre avec leur femme. A Ancenis, où je fus affecté en janvier, mes obligations militaires me laissaient le loisir de rejoindre deux fois par semaine Vitia. Celle-ci avait obtenu l'année précédente sa licence d'histoire-géographie et s'était fait nommer professeur au lycée David-d'Angers. Lorsque, au début de mars, je dus prendre congé d'elle pour emmener ma section sur la Sarre, nos adieux sur le quai de la gare n'eurent rien de pathétique. Mon képi bleu clair l'amusait beaucoup. Nous attendrions la première permission.

Au terme d'un voyage qui nous fait traverser la France d'ouest en est, nous prenons nos cantonnements dans un petit village lorrain, à la lisière de la forêt de la Warndt. C'est alors seulement que j'ai l'impression d'entrer en guerre et de « faire corps » avec la section dont j'ai la charge. Elle appartient à une « compagnie cycliste » commandée par le capitaine Pierre Fourcaud. Placés au « contact de l'ennemi », en avant de la ligne Maginot, nous sommes censés prévenir toute offensive locale, devant laquelle nous nous replierions, en combattant, certes, mais sans chercher à interdire l'avance des Allemands, puisque nos défenses sont derrière nous. D'offensive, pour nous, il n'est pas question ; le slogan selon lequel « nous irons pendre notre linge sur la ligne Siegfried » ne correspond à aucun objectif stratégique.

Un jour, pourtant, l'idée me vient de convaincre quelques camarades de ma section de partir le plus loin possible en direction du dispositif ennemi, conformément à l'image d'Épinal du jeune sous-lieutenant qui ramène une demi-douzaine de prisonniers dès sa première « sortie ». N'ayant rencontré que le vide de la forêt, nous ne tardons pas à regagner notre base, où je me fais rabrouer vertement par le capitaine Fourcaud.

Cette petite imprudence juvénile, qui lui a sans doute moins déplu qu'il ne voulait le montrer, a été le point de départ d'une amitié qui ne cessera qu'avec notre mort. D'emblée, Pierre Fourcaud a incarné pour moi les vertus du vrai « chef » militaire, celui dont le courage fait école et dont la prudence donne confiance. Le peu que j'ai appris, non du métier des armes mais de la morale du combattant, c'est de lui que je le tiens. En décembre 1940, je l'ai rencontré, par pur hasard, à Marseille, sans savoir ce qu'il y faisait, mais assuré que ce n'était pas ce que Pétain aurait souhaité. Deux ans plus tard, nous nous sommes revus à Londres. Après avoir créé, avec Gaston Defferre, le réseau Brutus, sous le pseudonyme de Barbès, il avait rejoint le BCRA [1] au retour d'une mission particulièrement acrobatique de liaison avec les officiers supérieurs de l'armée de l'Armistice. Je voyais en lui un véritable professionnel de l'action clandestine. Après la guerre, nos routes ont divergé ; je suis entré dans la carrière diplomatique, il est devenu directeur adjoint du SDECE [2], un des meilleurs connaisseurs des services secrets étrangers. Mais chaque fois que le hasard nous a réunis, j'ai ressenti pour ce qu'il faisait et disait la même fascination. De ce grand officier toujours courtois, né à Saint-Pétersbourg d'une mère russe et aujourd'hui âgé de plus de quatre-vingt-dix ans, j'ai pu récemment encore admirer la force pathétique et l'inépuisable mémoire.

Les trois derniers mois de la « drôle de guerre » m'avaient remis en contact avec Helen, qui occupait un appartement confortable au 22 de la rue de Grenelle. Lorsque je venais en permission, elle me faisait rencontrer ses amies – Hélène Hoppenot, Adrienne Monnier, Sylvia Beach. Dans sa librairie de la rue de l'Odéon, Adrienne Monnier recevait les écrivains reconnus et ceux qui méritaient de l'être, Gide et Joyce, mais aussi, parmi beaucoup d'autres, Sartre, Michaux et Claude Roy. Les restrictions imposées par la guerre n'étaient pas bien sévères, mais on se réjouissait d'avoir des connaissances en pays normand. Adrienne en ramenait des laitages savoureux et des récits sur le désarroi des villageois qui ne comprenaient pas la façon dont Paul Reynaud menait le pays. Elle m'encouragea à apporter une contribution à sa *Gazette des amis des livres* dans la rubrique « Courrier », où l'on signait : « Un Tel, aux armées ».

1. Bureau central de renseignement et d'action, créé en 1940 par le général de Gaulle.
2. Service de documentation extérieure et de contre-espionnage, créé en 1946 par le colonel Passy.

J'ai conservé le numéro 10, daté de mai 1940, où sont publiés deux extraits de lettres de moi, l'une de février, l'autre de mars. La première commence ainsi :

> Ici je n'ai pas le temps d'être seul, ni, à plus forte raison, d'être à plusieurs. Je suis organique à mon unité, pour dire cela en langage militaire et je n'en émerge que par quelques beaux livres, quelques soirées inespérément libres ou bien lorsque je marche à côté de « mes » hommes sur une route inondée et droite, quelques poèmes appris autrefois dont je scande mon pas alourdi par les godasses.

La deuxième se termine ainsi :

> Le Français ne désire rien tant, me semble-t-il, que d'être irrésistible, presque parfait. Mais cette excellence ne laisse pas de suggérer à celui qui veut la posséder un sourire ironique à l'égard de ceux qui la lui reconnaissent – et à l'égard de lui-même. La blague, c'est cela, une sorte de pudeur devant l'idée de perfection, qui fait tourner en ridicule ce à quoi l'on accorde le plus de valeur. Il y a là, je crois, la source de l'esprit français : respectueuse irrévérence.

La percée allemande du 10 mai entraîna, pour notre unité, un repli d'abord calculé, puis de plus en plus désordonné, dont je ne garde qu'un souvenir de cauchemar, à l'exception d'un épisode cocasse et bien révélateur de mon inexpérience guerrière. Je tenais, au cours de ces semaines, une sorte de « journal de campagne » émaillé de poèmes et de réflexions, qui me semblait assez en accord avec l'idée que je me faisais du normalien militaire et dont je me promettais, une fois la paix revenue, de tirer la matière de mon « œuvre » future. Or, un soir que je m'apprêtais à remplir mon devoir d'écriture, je me rendis compte que j'avais oublié le carnet, un bloc-notes assez rudimentaire, dans ma chambre du dernier cantonnement, que nous avions quitté en hâte le matin même. Le lendemain, sans avertir mon capitaine, j'enfourchai mon vélo et fis en sens inverse les vingt-cinq kilomètres de l'étape. Sachant que d'autres unités nous suivaient, il me semblait probable que l'ennemi n'avait pas encore pris possession du secteur. En effet, je parvins sans encombre au village abandonné la veille, récupérai le précieux carnet et me remis en selle pour rejoindre mon unité. C'est alors que je fus pris dans ce que j'identifiai comme un tir d'artillerie : des impacts et des bruits d'explosion des deux côtés de la route sur laquelle je roulais. C'était ma première expérience du « feu ». J'en notai d'abord le caractère étrangement aléatoire. Si denses que fussent les salves, il y avait beaucoup plus d'espace entre les impacts que je ne l'imaginais. On pouvait donc passer à travers un barrage d'artillerie plus aisément qu'à travers une averse.

Cette escapade imprudente et gravement contraire au règlement resta secrète et notre long cheminement se poursuivit à travers la Lorraine et les Vosges. A la compagnie cycliste s'était maintenant substituée, je ne sais plus pourquoi, une unité de canons de vingt-cinq antichars tractés par des chevaux. La tête et les épaules lourdes de fatigue, écœuré par la stérilité de notre retraite et l'évidence de la défaite, je marchais à côté de ces pièces inutiles, que personne ne songeait à mettre en batterie. L'armistice était déjà signé que nous errions encore entre Saint-Dié, où l'on nous avait sommés de remettre nos armes à la caserne, et Bourbonne-les-Bains. Là, rattrapés par une colonne allemande, nous fûmes enfermés dans un lieu hâtivement aménagé en camp de prisonniers. Les gradés étaient séparés des hommes de troupe, sous la surveillance d'un officier allemand et d'un chapelet de sentinelles qui circulaient le long d'une enceinte de barbelés.

Si d'emblée j'avais senti se nouer entre le capitaine Fourcaud et moi ce fil qui, reliant deux figures dissemblables et complémentaires, n'a cessé de parcourir nos vies, c'est l'expérience inverse, émouvante mais sans lendemain, que je fis à mon arrivée dans ce camp, en tombant sur le capitaine Segonne. Ce robuste Breton de trente-cinq ans, qui deux ou trois jours plus tôt avait entendu l'appel à la résistance lancé depuis Londres par un certain général de Gaulle, fut le premier à me parler du futur chef de la France libre. Nous résolûmes de fausser compagnie aux officiers français qui nous entouraient et dont le soulagement à l'annonce de l'armistice obtenu par Pétain ne nous disait rien de bon. A un vieux colonel qui déconseillait toute tentative d'évasion, d'après lui vouée à l'échec, Segonne avait répondu que la nourriture du camp lui semblait minable et que notre objectif était avant tout gastronomique. Le lendemain soir, ayant repéré un angle de l'enceinte abrité par des buissons, nous nous glissâmes sous les barbelés et nous retrouvâmes au bord d'un filet d'eau dont nous avions décidé que c'était un affluent de la Meuse.

Autant Fourcaud m'avait fasciné, voire un peu terrorisé, autant Segonne me rassurait comme un envoyé du destin dont il était évident qu'il fallait suivre la démarche simple et forte. D'ailleurs, le soir même de notre évasion, nous devions vérifier son intuition en dévorant chez un fermier une imposante omelette, un grand bol de lait et des tartines de fromage. « Que voulez-vous, le laitier ne passe plus ! » nous dit-il pour justifier sa générosité.

V

Rejoindre de Gaulle

Pourquoi raconter cette vieille, très vieille et très banale « histoire de ma guerre » ?

Il est facile d'y repérer certains traits de caractère : la légèreté, qu'il est trop facile de faire passer pour du courage, le goût de l'escapade, resté un trait dominant de ma vie, la valorisation de certains personnages rencontrés, admirés, devenus médaillons dans la mémoire, comme ce fut le cas pour Segonne, que je devais quitter à Orléans pour gagner Angers, sûr de ne jamais le revoir, messager d'espoir, figure de père, héraut de De Gaulle, ange furtif.

Ce qui reste incrusté dans le souvenir, cinquante-cinq ans plus tard, ce sont les épisodes où j'ai eu le beau rôle, et à bon compte, puisque le fait de ne m'être pas battu, de n'avoir rien entrepris pour freiner l'avance allemande, d'avoir participé passivement à la débandade générale est passé sous silence : je n'aurai sauvé que mon bloc-notes, égaré depuis.

Mais raconter ces dix premiers mois de la Seconde Guerre mondiale, c'est aussi mettre en évidence un phénomène sur lequel je reviens depuis longtemps, chaque fois que je réfléchis à ma vie, un facteur que je ne manque jamais d'évoquer sitôt qu'on m'interroge sur mon parcours : la chance. C'est dans mon dialogue avec moi-même que la notion de chance prend toute sa force. Je la vis comme une faveur dont je reconnais la marque à chaque étape de mon existence, du plus jeune âge jusqu'à aujourd'hui. *« Alles gönnen die Götter, die Unendlichen, ihren Lieblingen ganz, / Alle Freuden, die Unendlichen, alle Schmerzen, die Unendlichen, ganz*[1]. » Ce distique de Goethe a été, tout au long de ma vie, une sorte d'invocation pour accepter le sort avec gratitude. Et même si le destin, las de m'entendre vanter la providence, s'avise un jour de m'accabler, je trouverai la réplique qui me réconciliera avec lui.

Je parlerai donc de ma chance, non pour éblouir le lecteur, mais pour souligner la gravité des périls auxquels j'ai échappé et dont l'un des pires, sans doute, eût été de suivre non pas Segonne mais le vieux colonel et de passer cinq ans dans un *Oflag*. Combien de bons Français ont traversé ce désert-là ! Certains y ont perdu leur jeunesse. D'autres, natures plus profondes, y ont forgé de puissants outils de recherche. J'en connais. Mais je suis bien convaincu que ce n'aurait pas été mon cas.

Me voilà donc libre et lesté par Segonne de l'aspiration à rejoindre de Gaulle pour continuer, commencer à me battre. Je n'avais pas connu l'exode, ni donc ce lâche soulagement que des hordes de Français dévalant vers le sud avaient exprimé à l'annonce de l'armistice obtenu par Pétain. La réaction des officiers du camp de Bourbonne-les-Bains m'avait confirmé dans la conviction que l'armée française ne valait pas cher, qu'elle n'était ni commandée ni inspirée par un élan patriotique. Ses cadres n'avaient rien d'essentiel à opposer à la vision du monde qu'au fond de lui-même Pétain partageait avec Hitler.

Je n'ai jamais pensé que le vieux maréchal rusait avec le Führer et sauvait ainsi des forces qui, le moment venu, rentreraient dans un combat dont il souhaitait la reprise. Je ne sentais en lui aucune volonté de résister à l'idéologie fasciste ; il en avait trop bien mesuré les bienfaits pour sa propre classe, lors de son ambassade auprès de Franco. Je n'ai donc aucun mérite à avoir échappé aux tentations du maréchalisme, cela s'est fait aussi naturellement que lorsque j'avais esquivé, dans les années trente, celles du marxisme.

Parvenu à Angers, je me mis à la recherche de Vitia. La direction du lycée, où l'année scolaire avait été interrompue par l'avance de la Wehrmacht, m'informa que ma femme avait emmené ses parents

1. « Les dieux, dans leur éternité, accordent tout à leurs favoris, les joies, dans leur éternité, les peines, dans leur éternité, tout entières. »

à Bordeaux, puis à Toulouse. Je n'aurais qu'à m'adresser à l'université, où mon beau-père avait trouvé accueil. Je pris le train vers le sud. Mais il fallait franchir la ligne de démarcation, qui passait entre Bordeaux et La Réole, et j'étais un prisonnier évadé : je m'enfermai dans les toilettes du train et – chance insigne – ne fus pas remarqué par les contrôleurs. A Toulouse, je tombai sur une famille traumatisée par l'exode, ulcérée par l'armistice et sans pitié pour Pétain.

Vingt ans plus tôt, quand il était arrivé à Paris, le père de Vitia avait pu, grâce à son beau-père, Vladimir Poliakoff, rédacteur en chef du journal de l'émigration, faire valoir auprès de l'Université sa formation de juriste et sa connaissance de l'histoire de la Révolution française, perfectionnée auprès du Pr Aulard et sur laquelle il était incollable. Il avait une énergie intellectuelle vibrante qui le faisait estimer de ses étudiants et craindre parfois de ses collègues. Ses ouvrages de droit constitutionnel faisaient autorité tant dans les républiques issues du traité de Versailles – la Pologne et la Hongrie – qu'en Espagne et en Grèce. Il n'avait eu aucun mal à me faire partager sa foi dans les valeurs proclamées par la Déclaration des droits de l'homme et du citoyen, et la préférence qu'il donnait à Danton sur Robespierre. Il avait en outre dirigé l'Institut de droit comparé et disposait de nombreux et utiles contacts parmi le personnel politique de la IIIe République.

Nos relations étaient des plus cordiales. S'y mêlait une bienveillante ironie, qui me venait du regard sans concession que sa femme et sa fille portaient sur cet infatigable défenseur de la République. Toutes deux étaient unies par une intimité exclusive et leur intelligence du monde, ce sens de la mesure qu'elles avaient en commun leur faisaient juger sévèrement la flamboyance de Boris. Lui et moi partagions le même désir de quitter cette France capitularde, lui pour continuer à défendre ses idées dans les universités du monde libre, moi pour poursuivre un combat si lamentablement interrompu.

A l'été 1940, dans cette partie de la France que la Wehrmacht n'occupait pas encore et dont Hitler avait laissé l'administration au maréchal Pétain, continuer à se battre signifiait quitter le pays et rejoindre les Alliés, c'est-à-dire les Anglais et toutes les armées qui n'avaient pas capitulé ; parmi elles, les quelques Forces françaises libres commandées par le général de Gaulle.

L'autre possibilité, pour les patriotes, était de rester en France et de rejoindre les maigres rangs de la Résistance intérieure. Mais cette notion, immédiatement sensible en zone occupée, où il s'agissait de s'en prendre aux troupes allemandes, n'avait guère de substance là où l'État était français. Dénoncer l'armistice, diffuser des tracts qui jetaient l'opprobre sur Vichy, organiser des réseaux susceptibles d'appuyer, le moment venu, la stratégie des Britanniques représentait des entreprises difficiles et précaires, qui ne tentaient guère le jeune officier désireux d'en découdre que j'étais à l'âge de vingt-trois ans.

Encore faut-il gagner Londres. Usant de toute sa séduction auprès de son amie Suzy Borel, la future Mme Georges Bidault, qui est en poste au ministère des Affaires étrangères de Vichy, et se fondant sur un appel de la New School for Social Research de New York, Boris Mirkine obtient des passeports pour lui-même, sa femme, sa fille et… son gendre ! Sollicité de son côté par Varian Fry, responsable en France de l'International Rescue Committee, le consulat américain y appose des visas qui doivent permettre aux trois membres non militaires de la famille de gagner les États-Unis depuis le Portugal, en traversant l'Espagne. Le gendre, lui, devra trouver un autre itinéraire.

En attendant, il va apporter sa pierre à l'édifice : dans le jardin d'une maisonnette que Vitia a acquise en 1938 à Milon-la-Chapelle, dans la vallée de Chevreuse, et qu'elle a donnée à sa gouvernante, Valya, restée à Paris pendant l'exode, les Mirkine ont enterré un peu d'or qu'ils possédaient. Assuré de mes talents de contrebandier, je propose de passer la ligne de démarcation, afin d'aller chercher ce modeste magot, utile pour s'installer aux États-Unis. De cette petite expédition je garde le souvenir d'un aller-retour à travers champs, aux confins de la Touraine et du Berry. A quelques kilomètres de là, trois ans plus tard, sur un terrain balisé par la Résistance, un Lysander me déposera en ma qualité de chef de la mission Greco, mandatée par Londres pour réorganiser les communications radio entre nos réseaux de renseignements et l'état-major allié. Tels sont les hasards de la géographie.

De cet épisode me reste la présence de cette femme touchante et dévouée, Valya Spirga, dite « la Vava », qui, entrée dans ma vie cinq ans après qu'Emmy s'en était retirée, y resta jusqu'à sa mort, quarante ans plus tard. Cette robuste Lettone avait été accueillie dans la famille pétersbourgeoise des Mirkine, un peu comme Emmy dans la mienne. Remarquable cuisinière, admirant Boris et chérissant Génia, qui la réduisait à un état de servitude contre lequel Vitia n'a jamais cessé de protester, mais qu'elle-même acceptait comme allant de soi, elle était pour l'enfant unique facilement anorexique un monument de certitudes physiques et morales. Comme Emmy pour mon frère et moi, Valya a été, aux yeux de Vitia et de nos trois enfants, une créature de pure affectivité, entachée d'aucun défaut, présence infiniment rassurante.

Elle me reçoit en septembre 1940 dans sa maison au milieu des bois, prend une pelle et va creuser la terre, d'où sortent quatre petits sacs de toile remplis de pièces d'or, brillantes et lourdes. Je les enfourne dans mon *Rucksack*, l'embrasse, me sauve et me retrouve à Aix-en-Provence, où les Mirkine sont logés par la faculté de droit et où nous fêtons ensemble le succès de l'opération.

Autre rencontre émouvante à l'automne 1940, celle de Varian Fry, auteur d'un excellent livre, *Surrender on Demand*, dans lequel ce jeune Américain raconte la mission qui lui avait été confiée par l'International Rescue Committee : aider les créateurs, les intellectuels, les personnalités politiques – menacés par les nazis et réfugiés en France, Français ou étrangers – à échapper au piège qu'était pour eux le régime de Vichy et à gagner les États-Unis. Notre rencontre à Marseille eut tout du coup de foudre et nous fûmes, deux mois durant, inséparables. Je me fis son guide à travers la France méridionale, qu'il découvrait avec la ferveur d'un Américain cultivé à qui Nîmes et Uzès, Arles et Saint-Gilles, Tarascon et Saint-Rémy-de-Provence parlaient une langue débordante d'histoire, où se succédaient la Grèce et Rome, le Moyen Age et les guerres de religion. Avec lui je rendais visite à ses protégés : André Breton, Max Ernst,

Victor Serge et leurs compagnons du « château », une villa des environs de Marseille où, sous la tutelle de Jacqueline Breton, dont tous, et en premier lieu Varian, étaient passionnément amoureux, ils attendaient le départ pour l'Amérique. Avec une générosité typiquement américaine, Fry me comblait de bienfaits auxquels je répondais par une disponibilité à toutes ses curiosités. Il y avait quelque chose de mélancolique dans son rôle d'Hermès ouvrant aux autres la porte du large et les voyant partir – restant lui-même sur cette terre ingrate dont les autorités livraient aux Allemands des réfugiés qu'il avait tenté de sauver. Son beau visage sombre me faisait alors pitié et je tentais de l'égayer par des chansons ou des poèmes.

A la même période se situe ma dernière conversation avec Walter Benjamin, dans un petit hôtel de Marseille où il se préparait à son ultime et tragique passage de la frontière espagnole. Benjamin jetait sur l'époque un regard désespéré. Son Allemagne – car il se sentait inéluctablement allemand – était devenue un monstre d'autant plus redoutable qu'il mobilisait un peuple laborieux et discipliné. L'Amérique, dont je cherchais à lui démontrer qu'elle ne tarderait pas à entrer en scène et à remporter la victoire, ne lui inspirait pas confiance. Le revirement de l'Union soviétique l'avait blessé sans vraiment le surprendre. Que ferait-il de l'autre côté de l'Atlantique s'il parvenait jusque-là ? Son découragement m'irritait plus qu'il ne me faisait pitié. J'avais bien tort.

J'avais tort aussi concernant les démêlés complexes entre ma famille et celle de Vitia. Notre mariage brusqué avait créé entre elles un fossé d'incompréhension que je ne parvenais pas à dissiper et qui m'éloignait de ma mère. Mon père l'avait rejointe à Sanary-sur-Mer, dans une villa prêtée par les Huxley, et mon frère, de santé fragile, vivait avec eux.

Vitia et moi, après ma démobilisation à Montauban, nous étions d'abord installés à Montpellier, où je m'étais inscrit à la faculté de lettres et où nous partagions une maison avec un camarade de l'École alsacienne et sa femme chinoise. Puis nous étions passés par Aix-en-Provence, où les parents de Vitia avaient trouvé refuge, et nous avions pris pension, enfin, à Marseille, dans un petit hôtel très modeste dont je tâchais de payer la chambre en vendant des journaux aux abords de la gare Saint-Charles.

La nouvelle de la mort de mon père, qui n'avait que soixante ans, tombe comme un rappel à l'ordre familial. Franz est arrivé en France en octobre 1938, extrait de Berlin de vive force par Helen, hébergé par Alix de Rothschild, retrouvant ce Paris qu'il aime tant, dans les préliminaires de la guerre. Lorsqu'elle éclate, il est interné au stade de Colombes, comme tous les Allemands résidant à Paris, qu'ils soient nazis ou non. Sur les instances d'Henri Hoppenot, il est rendu à la liberté et rejoint Helen à Sanary. Toute une galaxie d'écrivains et d'artistes allemands vivent leur exil dans cette station balnéaire, attendant une victoire qui les rendrait à leur patrie. La défaite impose de nouvelles contraintes au régime de Vichy : tous les étrangers vont être internés et certains d'entre eux livrés aux vainqueurs. Franz et Ulrich sont emmenés au camp des Milles, près d'Aix-en-Provence. Helen est sommée, elle aussi, de se présenter au commissariat. Indignée, excipant de sa qualité de mère d'un officier français, elle affronte le malheureux agent de police qui vient la quérir dans la villa des Huxley, nue sous les draps. « Emmenez-moi, si vous l'osez. » Il n'ose pas. Une fois encore, des amis interviennent. On libère le frère et le père de l'aspirant Stéphane Hessel. Mais Franz est affaibli par le séjour dans le camp.

De retour à Sanary, retiré dans une chambre louée à un boulanger, il a passé les dernières semaines de sa vie à noircir de sa fine écriture difficile à déchiffrer un petit carnet. Un écrivain, m'avait-il dit, doit remplir chaque jour au moins une page, quoi qu'il arrive. Son manuscrit, dont j'ai déjà cité les passages qui me concernent, a été emporté en Amérique par son ami Speyer et sera publié bien des années après sa mort sous le titre *Letze Heimkehr nach Paris* (« Dernier retour chez soi à Paris »). Car Paris était bien sa demeure, son chez-lui, sinon sa patrie. Sa patrie était la poésie.

C'est un poète, Hans Siemsen, qui prononça son éloge funèbre au cimetière de Sanary dans le froid de janvier. Helen a évoqué ce moment dans un texte écrit à l'occasion du dixième anniversaire de la mort de Franz :

Oui, ils sont venus nombreux, un défilé des gens les plus divers qui prenaient congé de lui. Personne, pas même nous, ne soupçonnait qu'il était si près de la mort. Il s'en était approché si doucement que nous nous en étions aperçus seulement lorsqu'il n'était plus atteignable.
Seul le vieux clochard qui vivait dans la cabane près de la porte du jardin, avec son éternelle bouteille de vin rouge et un chien galeux, n'était pas surpris. Franz avait souvent bavardé avec lui en passant et, lorsque je m'en étonnais, il disait : « Les ivrognes ont de la chance ; quand ils marchent en titubant, ils sentent sous la plante de leurs pieds la bienheureuse rotation de la terre. » Le vieux clochard est venu, apportant la neige humide à la semelle de ses pantoufles sur les marches de briques du cimetière. Il a dit : « C'était un brave ! », ce qui, dans le langage des gens simples, est l'expression de la plus haute considération. Et puis il a réclamé les chaussures. Franz les lui avait promises dès qu'il n'en aurait plus besoin lui-même, en ajoutant : « Ça ne peut plus durer bien longtemps. » D'autres personnes, pauvres et très pauvres, sont venues, et le peu d'affaires que cet homme sans besoins possédait encore ont été distribuées avant qu'il ne soit mis dans son cercueil.

Et puis, cette phrase où Helen évoque leurs relations :

Lorsque je réfléchis aujourd'hui à mon mariage avec cet homme singulier, il me semble, nonobstant les certificats d'état civil, que je n'ai jamais été son épouse. Quelque chose d'autre nous liait l'un à l'autre, quelque chose de volontaire et pourtant de contraignant.

Et ceci encore :

Nous avons planté des roses sur sa tombe et lorsqu'elles ont commencé à fleurir, elles avaient l'aspect d'une chanson de Clemens Brentano : « La blanche à la tête, la rose aux pieds / Et la rouge sang au milieu. »

Vitia était venue avec moi, mais la gêne subsistait entre Helen et elle. Quelques semaines plus tard, nous quittions la France, elle et ses parents par le train de Madrid, moi par le bateau pour Oran.

Des six années qu'a duré « ma » guerre, ces huit mois-là, qui vont de juin 1940 à février 1941, sont les plus confus dans mon souvenir, comme un sas entre des temps forts, un moment de pénombre. Happé par ma belle-famille, j'avais mauvaise conscience à l'égard des miens, d'Helen que je laissais se débrouiller toute seule. C'était l'heure des échecs : Mers-el-Kébir, Dakar, les hauts et les bas de la bataille d'Angleterre, les percées des armées nazies dans l'Europe orientale, la honte de Vichy : rien de réconfortant, sauf le courage britannique. Et pourtant, je n'avais aucun doute sur la défaite à terme des nazis. Elle me semblait aussi évidente que celle de Napoléon ou de Guillaume II. Elle s'inscrirait dans le chapitre à venir du « Mallet et Isaac » comme une nouvelle démonstration du « sens de l'histoire ».

Il y a aussi, dans cette phase longtemps refoulée de ma vie, des blancs que je m'explique mal : que savais-je, que savait-on des juifs et des persécutions dont ils étaient victimes ? Où en était le reste de ma famille, les cousins, les oncles vivant en Allemagne ? Que devenaient l'École normale, mes condisciples, mes maîtres ? Cette curieuse perte de mémoire, cette incertitude sur mon identité vont perdurer jusqu'à mon arrivée à Lisbonne, à la mi-mars 1941. Comment ai-je traversé la Méditerranée, gagné Casablanca à partir d'Oran, cherché sans guide particulier, à tâtons, un bateau pour le Portugal ? Je ne sais plus. Je me souviens seulement d'une superbe Mauritanienne qui logeait dans le même hôtel à Casablanca et qui habitait mes rêves. La mémoire retrouve sa force habituelle avec la présence à Lisbonne de Vitia, dont les parents se sont embarqués pour New York une semaine plus tôt. Elle m'attend pour convenir de la suite. Elle a une place sur le *Serpa Pinto*, un paquebot qui va quitter Lisbonne dans quelques jours pour l'Amérique, mais elle n'a rien décidé. Irai-je moi aussi à New York ? Viendra-t-elle avec moi à Londres ? Elle préférerait, mais je l'en dissuade. Le destin de l'Angleterre est douteux. Ses parents ont besoin d'elle en Amérique. J'irai seul à Londres d'abord. Si les circonstances le permettent, si la guerre dure encore un an ou plus, elle m'y rejoindra Comme nous sommes raisonnables !

De mes huit jours à Lisbonne je ne garde que deux souvenirs : la beauté des monuments qui surplombent l'estuaire du Tage et le gain miraculeux de quelques escudos au casino d'Estoril. Mais l'arrivée à Bristol, en mars 1941, donne lieu à un incident rocambolesque : les agents qui contrôlent les passagers de l'avion dans lequel le représentant de la France libre au Portugal m'a embarqué trouvent dans ma valise un second passeport, différent sur un point de celui que j'ai présenté à la police : mon lieu de naissance y est Berlin et non Paris. Pourquoi ai-je gardé ce vieux passeport, alors qu'on m'a établi à Vichy un nouveau document, sur lequel le nom de ma ville natale a été judicieusement modifié ? Absurde, difficile à faire comprendre à des inspecteurs britanniques à l'affût de toute infiltration d'espions ennemis. Me voilà expédié à la Royal Victoria Patriotic School – où les nouveaux arrivants attendent l'autorisation de rejoindre le territoire britannique –, gravement soupçonné malgré mes protestations. J'y rencontre, de conserve, la rigueur et la courtoisie. L'enquête, menée très sérieusement, dure six semaines, que je passe dans cet établissement sobre mais confortable à jouer au ping-pong et au bridge avec mes compagnons de toutes nationalités, dont un superbe marin estonien qui vante la plus belle ville du monde, New York, parce qu'on peut y acheter une caméra à 3 heures du matin.

L'enquête progresse, à laquelle mon cousin, le même qui m'a accueilli à Londres sept ans plus tôt, lorsque je suivais les cours de la London School of Economics, apporte un utile témoignage. Mes interrogateurs voient leurs soupçons se lever peu à peu. Les nouvelles de la guerre, communiquées avec une grande sobriété et une franchise toute britannique, ne sont pas bonnes. Les nuits de *Blitz*[1] se succèdent, dont nous observons les effets des fenêtres de nos chambres : nuages de cendres après le flamboiement des bombes incendiaires. Avec cela, aucune nouvelle de New York, bien sûr, ni de Sanary. Je suis pour la première fois vraiment isolé des miens, comme on s'imagine un « combattant ». Et c'est là que débute une

1. C'est ainsi que les Anglais appelaient la tentative allemande de briser par les airs la Résistance britannique.

forme d'excitation guerrière qui conduit un jeune homme pacifique et plutôt porté aux joies de l'esprit à se sentir patriote, à en découdre avec l'ennemi. Et ce projet, sous sa forme la plus simple, la plus essentielle, va absorber ma vitalité pendant quatre ans.

VI

Londres en temps de guerre

La France Libre [1], au moment où je parviens à la rejoindre, au début de mai 1941, oppose une forte prétention symbolique à une bien piètre réalité matérielle. Ceux qui la rallient, convaincus qu'elle est l'embryon de la France de demain, ne se doutent pas de la faiblesse de ses effectifs. La majorité des combattants qui se trouvaient en Angleterre au moment de l'armistice – surtout dans l'armée de terre et la marine, un peu moins dans l'aviation – ont opté pour le retour en France. Les politiques et les intellectuels exilés en Grande-Bretagne et aux États-Unis, qui étaient libres de leur choix, se sont majoritairement dissociés de la mission que Charles de Gaulle assigne à tous ceux qui n'acceptent pas la défaite.

En mai 1941, nous sommes si peu nombreux que tout nouveau venu, si modeste que soit son grade, a une chance d'être présenté à notre chef. Me voici donc – peu de temps après mon incorporation dans une unité d'infanterie stationnée à Camberley, au sud-ouest de Londres – invité avec Louis Closon, qui vient lui aussi de rejoindre l'Angleterre, à déjeuner à l'hôtel Connaught, où le général de Gaulle réside avec son épouse. Je suis très ému par l'honneur qui m'est fait. Surmontant ma timidité, je me fais l'interprète de l'admiration que les étudiants, les normaliens en particulier, éprouvent pour son engagement aux côtés des Alliés, leur rejet majori-

1. Je viens de terminer la lecture du très remarquable livre que Jean-Louis Crémieux-Brilhac consacre à la France Libre. Tant d'entrelacements que je ne soupçonnais pas à l'époque y sont lumineusement expliqués !

taire du choix contraire, celui du Maréchal. J'exagère à dessein. Mais surtout je regarde et j'écoute. Je voudrais comprendre pourquoi on accuse ce général rebelle qui a sauvé notre honneur de chercher le pouvoir, de renier la IIIe République, voire de rêver d'une France monarchique et autoritaire. Rien dans son comportement ne le justifie, ni sa courtoisie, ni son langage, ni ses questions. Je perçois la tension que sa volonté d'incarner la France impose à ses relations avec les autorités britanniques. Mais il en parle sans amertume, comme d'une donnée prévisible et contournable.

Ce grand corps maladroit, ce visage qui ne trahit aucune émotivité, toute cette rudesse physique est compensée par sa façon de s'exprimer, plus littéraire que militaire, qui facilite le contact. Mme de Gaulle, elle, garde une réserve qui n'invite pas à sortir des strictes convenances.

Ce fut ma seule rencontre privée avec le Général pendant ces années de guerre. L'image de ce fier et jeune chef est inscrite dans ma mémoire. Elle resurgit derrière les portraits plus majestueux ou plus rusés qui marquent les étapes ultérieures de sa longue carrière, dont certaines m'ont irrité plus que séduit.

Je ne suis resté à Camberley que quelques semaines. Il n'y avait là que des Français, qui tous attendaient leur affectation dans une unité combattante. Ils étaient patriotes, fiers d'avoir fui un pays qui s'était ignominieusement retiré de la guerre, conscients des périls qu'ils affrontaient en quittant le sol de France pour fouler celui du pays qui restait seul face à la redoutable puissance d'une Allemagne victorieuse sur tous les fronts. Ayant fait ce choix au nom de l'honneur, ils avaient hâte de se prouver à eux-mêmes qu'ils sauraient s'en montrer dignes. Aussi le climat de ce camp, dont l'effectif, d'ailleurs restreint, se renouvelait au rythme des arrivées de Bretagne ou d'Espagne, était-il fait d'un mélange de morgue et d'humour qui contrastait avec mes souvenirs de l'armée française dans les Vosges, démoralisée et penaude.

C'est au réfectoire de Camberley que j'ai rencontré deux camarades dont l'amitié a beaucoup compté dans la suite de ma vie : Tony Mella et Daniel Cordier. Avec le premier s'est nouée une sorte de fraternité fondée sur le jeu, le maniement des mots, la distanciation par rapport aux événements, l'utilisation simultanée des deux langues, le français et l'anglais, qui ponctuaient de rire nos conversations. Nous avions décidé très vite qu'il était un grand peintre et moi un grand poète, et qu'à nous deux nous devions inaugurer une nouvelle ère de l'expression artistique. La guerre, qu'il s'agissait de gagner le plus vite possible, n'était qu'un regrettable intermède, dont nous saurions cependant nous servir pour éviter de retomber dans les fadaises antérieures et libérer enfin l'humanité de son insupportable conformisme. « Le loup va sortir du bois » était le dit un peu énigmatique de Tony Mella, et nous lui attribuions avec un clin d'œil entendu une signification prophétique.

Plus profondes et beaucoup plus durables ont été les conséquences de ma rencontre avec Daniel Cordier. Ce patriote de dix-neuf ans avait emmené avec lui, sur un bateau qui avait quitté Bayonne quelques jours après l'armistice, une demi-douzaine de camarades exaspérés par cet aveu d'impuissance et de lâcheté. Ils partageaient un même dédain pour les dirigeants de la IIIe République qui avaient mené la France à sa perte. Je fus tout de suite séduit par la ferveur juvénile de ce garçon. Nous avons partagé l'aventure exaltante de la France combattante, nous nous sommes retrouvés porteurs de souvenirs très semblables à l'été 1945. La paix venue, nos chemins se sont séparés, réunis ou entrecroisés, renforçant d'étape en étape une amitié sans faille.

C'est à Camberley aussi que j'ai rencontré un ancien condisciple de l'École alsacienne, Christian Fouchet (il devait être mon ministre de l'Éducation nationale vingt ans plus tard). Il me persuada de suivre son exemple et de m'engager dans l'aviation. C'est d'aviateurs que les Forces françaises libres avaient le plus besoin. Ils contribueraient le plus sûrement à nous faire participer aux combats à venir.

Engagé dans les Forces aériennes françaises libres (FAFL), j'obtins, en juin 1941, d'être pris en formation par la Royal Air Force, non comme élève pilote, ce que naturellement j'aurais préféré, mais – les besoins étant plus pressants dans cette branche – comme élève navigateur. Neuf mois d'entraînement intensif, dans l'atmosphère chaleureuse et conviviale des bases de la RAF, parmi un groupe de quinze jeunes Français libres et d'un vétéran, me permirent d'accéder à la qualification d'*air observer* et de porter sur le revers de mon uniforme une aile unique grise sur fond bleu. Entre juin 1940 et juin 1941, les Alliés n'avaient guère entamé l'arrogance de la Wehrmacht. Du moins la RAF avait-elle fait capoter l'invasion de la Grande-Bretagne et gagné la bataille d'Angleterre. Un peu de son prestige rejaillissait sur nous, qui n'y étions pour rien. C'étaient les Spitfire qui avaient repoussé la Luftwaffe et ses Messerschmitt. Nos Blenheim futurs, lorsque nous aurions enfin terminé notre formation, seraient chargés de bombarder les objectifs militaires sur le continent, notamment en France, ce qui poserait bien évidemment des problèmes de conscience.

Le vétéran, dans notre équipe, le commandant Livry-Level, un baroudeur qui avait menti sur son âge pour être autorisé à naviguer, nous parlait de sa propriété en Normandie, qu'il avait hâte de survoler, des précautions à prendre pour épargner les civils, de sa participation à la Première Guerre mondiale. Il constituait une cible superbe pour l'ironie comme pour l'affection. Un autre lieutenant normalien, Antoine Goldet, que je devais retrouver treize ans plus tard dans l'entourage de Pierre Mendès France, faisait contrepoids à cette exubérance. Il manifestait à tout propos une souveraine indifférence : « faire ça ou peigner la girafe » était sa formule préférée, ce qui ne l'empêchait pas d'avoir hâte d'être sur le théâtre des opérations.

Nous avions commencé notre formation dans une base proche de l'Écosse, Millom, dans le Northumberland. Nous l'avions achevée dans le pays de Galles, non loin de Cardiff. J'apprenais assez bien la théorie, m'intéressais à la lecture des cartes, tâche essentielle du navigateur. J'étais plus inquiet sur le maniement des appareils, ayant toujours redouté la mécanique.

Passer neuf mois en temps de guerre dans les camps de la Royal Air Force, cela vous marque à vie. L'atmosphère qui y régnait était faite de professionnalisme et de modestie – rien à voir avec les caricatures, comme celle de Danny Kaye dans *La Vie secrète de Walter Mitty*, qui mettent en boîte la superbe ou l'héroïsme affecté. Le naturel avec lequel nos camarades anglais vivaient la perspective du péril tout en savourant les moments de détente nous semblait exemplaire. Et puis il y avait les WAAF (Women Auxiliary Air Force), blondes Anglaises qui occupaient les fonctions administratives. Elles se laissaient si gentiment courtiser qu'on en arrivait presque à croire qu'elles avaient le béguin pour nous.

Je n'ai eu vraiment peur qu'une fois, lorsque l'avion sur lequel nous apprenions à naviguer se perdit au-dessus d'une forêt et que le jeune pilote, qui manquait d'expérience, nous avertit qu'il devait poser l'engin quelque part entre les branches. On se rend alors compte qu'un avion est un objet très encombrant et que les forêts manquent parfois furieusement de clairières. Ouf ! L'atterrissage fut acrobatique mais réussi.

En mars 1942, j'obtiens le brevet de navigateur qui devrait me permettre d'entrer dans une escadrille des Forces aériennes françaises libres – elles seront, quelques mois plus tard, baptisées Forces aériennes françaises combattantes –, vraisemblablement dans le groupe Lorraine, où je devrais alors voisiner avec Pierre Mendès France. Mais c'est à ce moment qu'intervient mon ami de Camberley, Tony Mella.

Il avait, en juin 1941, compris le parti à tirer de son bilinguisme et accepté de servir dans ce qui prenait, à l'état-major de la France libre, la forme d'un Deuxième Bureau, mettant les renseignements que pouvaient recueillir nos compatriotes ralliés à la disposition de l'état-major britannique. Dès l'été 1940, le général de Gaulle avait chargé un jeune commandant polytechnicien, de retour de Norvège, André Dewavrin, de mettre en place un tel service. Dès l'automne, Dewavrin, qui avait pris le pseudonyme de Passy et s'était adjoint un officier plus âgé qui avait de nombreux contacts en France dans le monde de l'entreprise, André Manuel, commença à organiser l'envoi en France d'agents de renseignements. Tony Mella avait rejoint en 1941 ce qui n'était encore qu'une toute petite équipe, mais chargée d'une des tâches les plus importantes pour la coopération entre Britanniques et Français libres.

Le rôle de ce service, qui avait pris en mai 1941 le nom de Bureau de contre-espionnage, de renseignement et d'action (BCRA), a été analysé avec plus ou moins de parti pris par tous les historiens de la Seconde Guerre mondiale. Il avait à gérer les relations complexes entre l'état-major britannique, fournisseur des moyens matériels requis pour l'action en France, et le général de Gaulle, soucieux de garder le contrôle de cette action, ainsi que les responsables multiples et souvent disparates de la Résistance. On n'a pas manqué de relever les frictions inévitables entre le BCRA et les chefs des mouvements de libération nationale qui dépendaient de Londres pour recevoir des armes, de l'argent, des moyens de communication… et des instructions : toujours trop peu des uns et trop des autres.

Le BCRA était là pour arbitrer les demandes, convaincre l'état-major allié de leur légitimité, freiner les velléités d'indépendance des uns et des autres. Les péripéties si souvent dramatiques de ce chapitre de la guerre ont été exposées avec beaucoup de clarté par Daniel Cordier dans l'ouvrage qu'il a consacré à Jean Moulin. Le BCRA avait fait suivre à Cordier un stage de parachutiste et d'opérateur radio et il avait rejoint Jean Moulin, devenu le « fondé de pouvoir » du général de Gaulle en France. Il en a été jusqu'à son arrestation à Caluire un des plus proches collaborateurs, avant de s'en faire, trente ans plus tard, l'infatigable et minutieux biographe.

L'histoire a beaucoup moins analysé le travail fait par une autre composante du BCRA, celle qui était chargée de recueillir au bénéfice de l'état-major britannique les renseignements glanés par nos réseaux. C'était le rôle de la section R, commandée par André Manuel et que Tony Mella, qui était devenu son principal collaborateur, me proposa de rejoindre en mars 1942.

C'est là, me confia-t-il, que se préparait, dans un secret propice, l'action qui devait nous permettre de reconquérir notre pays. L'espionnage était l'arme la plus efficace de ce type de conflit. Il fallait y faire preuve non de courage, ce qui, affirmait Mella, était à la portée du premier imbécile venu, mais de subtilité. Il entourait ses explications d'un voile de mystère : il ne pouvait tout me dire tant que je ne serais pas décidé. Serais-je envoyé en France occupée ? Il ne pouvait me le promettre, mais il laissait entendre qu'il ne tiendrait qu'à moi.

Me voici donc dans un bureau de Saint James's Square, présenté à Passy et à Manuel, qui vont être pendant deux ans les personnages centraux de mon univers professionnel. Leur amitié, qui s'est dramatiquement brisée peu après la Libération, était pour nous de bon augure. Il y avait là deux personnalités complémentaires. Le premier était de glace, ce que nous interprétions comme la preuve de sa lucidité et de sa rigueur ; le second était tout de charme. Il savait comme moi par cœur « Le cimetière marin » de Paul Valéry, ce qui donnait lieu entre nous à des joutes poétiques.

Un nouvel agent s'initie étape par étape aux activités d'un service « spécial » comme le BCRA. Dans un premier temps, je suis informé des opérations en cours et plongé dans les dossiers des réseaux de renseignements que traite la section R.

A la différence de l'action militaire – sabotage, constitution de groupes armés, plus tard maquis – et de l'action politique – journaux clandestins, propagande patriotique, constitution de mouvements de résistance –, le renseignement vivait dans la discrétion. Nos agents n'entraient dans la clandestinité que si leurs agissements avaient été découverts. Ils se mouvaient dans la population française comme les fameux poissons dans l'eau. Nos partenaires anglais, qui étaient les destinataires des informations recueillies, avaient du mal à se faire à nos méthodes. Leurs services, notamment les réseaux contrôlés par le colonel Buckmaster, employaient des espions professionnels, souvent des anciens de l'Intelligence Service, formés à la clandestinité. Les nôtres tenaient pour acquis que leurs compatriotes ne les trahiraient pas. Il ne fallait donc pas être repéré par les Allemands, par l'Abwehr, la Gestapo, le *Sicherheitsdienst.* Mais dans les services français, ceux de Vichy, la police, les cheminots, on devait pouvoir trouver des alliés, des patriotes. Les résultats que nous obtenions confirmaient souvent la valeur de nos méthodes et nous y puisions une réelle autorité auprès des grands patrons de l'Intelligence militaire britannique. Si l'état-major allié a toujours été sceptique sur le rôle militaire que pourrait jouer, le moment venu, l'armée secrète alimentée par les mouvements de résistance, il a très vite reconnu qu'il y avait beaucoup à gagner à faire recueillir par les agents du BCRA des données fiables concernant le dispositif ennemi sur le territoire français : forces armées, mouvements de troupes, bases navales, plans stratégiques, entreprises d'équipement, stocks de munitions, matériel de toute sorte.

Mon premier « client » fut, au printemps 1942, Christian Pineau, qui avait pu gagner l'Angleterre peu après mon arrivée dans le service. Comme il devait repartir très vite, j'eus à mettre au point avec lui, en hâte, les règles de base du fonctionnement d'un réseau de renseignements. Nous nous fondions sur l'expérience déjà accumulée par le premier des réseaux gérés par le BCRA, la Confrérie Notre-Dame, œuvre de Gilbert Roulier, *alias* Rémy. Les « instructions » avec lesquelles Pineau regagnait la France comprenaient des codes, des messages à la BBC, des critères pour la détection des terrains destinés aux opérations aériennes, des cibles prioritaires pour le recueil d'informations de valeur militaire, des consignes de sécurité. Nous nous prenions, avec quelque présomption, pour des professionnels de l'espionnage.

Mais nos pertes ont été lourdes, trop lourdes. Nos agents commettaient trop d'imprudences, nos réseaux n'étaient pas assez cloisonnés. La Gestapo les infiltrait. Les services français, sur le patriotisme desquels nos agents pensaient pouvoir compter, jouaient trop souvent le jeu de la Collaboration.

Et sur certains points de notre dispositif nous étions fragiles. Pour faire passer à Londres les renseignements recueillis en urgence, nos réseaux utilisaient des opérateurs radio formés en Angleterre, envoyés en France avec leurs postes et leurs quartz. Toute émission un peu longue risquait d'être repérée par la goniométrie allemande. C'est parmi ces radios que les arrestations furent les plus nombreuses et les plus contagieuses. Pour prendre les courriers des réseaux, leur faire parvenir des instructions, du matériel, de l'argent, il fallait organiser des opérations aériennes, parachutages ou atterrissages. Donc il fallait trouver des terrains, les baliser, guetter le moment propice du cycle lunaire. La Gestapo pouvait faire irruption, l'opération pouvait capoter, le Lysander pouvait être abattu par la DCA. Comment supportions-nous tous ces contretemps, installés dans nos bureaux de Saint James's Square, puis de Duke

Street, dans une capitale britannique largement épargnée par les bombardements entre la fin du *Blitz*, au printemps 1941, et les premières fusées V-1 et V-2, au printemps 1944 ? Il m'est bien difficile de répondre à cette question, que je me pose après coup. Nous acceptions sans doute ce décalage entre notre sécurité et les risques courus par nos camarades en France en pensant que nous prendrions la relève. En attendant, nous pratiquions l'humour macabre. Tony Mella avait inventé pour notre travail l'expression « Teste et Colombe, mise en bière à la pression ». Teste, c'était moi, qui lui récitais Valéry à l'heure du sandwich de midi ; Colombe, c'était le peintre émule de Picasso.

Durant les derniers jours d'octobre 1942, je vis débarquer, dans l'appartement de célibataires que je partageais avec Tony Mella et Guy Dubois sur Courtland Square, un jeune officier américain, qui se présenta comme un ami new-yorkais de Vitia et m'annonça son arrivée prochaine à Londres. Elle venait de s'embarquer sur un navire marchand, au sein d'un convoi qui devait atteindre sous peu Liverpool. Toute une soirée, Patrick Waldberg, qui était américain par l'uniforme mais très parisien par les discours, me brossa un tableau vivant et contrasté de l'existence que Vitia et ses parents menaient depuis leur arrivée à New York, dix-huit mois plus tôt. Puis il repartit, aussi mystérieusement qu'il était venu. J'appris peu après qu'il avait rejoint l'Afrique du Nord pour participer au débarquement allié.

Depuis un an Vitia travaillait comme journaliste à *La Marseillaise*, où Geneviève Tabouis l'avait prise sous son aile, et fréquentait le milieu des écrivains, artistes et universitaires en exil. La colonie française de New York, très disparate, était politiquement divisée. Il y avait, d'un côté, les ardents gaullistes de l'association France Forever, présidée par Henri Laugier et qui comptait dans ses rangs Claude Lévi-Strauss, Geneviève Tabouis, François Quilici et Boris Mirkine. Ceux-là avaient attendu impatiemment l'entrée en guerre des États-Unis, dont ils escomptaient qu'elle bénéficierait au chef de la France libre. De l'autre côté, on trouvait le gros des personnalités de la IIIe République, rassemblées autour d'Alexis Léger, ancien secrétaire général du Quai d'Orsay, dont le nom de plume était Saint-John Perse, et de Camille Chautemps. Ils mettaient en garde le président Roosevelt contre l'imprédictible Charles de Gaulle. Patrick Waldberg, qui se révéla être un proche d'André Breton et de Marcel Duchamp, me raconta, non sans humour, les intrigues ourdies par l'Office of War Information pour attirer les contributions rhétoriques des grandes voix du surréalisme.

J'attendis dans l'angoisse l'arrivée de Vitia, sachant quels dangers les sous-marins allemands faisaient courir aux convois comme le sien. Enfin, le 9 novembre, les Anglais m'informèrent de sa présence à la Royal Victoria Patriotic School et je courus la chercher dans ce lieu où j'avais passé six semaines et où elle resta trois heures. Son convoi avait perdu neuf des vingt-quatre navires qu'il comptait au départ. Elle avait vécu le passage du climat paisible de New York à celui d'une marine marchande britannique affrontant la guerre avec sobriété et professionnalisme. « Quelle leçon ! » dit-elle.

Retrouver Vitia, goûter avec elle l'atmosphère exaltante du Londres de la guerre, partager avec elle la convivialité anglaise et la camaraderie incomparable de la France combattante, c'était une forme exquise de bonheur. J'en ai la mémoire ensoleillée. Nous avions, depuis notre mariage, passé plus de mois séparés que réunis. C'est à Londres que nous avons vraiment appris à vivre ensemble. Elle faisait la liaison entre le BCRA et le Commissariat à l'intérieur, dont les responsables permanents étaient Georges Boris et Jean-Louis Crémieux-Brilhac, alors que les commissaires étaient éphémères : Diethelm d'abord, puis André Philip, puis Emmanuel d'Astier de La Vigerie. Georges Boris devint un de ses meilleurs amis. Cette amitié nous rapprocha de Pierre Mendès France, qui venait déjeuner dans le studio de Kinnerton Street où nous nous étions installés. Il racontait très drôlement son évasion de la prison de Clermont-Ferrand et les péripéties de son départ pour Londres.

Mendès était impressionné par la gestion rigoureuse et équitable de l'Angleterre en guerre, œuvre remarquable du ministre du Ravitaillement, Lord Woolton, que nous admirions presque autant que Winston Churchill. A l'époque où, dans la France de Vichy, le marché noir florissait et voisinait avec la pire pénurie, les Anglais inventaient le *spam*, étrange ersatz de jambon, sur lequel Pierre Dac brodait des couplets désopilants.

Mon travail à la section R du BCRA ne concernait que le renseignement. Il y avait une section de contre-espionnage, particulièrement exposée à la suspicion des services britanniques, dont Roger Wybot et Stanislas Mangin avaient la charge ; une section de l'action militaire et du sabotage, que dirigeaient Scamaroni, puis Lagier ; et une section d'action politique, que Passy avait confiée à Louis Vallon et qui donnait des directives aux mouvements de libération nationale. Comme Vitia assurait la liaison entre le BCRA et le Commissariat à l'intérieur, j'étais au courant des problèmes qui surgissaient dans ce domaine. Nous nous amusions des rivalités et des ambitions des chefs de ces mouvements et jetions sur leurs conflits ce regard trop facilement ironique des « bureaux » sur les acteurs de terrain.

L'arrivée à Londres de Pierre Brossolette entraîna une réorganisation en profondeur du BCRA, interposant entre Passy et la section R ce normalien fougueux et irrésistible qui avait fait la conquête du chef du BCRA et éclipsé l'influence sans doute plus pondérée d'André Manuel.

Le rôle que Brossolette a joué dans la mobilisation et l'unification des mouvements de résistance a été analysé par les historiens de la guerre, qui ont noté les divergences entre sa vision et celle de Jean Moulin. Pour nous, à Duke Street, sa présence était particulièrement roborative, sa conviction contagieuse, son sourire, lancé par-dessus l'épaule, en quittant le bureau, inoubliable.

Nous tremblions avec sa femme Gilberte à chacun de ses départs pour la France. Des deux missions cruciales où il accompagna Passy, la dernière devait s'achever par son arrestation. Trahi par une mèche blanche rebelle à la teinture, se sachant démasqué, il choisit de se jeter d'une fenêtre. Sa personnalité séduisante et complexe, son patriotisme ambitieux me sont à jamais en mémoire.

Mais dans la stratégie à appliquer pour assurer au général de Gaulle l'appui décisif de la Résistance, c'est Manuel qui avait vu le plus juste et c'est Jean Moulin qu'il fallait soutenir.

A la fin de l'année 1943, une part importante de notre service fut transférée à Alger, où le Comité français de libération nationale siégeait désormais. Tony Mella devait en être. En me quittant, il me conjura de ne pas jouer au petit soldat, de rester à Londres jusqu'au débarquement allié, dont nous présumions qu'il ne tarderait plus. C'était sous-estimer la détermination qui ne m'avait jamais quitté. J'obtins de son successeur, Fleury, dont l'*alias* qui s'imposait était Panier, le nouveau chef de la section R, d'être envoyé en mission auprès des chefs de réseau pour examiner avec eux un plan de réorganisation de nos liaisons radio. En effet, l'imminence du débarquement laissait prévoir des ruptures dans les axes de communication entre Paris, Lyon, Marseille et les autres régions de la France. Les messages urgents que nous devrions pouvoir adresser à l'état-major au fur et à mesure de l'avance alliée ne pourraient plus transiter, sans délais dangereux, par ces trois villes où étaient installés la plupart des émetteurs. Il fallait donc les disperser, avec l'assentiment des responsables des réseaux auxquels ils appartenaient, sur l'ensemble du territoire.

Vitia comprenait parfaitement mon besoin d'être sur le terrain. Elle fut autorisée exceptionnellement à m'accompagner dans le cottage ultra-secret où le commandant Bertram et sa rousse épouse logeaient les agents avant leur départ pour la France. Nous y passâmes trois jours dans l'attente d'une lune favorable. Je ne tenterai même pas de rendre par des mots ce que signifie dans notre vie à deux cette parenthèse hors du temps mesuré, hors du *recorded time* de Macbeth.

Enfin, par une nuit de la fin mars 1944, je pris place dans un Lysander souple et fragile, qui me déposa sans encombre sur un terrain bien balisé à quelques kilomètres de Saint-Amand-Montrond dans le Cher. Dix minutes plus tard, l'appareil repartait, emportant à son bord Louis Marin, qui rejoignait la France combattante. Par une de ces coïncidences que je ne me refuse jamais le plaisir de noter, une plaque honorant la mémoire de cet homme politique conservateur fut apposée après sa mort sur la façade de l'immeuble du 95, boulevard Saint-Michel, où nous avons habité de 1955 à 1983 et qu'occupent aujourd'hui deux de nos enfants.

VII

Clandestin à Paris

Avant d'aborder les cent jours que dura la mission Greco, mon regard se porte en arrière, sur les trois années de vie à Londres qui s'achèvent. Elles ressemblent à un songe. C'est sans doute à cause de l'admirable sérénité du peuple britannique dont l'air de Londres était comme imprégné. Le monde croulait de toutes parts, les défaites et les victoires alternaient, les fronts avançaient et reculaient, mais vers 17 heures on prenait le thé dans un pub proche de Berkeley Square et on se moquait des Américains, tard venus dans la bagarre et richement équipés. La meilleure histoire – et la plus vache – était celle du GI à qui un camarade britannique demande raison des trois médailles qu'il porte : « La première, répond l'Américain, c'est pour avoir traversé l'Atlantique ; la deuxième, pour être sur un théâtre d'opérations. – Et la troisième ? – J'ai sauvé une femme du viol. – Ah ! Comment ça ? – Je me suis ravisé. »

Nous plaisantions, nous écoutions la BBC, nous étions fiers de notre grand homme. Le Général était pour nous d'autant plus inattaquable qu'il était plus contesté. Par les Américains, qui lui préféraient Pétain ; par les Britanniques, qui souffraient de ses rigueurs de patriote inconditionnel ; par des Français aussi : les éditeurs du journal *France*, ceux de la revue *La France libre*, Labarthe et Raymond Aron. Ce dernier nous avait choqués, Vitia et moi, qui le connaissions d'avant la guerre, elle par son père, moi par la rue d'Ulm. Le rencontrant dans la rue, le jour de l'arrivée de Darlan à Alger, nous l'entendîmes défendre l'attitude des Américains prêts à négocier avec lui : « Il faut être réaliste, disait-il. Lui, du moins, apporte aux Alliés la flotte de Toulon. »

Nous n'étions pas réalistes. Nous avions le culte de nos héros, la sombre gloire de nos deuils : Estienne d'Orves, Jean Moulin, Pierre Brossolette, Jean Cavaillès, Jacques Bingen, tant d'autres. Mais leur sacrifice était un signal. Il devait être vengé. C'est à cela qu'aurait servi notre jeunesse. Et puis, aussitôt après, nous prenions exemple sur les Anglais : surtout ne jamais se prendre au sérieux.

Cette parenthèse « infusée d'astres et lactescente » s'est fermée à Saint-Amand-Montrond. Un nouvel espace, encore plus clos peut-être dans ma mémoire, s'ouvre en ce jour de mars 1944 et se referme le 8 mai 1945.

La mission Greco – c'est le pseudonyme que j'avais choisi – comprenait trois agents de liaison : Godefroy, venu de Londres avant moi et que son réseau mettait à ma disposition, et deux jeunes gens recrutés par lui : le premier, Jean-Pierre Couture, était peintre, rigolard et rapide sur son vélo. Il deviendrait dix ans plus tard le père de deux vedettes du spectacle, Charlélie Couture et Tom Novembre. L'autre, Jacques Brun, plus mesuré, plus organisé, est aujourd'hui le secrétaire général de l'Amicale des anciens déportés du camp de Dora.

J'eus l'idée folle d'associer mon frère et ma mère à cette mission. J'étais sans nouvelles d'eux depuis mars 1941. Comment ai-je obtenu leur adresse ? Je ne m'en souviens pas. Je finis par les trouver à Thonon-les-Bains, en Haute-Savoie, où ils s'étaient installés après une tentative avortée pour passer en Suisse. Tous deux avaient encore la nationalité allemande. Helen était hébergée par une amie, propriétaire d'un château dans le Chablais. L'état de santé d'Ulrich, qui sous-louait une chambre en ville chez un couple âgé, me parut trop mauvais pour que je prenne le risque de l'emmener à Paris et je repartis seul avec Helen. Elle brûlait d'envie de travailler pour la Résistance.

Il s'agissait d'abord, pour la mission Greco, de prendre contact avec les responsables des différents réseaux, Confrérie Notre-Dame, Brutus, Andromède, Nestlé, Gallia, Phalanx, Phratrie, Cohors, dont chacun avait plusieurs opérateurs radio, pour lesquels il fallait trouver de nouveaux lieux d'émission. Mais cette tâche en recoupait d'autres : courriers à acheminer, argent à répartir, nouveaux codes à attribuer à de nouveaux quartz. Chaque matin, au petit déjeuner, que nous prenions dans l'appartement de Couture, rue Delambre, nous nous répartissions les contacts à prendre et les « boîtes aux lettres » à relever. J'avais fait des dirigeants du réseau Phratrie mon point d'appui principal, partageant avec eux l'étrange vie des responsables de la Résistance. Une vie où se mêlaient la nonchalance et la rigueur, où les journées laborieuses alternaient avec les soirées frivoles dans les restaurants du marché noir. Les comptes rendus télégraphiques que j'envoyais à Londres y recevaient un accueil ironique. Moi qui avais si souvent manifesté mon irritation lorsqu'un message était indéchiffrable, je faisais à mon tour des erreurs de code. J'avais pris comme texte de base une strophe du « Lac » de Lamartine, dont les mots, trop longs, se prêtaient mal au chiffre. Tout cela sur fond de gaieté, de certitude d'une victoire alliée désormais toute proche, avec l'Armée rouge qui perçait le front allemand de toutes parts.

Le vélo était le moyen de transport universel. Les avenues de Paris, presque vides de voitures, étaient bordées de jacarandas en fleur. On finissait par ne plus faire attention aux uniformes allemands. J'avais retrouvé un camarade de khâgne, Jacques Havet, qui m'autorisa à me servir de son adresse comme « boîte aux lettres ». La semaine suivante, la Gestapo arrêta son père, qui ne revint jamais. Par quelle trahison ? Je ne l'ai jamais su. Cette tragédie n'était, hélas, pas isolée. Bien des réseaux étaient décimés. Chaque fois, il fallait se cuirasser face à la réalité.

Mon tour devait venir peu de temps après. Trois semaines après le débarquement en Normandie, qui avait fait souffler un vent de triomphe sur toute notre équipe, Londres me suggéra de regagner l'Angleterre en profitant d'une opération aérienne prévue pour les premiers jours de juillet. Partir maintenant, alors que les Alliés marchaient sur Caen ? Pas question. Quelques jours plus tard, un opérateur radio, répondant au pseudonyme de Bambou et qui me connaissait de Londres, où il avait été formé, fut repéré par la Gestapo. Arrêté et torturé, il parla et accepta de prendre rendez-vous avec moi le 10 juillet à l'angle des boulevards Raspail et Edgar-Quinet. J'espère au moins qu'en me livrant il avait obtenu sa propre liberté. Je ne l'ai jamais su. On ne poursuit pas quelqu'un qui a parlé sous la torture.

Comment raconter sa propre arrestation ? *Les Temps modernes* m'ont proposé, quelques mois après mon retour des camps, de publier un article sur mes expériences. J'ai donc écrit « Entre leurs mains », un texte de quatorze pages que je n'ai pas relu depuis très longtemps. Voici comment il débute :

> Le 10 juillet 1944 est un lundi. J'ai rendez-vous avec douze types à douze coins différents de Paris : stations de métro, cafés, coins de rues, pâtés de maisons, selon la tactique de chacun. Moi-même, nouveau venu somme toute puisque je n'ai quitté Londres qu'en mars, j'accepte la tactique des autres sans discuter : machiavélique avec les machiavels, audacieux avec les imprudents. Je me le reproche. Il faut bien se reprocher quelque chose.
> Le dixième des douze rendez-vous, c'est au coin de Raspail et d'Edgar-Quinet. Il est assis à la terrasse. En me voyant, il se lève ; un autre, que je ne connais pas, se lève aussi, et tous deux entrent dans la salle du fond. Je les suis.
> « Greco, aidez-moi, je sors d'entre leurs mains, c'est horrible, je ne le supporterai pas une seconde fois, la baignoire… affreux. J'ai réussi à les semer à la gare de Lyon. Je n'ai plus de papiers, plus un sou, plus une chemise. Ceci est un vieil ami à moi, un camarade d'avant-guerre qui m'a recueilli, nippé… »
> Petit bonhomme tout rond, des yeux qui sourient, pourquoi ? Je le regarde, je ne l'aime pas, ni celui qui parle, un excessif, un impulsif, tout ce qu'on redoute dans cette forme spéciale d'existence. Je parle. Il faut bien parler, raisonner, élucider et dire : voici ce que vous allez faire.
> Lumière blanche dans la mémoire, mais à peine un instant de rupture. Je sens la bouche du revolver contre mes côtes ; je vois le jeune homme agité, tendu, tremblant ; je l'entends qui gueule : « Haut les mains, allons, plus vite que ça ! » Le changement de phase s'opère sans lutte : glissement d'un plan sur l'autre ; je suis entre leurs mains.

> [...] Situation impossible de celui qui est pris. Je n'y crois pas, pas aux conséquences ; ce ne peut être qu'un avertissement ; demain, à cette heure, je serai libre quelque part et je frémirai à l'idée que j'aurais pu... Voiture de la Gestapo qui file à travers Paris. Menottes, odeur de peur. Il y a notre peur et la leur, qui s'expriment presque de la même manière, par cette brusquerie, ce refus de communiquer. Avenue Foch. Peu à peu, l'irrémédiable s'épaissit, chaque issue se transforme en rêve, en chimère : hausse vertigineuse du prix des choses simples : de la rue, du mouvement, du métro. Je suis pris. Et pourtant l'expression « en prendre son parti » n'a pas encore de signification. Une seule chose est évidente : cela ne peut pas être.
> Le corps joue sa partie, l'esprit la sienne. Écœurement dans les régions du plexus solaire, sueur aux tempes, tournoiement loufoque des sensations... Et puis le corps retrouve son équilibre, respire différemment, cherche le rythme qui empêchera le mollissement des jambes, libérera la région du cerveau. Le corps s'adapte, l'esprit reste ahuri, incrédule ; sa souplesse est bien moindre.

Vient ensuite le récit de mes interrogatoires où le narrateur de mars 1946 cherche à intéresser le lecteur d'une revue littéraire en accentuant l'improbable, voire l'exploit. Il s'achève par les deux paragraphes suivants :

> Ces histoires sont-elles des mensonges inventés après coup ? Pas du tout, rien n'est plus exact. Mais elles ne veulent rien dire sur le moment. Tout leur sens leur vient de cet événement – formellement contraire à la vision des choses qui domine tout ce présent-là : j'ai survécu.
> Ce présent-là était obscurci par l'idée de la mort, éclairé par l'imminence de la mort. Problème trop simple qui supprime les problèmes bien plus complexes du comportement ; problème délicieux dans mon cas, puisque je serais mort avant l'âge des pires répétitions, des plus détestables lâchetés, mort pour une cause puissante dans son adéquation, mort admiré, c'est-à-dire avec la bénédiction de toute la part exigeante de moi-même qui n'a d'autre plaisir que d'ériger de moi-même un monument.

Cinquante ans plus tard, bien des choses dans ce récit me gênent. J'y ai la part trop belle : la Gestapo s'est fait rouler par ce jeune intellectuel sartrien ; non seulement je n'ai rien divulgué d'important, mais les tortures n'ont pas laissé de traces et j'ai quitté Paris indemne. Peu vraisemblable.

Il s'agit des vingt-neuf jours qui vont du 10 juillet au 8 août 1944, passés dans un immeuble de l'avenue Foch où la Gestapo maintenait les « terroristes » arrêtés, avant de les enfermer à Fresnes, de les exécuter ou de les déporter. Mon arrestation est opérée à 6 heures du soir dans le café dit des Quatre-Sergents, près de l'angle nord-ouest du cimetière Montparnasse. Jean-Pierre Couture, qui sait que j'ai rendez-vous là avec l'opérateur radio de Dijon, *alias* Bambou, s'est avisé de nous rejoindre, porteur d'un quartz de rechange dont il sait que Bambou aura besoin pour reprendre son travail. Une initiative dont j'ignore tout, inspirée par son sens de l'efficacité, et qui va lui coûter la liberté. Arrivé sur les lieux à bicyclette, quelques instants après mon arrestation, il est remarqué par les agents de la Gestapo, cherche à s'enfuir et à jeter le quartz par-dessus le mur d'enceinte du cimetière, est rattrapé et arrêté. Je ne l'apprendrai que le lendemain, lorsque je le reconnaîtrai, très meurtri, au sortir de son premier interrogatoire, avenue Foch.

Pour ma part, je suis menotté, enfermé dans une chambre de bonne au dernier étage de l'immeuble, puis présenté à un premier interrogateur. Je fais valoir mes droits, mon identité, mes bonnes relations à Lyon, où je suis domicilié, avec les autorités allemandes. Je nie toute connaissance du nommé Greco et me déclare prêt à répondre aux questions qu'on me posera. Je commence à m'exprimer en allemand, ce qui désarçonne mon interrogateur.

Il est tard. Je gagne une nuit. Le lendemain, l'interrogatoire se précise. Je ne peux nier que, lors de mon arrestation, j'ai été identifié à Greco. J'admets lui avoir servi d'agent de liaison, avoir voulu faire acte de patriotisme.

Le ton change. Si je ne suis pas Greco, il faut dire où je le rencontre. Cette fois, je refuse. Impossible de trahir. « Faut-il vous faire parler par la force ? – Vous pouvez essayer. – Épargnez-vous la baignoire. – Vous me prenez pour plus lâche que je ne suis… »

Emmené au sous-sol, je suis soumis à cette torture dont nous avons maintes fois entendu vanter l'efficacité. Au quatrième plongeon, je me déclare disposé à parler. J'ai imaginé un scénario subtil : au lieu de donner l'adresse de Jean-Pierre Couture, rue Delambre, où nous nous retrouvions chaque matin pour le petit déjeuner, je vais indiquer une adresse située dix numéros plus loin. Si la Gestapo s'y présente, toute la rue saura et mes amis seront alertés. Ma ruse est vaine. Nos interrogateurs ont déjà relevé l'adresse de Couture et n'ont aucun besoin de mon aveu, qu'ils considèrent d'emblée comme une confirmation, malgré la différence de numéros. C'est ainsi que Jacques Brun est arrêté à son tour.

Je continue à nier que je suis Greco. Mais mon pouvoir de conviction faiblit. Pour mettre un terme à une séance de gifles qu'une jeune brute m'inflige après m'avoir attaché sur une chaise, les mains dans le dos, je finis par avouer. Il s'agit à présent d'entrer dans les détails : l'objet de ma mission, mes contacts à Paris, ce que je sais de l'organisation clandestine. D'autres services secrets allemands s'intéressent à moi. Utilisant toujours la langue allemande, je me dis prêt à répondre et brode sur tous les thèmes de la clandestinité : cloisonnement, alerte, sécurité, fonctionnement du réseau.

Les jours passaient. Le rythme des interrogatoires se ralentit. Je ne me souviens que d'une confrontation. Dans un bureau où j'entrais pour la première fois, je me trouvai un jour en face d'Antoine Masurel. Je savais que ce grand jeune homme intelligent et courageux, qui était à la tête de Phratrie, l'un des plus efficaces de nos réseaux de renseignements, avait été arrêté quinze jours avant moi. Me reconnaîtrait-il ? L'identifierais-je ? Nous nous regardâmes comme si nous ne nous étions jamais croisés. « Celui-là, dis-je d'un air dédaigneux, vous n'y pensez pas ! Tout au plus un petit agent de liaison. Sûrement pas un chef de réseau. Il me semble que ça se voit. » Le tout en allemand, bien sûr. « Je ne connais pas ce monsieur », confirma Masurel. La séance prit fin, me laissant l'immense satisfaction de n'avoir rien laissé échapper.

Parler, plutôt que de se refuser obstinément au dialogue. Toute mon admiration va aujourd'hui à ceux qui ont décidé de se taire sous les coups, de lasser la brutalité des bourreaux par l'acceptation muette de la souffrance. A ceux aussi qui, se craignant incapables de résister, ont choisi la mort – Jacques Bingen, Pierre Brossolette. Moi, j'ai beaucoup parlé. J'ai même écrit : un nouvel interrogateur voulait des détails sur l'organisation clandestine des liaisons radio entre Londres et la Résistance. Je lui proposai de rédiger un rapport sur ce sujet. Bel exercice d'imagination, qui l'a peut-être fait bien voir de ses chefs.

Si, la guerre terminée, j'avais obtenu de consulter mon dossier avec les comptes rendus de mes interrogatoires à la Gestapo, aurais-je été atterré par des révélations qui auraient pu mettre en danger des camarades ? Aurais-je été soulagé par l'innocuité de mes dépositions ou la subtilité de mes ruses ?

J'aurais peut-être noté qu'autour du 20 juillet, date de l'attentat manqué contre Hitler, quelque chose avait changé dans la rigueur de mes tortionnaires. Les autorités allemandes de Paris étaient-elles « dans le coup » de l'attentat ? Ont-elles été bousculées par son échec ? Y a-t-il eu conflit entre les différents services qui instruisaient mon affaire ? Ai-je, grâce à cela, bénéficié d'un répit ?

Durant les premiers jours d'août, je commençai à croire à une survie possible, à une liberté recouvrée. Mais je n'en glissai pas moins dans ma poche de veston une feuille de papier où j'avais noté le premier vers d'un sonnet de Shakespeare : *« No longer mourn for me when I am dead »*, tant la mort restait l'issue la plus probable, tant je souhaitais que l'on sût que je l'avais acceptée sans faiblir. *Vanitas vanitatis.*

Est-ce tout ce qui reste de « factuel » dans ma mémoire, un demi-siècle après les faits ? Dans cette chambre de bonne, j'ai dormi, mangé, attendu, écouté, lu. Je me souviens de mes lectures : un roman auquel manquait la page de couverture, donc le nom de l'auteur. Cette énigme me le rendait plus fascinant encore. Puisque j'avais si peu de chances de survivre, j'emporterais dans la mort ma curiosité non satisfaite pour ce romancier anonyme. J'ai su plus tard qu'il s'agissait d'Elsa Triolet : *Le Cheval blanc*.

J'ai beaucoup récité à voix sourde les longs poèmes que je connaissais par cœur. J'ai échafaudé des plans d'évasion, des scénarios où l'avance alliée faisait sauter les grilles de l'immeuble de l'avenue Foch. Ma hantise était d'être confronté avec des camarades dont j'aurais causé l'arrestation. Ce coup de poignard m'a été épargné.

VIII

Buchenwald et Rottleberode

C'est dans un wagon de chemin de fer ordinaire que trente-sept résistants sortis des lieux de détention parisiens de la Gestapo ont pris place le 8 août 1944 au départ de la gare de l'Est. Direction : Verdun. Des militaires allemands étaient dans notre compartiment, veillant à ce que nous restions menottés sur nos banquettes. Où allions-nous ? « Dans un camp de prisonniers en Allemagne. Vous y attendrez la victoire allemande et la paix. » Soit.

Longues haltes marquées d'alertes aériennes. L'avancée alliée allait peut-être nous rattraper, nous libérer. Une nuit à Verdun, toujours menottés et gardés dans une grange. Le lendemain, premier choc. A Sarrebruck, nous fûmes conduits dans un camp. Enfermés pour la nuit à trente-sept dans un réduit de trois mètres sur trois. On manquait d'air. Je ne connaissais qu'un membre du groupe : Forrest Yeo-Thomas, qui avait joué un rôle capital dans les relations entre la France combattante et le Premier ministre britannique : aviateur proche de Winston Churchill, il l'avait convaincu de faire confiance aux services gaullistes pour organiser l'armée secrète. Je n'avais pas su qu'il avait été arrêté. Nous prîmes spontanément des responsabilités vis-à-vis des trente-cinq autres. Faire une démarche auprès du chef du camp pour obtenir plus d'espace ? Tentative vaine. « Nous sommes des officiers. – Vous êtes de la merde. » Sombres prémices. Sur la place centrale du camp, des détenus tournaient en rond à cloche-pied, les mains derrière la nuque, hués par des SS. Nous tombions des nues. Dans quel monde étions-nous ? Au matin, un autre train nous embarqua pour la Thuringe. La Thuringe.

Weimar. Buchenwald. Je situais ce camp, dont le nom avait été prononcé avec horreur par des amis de ma mère, échappés d'Allemagne en 1938, qui n'en parlaient qu'à voix basse. Ce lieu existait-il encore ?...

S'évader. Sauter du train. Un jeune Français du groupe nous chuchotait qu'avec un ressort de montre il pourrait ouvrir les menottes. C'était possible mais risqué. Pour quelques fuyards, combien de morts ? Le 12 août 1944, la situation de l'Allemagne nous semblait désespérée. Hitler ne tiendrait plus que quelques semaines. Donc, mieux valait patienter.

Le train s'arrête. On nous fait avancer jusqu'au portail, avec son inscription : « A chacun son dû. » On nous pousse dans un long couloir qui ouvre sur une salle de douches. Attente nocturne. Au matin, nous sommes déshabillés, désinfectés, vêtus en rayé, conduits au bloc 17, remis à un *Kapo*. Je fais l'interprète : se tenir propre, gymnastique le matin, soupe à midi, ne pas quitter le bloc après 20 heures. En termes drus, mais sans brutalité, il nous donne ses instructions. Concertation. Qui sommes-nous ? Tous des agents arrêtés pour activités responsables.

Parmi les Français, le coureur automobile Benoît, Henri Frager, chef d'un réseau britannique en France, Rambaud, Avallard, Cuglioli, Chaignaud, Séguier ; parmi les étrangers, plusieurs Belges, trois Anglais, Southgate, Peulevé et Yeo-Thomas, un Américain et un Canadien ; je n'ai jamais tenté, Dieu sait sous l'effet de quelle superstition, d'en reconstituer la liste exacte.

Nous ne sommes pas affectés à un commando de travail. Les journées passent à ne rien faire. Le 25 août, la vie du camp est bouleversée par un bombardement allié qui frappe la Gustloff, l'usine d'armement attenante au camp, où de nombreux déportés travaillent. Il y a des morts. Il y a surtout une grande exaltation : ce coup porté à l'Allemagne par nos aviateurs n'annonce-t-il pas une délivrance prochaine ?

Jour après jour, nous pénétrons dans la vie et la routine de Buchenwald. Rencontres inattendues. Celle de Christian Pineau, mon « client » à la section R du BCRA. Il me glisse un manuscrit :

Déjanire. C'est une pièce de théâtre sur cette héroïne dont la jalousie, la plus implacable des passions, triomphe de l'invincible Héraclès. Il y a aussi Hewitt, qui a obtenu des SS l'autorisation d'animer un quatuor à cordes qui joue Mozart, le soir, dans l'un des blocs. Drôle de camp, où l'on peut faire de la musique et écrire des tragédies.

Il y a aussi les longues files d'êtres décharnés qui se traînent le long des allées entre les blocs. On a forgé pour eux le terme *die Muselmänner*, « les musulmans », qui renvoie, à l'époque, au fatalisme supposé de l'islam : ils sont résignés à la mort. Les autres, les valides, partent au matin dans les commandos extérieurs, reviennent le soir fourbus, sont rassemblés sur l'immense place d'appel, comptés et recomptés.

Dans notre bloc de transit, nous jouons aux cartes, malgré l'interdiction. Helen m'a appris à les tirer. J'amuse mes camarades en leur disant la bonne aventure : leur libération. Elle est là, dans la donne, à côté du valet de trèfle, qui signifie « sous peu ».

Je scrute les nouvelles de la radio allemande qui proviennent d'un haut-parleur. La veille du bombardement de la Gustloff, Paris a été libéré par les Alliés. Grande émotion. Alfred Balachowski vient nous voir et nous apporte du lapin typhique. C'est bon. Qui est ce grand Français chevelu ? Il sera l'un de nos sauveurs. Je ne saurai que bien plus tard qu'il a été déporté en janvier 1944, expédié de Buchenwald à Dora comme simple travailleur, que le Dr Ding-Schuler, qui dirige à Buchenwald le Hygiene Institut, apprenant que Balachowski est un chercheur de l'Institut Pasteur, l'a fait venir auprès de lui. Il a donc non seulement gardé ses cheveux, faveur exceptionnelle, mais jouit dans le camp d'une autorité particulière : il manie les vaccins et cultive les poux, porteurs d'une maladie qui sème la terreur parmi les déportés comme parmi les SS : le typhus exanthématique. Sur chaque baraque, on peut lire cette inscription : « UN POU, TA MORT. »

Le 8 septembre, seize d'entre nous sont appelés à la tour. Balachowski nous confirme, trois jours plus tard, qu'ils ont été exécutés. Il nous cache ce qu'il a appris d'atroce sur leur pendaison. Ces horreurs, comme tant d'autres, je les découvrirai trois ans plus tard dans *L'État SS* d'Eugen Kogon, le deuxième de nos sauveurs.

Kogon travaille lui aussi au bloc 50 avec Ding-Schuler, dont il a su gagner la confiance. Il est au courant des expériences *in vivo* auxquelles Ding se livre sur des « criminels ».

Yeo-Thomas a compris que nous étions tous promis à l'exécution. Il s'adresse d'abord à la direction communiste clandestine du camp, qui estime devoir réserver ses interventions aux camarades du Parti. Balachowski se concerte avec Kogon, qui prend sur lui de sonder Ding. Ce dernier, il le sait, ne croit plus à la victoire allemande. Acceptera-t-il de laisser organiser un échange d'identité entre des officiers alliés et des morts du typhus ? Son accord est obtenu contre la promesse d'attestations revêtues de signatures prestigieuses, qu'il pourra faire valoir auprès des Alliés. Encore faut-il obtenir la complicité périlleuse du *Kapo* du bloc 46, celui où vivent et meurent les déportés atteints du typhus.

Arthur Dietzsch est lui aussi une « autorité » à Buchenwald, où il est déjà depuis onze ans, après en avoir passé six dans les prisons de la république de Weimar. Dix-huit ans derrière les barreaux ou les barbelés ont fait de lui une sorte de brute que les autres *Kapos* redoutent. Il joue de sa réputation pour exercer son pouvoir. Il n'aime pas le catholique, le très intellectuel Kogon, mais il se laissera influencer par le social-démocrate Heinz Baumeister, à qui Kogon confie le soin de le mettre au courant du complot.

De tous mes sauveurs, c'est à l'égard de Dietzsch que j'ai été le plus injuste. Dans mon article des *Temps modernes*, je fais de lui un portrait hideux, évoquant « la figure inquiétante du *Kapo* Dietzsch, brutal, autoritaire, sadique et rusé ». Jugement abrupt, injuste, déformé par le manichéisme des camps. Qu'aurions-nous fait sans son courage et sa loyauté ?

Fin septembre, la conjuration est mûre. C'est à Yeo-Thomas de choisir ceux qui en seront les bénéficiaires. Un seul ? Deux ? Trois est le maximum. Il choisit un Anglais, Harry Peulevé, et un Français, moi. Pourquoi moi ? Pour qu'il y ait un officier français ? Parce que je parle l'allemand ? Qui sait ? Par amitié peut-être.

Nous voilà installés au premier étage du bloc 46. Au rez-de-chaussée sont couchés une quinzaine de jeunes Français gravement malades. Après une épidémie de typhus dans un camp de travail forcé près de Cologne, ils ont été confiés à Ding, à Buchenwald. Il est convenu que nous prendrons l'identité des trois premiers qui mourront. Leurs corps seront envoyés au crématoire avec nos noms et matricules. Si la tour nous appelle pour être pendus, nous serons « morts du typhus ».

Attente angoissante, à laquelle nous essayons d'échapper dans notre chambrée en jouant, en surveillant la mine plus ou moins renfrognée de Dietzsch, seul au courant du complot et qui garde son sang-froid. Heureusement pour Peulevé. A la troisième fournée d'appelés, son nom figure sur la liste. Il faut le camoufler en typhique moribond, tromper la vigilance de la tour. Marcel Seigneur, dont il doit prendre l'identité, va-t-il mourir à temps ? Oui. Peulevé est sauvé, d'extrême justesse.

Il m'appartenait d'obtenir le plus d'informations possible sur les jeunes camarades dont nous assumerions l'identité. Connaître leur profession, les indications qui figuraient sur leurs fiches pour éviter les impairs. Il m'incombait donc de parler avec eux, pire, de souhaiter que leur mort intervienne le plus vite possible. Drôle de façon de faire connaissance !

Lorsque Chouquet mourut et fut brûlé sous le nom de Yeo-Thomas, il ne resta plus que moi. Michel Boitel, le jeune Français dont je devais prendre l'identité, allait un peu mieux. Ding ne considérerait-il pas qu'il en avait assez fait ? Je proposai à Kogon, avec qui nous avions des contacts secrets, de tenter une évasion plutôt que de mettre en danger la vie d'un autre. Car, dès le début, nous avions craint que Dietzsch n'accélère les décès des jeunes Français pour en terminer avec cette aventure risquée.

Je retrouve dans l'ouvrage de Kogon le texte de notre correspondance ultra-secrète. Le 13 octobre, je lui écrivais :

> D.[1] est donc mort aujourd'hui, ce qui pour nous tous est un grand soulagement. Ce sera mon tour lundi prochain, si tout va bien. Mais dans le cas où l'ordre d'exécution arriverait aupara-

1. Initiale de « Dodkin », le nom sous lequel Forrest Yeo-Thomas était connu à Buchenwald.

vant (les choses vont tellement vite que nous devons nous y attendre chaque jour), je me demande s'il ne serait pas plus raisonnable de préparer une évasion que j'entreprendrais au moment où arriverait l'ordre d'exécution. Une telle solution, qui est naturellement bien moins facile, serait en tout cas plus sûre pour nous tous, car il n'y aurait pas alors deux cas semblables de mort subite avant l'exécution et dans des circonstances aussi suspectes. Naturellement, je vous laisse entièrement le soin de décider. S'il vous plaît, indiquez-moi ce que je dois faire. Je me remets en toute confiance dans vos mains.

Stéphane.

Le 18 octobre, nouveau billet adressé à Kogon :

Mon remplaçant semble s'en tirer – Dieu soit loué pour lui ! Il n'y a pas d'autre Français moribond. C'est pourquoi je pense qu'il ne faut pas perdre de temps : je dois saisir la prochaine occasion de fuite, même si cela ne paraît pas aussi sûr et pratique que la solution récemment envisagée par vous et qui semble assurément excellente. C'est aujourd'hui mercredi et il est très vraisemblable que l'ordre d'exécution arrivera demain (si nous n'avons pas la « veine » qu'il arrive déjà aujourd'hui). S'il vous plaît, arrangez-vous pour que je sois affecté à un transport qui quitte le camp demain. Et donnez-moi une bonne adresse au-dehors du camp. Tout ce que vous pourrez faire pour moi, en dehors de cela, serait d'un très grand prix pour moi, mais même ainsi je crains qu'il ne me faille prendre moi-même mes risques. Ce serait folie d'attendre plus longtemps. Avec ma reconnaissance de tout cœur et avec ma pleine confiance en vous,

Stéphane.

La réponse de Kogon fut catégorique : évasion impossible, il fallait attendre. La vie de Boitel signifiait ma mort. Sa mort, qui intervint le jour de mon vingt-septième anniversaire, signifia ma vie.

Le 21 octobre, j'écris à Kogon :

Ton pressentiment ne t'a pas trompé. Grâce à tous vos soins, tout est maintenant réglé. Mes sentiments sont ceux d'un homme qui a été sauvé au tout dernier moment. Quel soulagement !

Et, plus loin :

> Nous attendons toujours de nouveaux renseignements sur Maurice Chouquet et Michel Boitel. Dieu ! comme j'ai été content d'apprendre qu'il n'était pas marié !

Et, plus loin encore :

> Nous sommes maintenant tous trois dans une forme splendide et très optimistes... Après les dernières nouvelles du front et les derniers discours allemands qui sont extrêmement symptomatiques pour notre propre victoire. Pour toujours vôtre.

Cet échange de notes, je ne l'avais pas relu depuis longtemps. Ces moments d'ombre et de lumière, je les ai racontés devant une caméra, sur les lieux mêmes où je les avais vécus, dans un film tourné en 1993 par des Berlinois. Ce n'est jamais tout à fait le même récit.

Aujourd'hui, en écrivant ces lignes, ce qui tout à coup remonte le plus vivement à la surface, c'est le flegme de mes deux camarades britanniques, leur calme courage, leur bonne humeur imperturbable.

Et puis un lourd sentiment de culpabilité à l'égard de ceux qui auraient pu être sauvés à ma place, Henri Frager par exemple, qui, avant de mourir, obtint de la direction du camp que lui et ses camarades ne soient pas pendus mais fusillés.

Le 2 novembre, sous le nom de Michel Boitel, je suis transféré au camp de Rottleberode. Michel Boitel était fraiseur et ne parlait pas l'allemand. Moi, c'est l'inverse. Dans l'usine de trains d'atterrissage de Junker 52 où les déportés de Rottleberode travaillent, l'ingénieur civil qui nous accueille se laisse convaincre assez facilement de me prendre à la comptabilité. Je serais bien incapable de manier une fraiseuse. Me voici *Buchführer*. Les journées ne sont pas fatigantes. Les nuits sont courtes : réveil à 5 heures, trois quarts d'heure de marche à travers bois jusqu'à l'usine, nourriture minimale, châlits étroits où nous dormons à trois.

En décembre, mon corps donne pour la première fois des signes de faiblesse. Je me traîne. Alerte. Je suis pris en sympathie par les deux *Prominenten* de ce petit camp, le *Kapo* Walter et le *Schreiber* Ulbricht. Ils me font porter pâle et travailler auprès d'eux. Je profite des privilèges que ces déportés expérimentés ont acquis pour eux et pour leurs protégés : meilleure nourriture, un peu plus de place dans les châlits. Je dois ces faveurs à ma pratique de la langue allemande. Elle me redevient plus familière et j'en profite pour les amuser en leur racontant des histoires. Et, grâce à eux, je m'initie au fonctionnement administratif du camp. Ces tâches gestionnaires, d'ailleurs complexes, les SS les ont confiées aux détenus. Le climat humain d'un camp dépend de la façon dont ces « détenus de fonction », ces *Prominenten* s'acquittent de leur travail. Choisis parmi les politiques, ils ont à cœur d'éviter les conflits. Choisis parmi les criminels, ils aiment exercer leur sadisme, qui n'est pas moins cruel parfois que celui des SS.

Walter et Ulbricht sont des politiques. Ils m'expliquent les règles selon lesquelles un petit camp comme Rottleberode reçoit de Mibau, le centre régional, ses approvisionnements et ses directives. Qu'est-ce que Mibau ? Sur ce point, ils sont muets, comme s'il s'agissait de quelque monstre. Mibau, je l'apprendrai plus tard, c'est le nom de code de Dora, l'immense usine souterraine où sont fabriquées les armes secrètes de Hitler, les V-1 et V-2, fruits du génie de Wernher von Braun, qui sont censées assurer la victoire de l'Allemagne.

Avec Walter et Ulbricht je m'initie à la longue expérience de Kazettler allemands, qui constituent le terreau sur lequel s'est développée cette aventure humaine cruelle et singulière. Ils l'ont vécue dans sa morbidité, mais aussi dans un quotidien parfois comique. Les histoires qu'ils me racontent m'initient à l'humour macabre des camps. Il y a celle du vieux colonel qu'on a mis « aux chaussettes » pour le ménager et qui, s'y ennuyant, intrigue pour être mis « aux rosiers », sans se douter que c'est le pire des commandos, où, sous les lazzi des *Kapos* et des SS, on va chercher les excréments dans les latrines pour les déverser sur les plates-bandes. Walter et Ulbricht pouffent et moi, je m'instruis.

Ils aiment bien m'écouter réciter des vers de Goethe ou de Hölderlin. Magie du verbe et du conte. Lisant, des années plus tard, les *Récits de la Kolyma*, dans lesquels Chalamov fait la description la plus poignante que j'aie jamais lue du Goulag, je repenserai à ces soirées de Rottleberode. Celui qui sait raconter, dans un camp, bénéficie de la meilleure des protections.

En janvier, de retour à l'usine, je fus accueilli par l'ingénieur civil, qui m'aimait bien. L'offensive de von Rundstedt était en cours dans les Ardennes. « Vous verrez, me disait-il, nous allons bientôt gagner cette guerre et vous pourrez rentrer chez vous. » Ma propre conclusion était inverse. Il était temps de prendre le large. Un camarade, ingénieur de formation, Robert Lemoine, avec qui je m'étais lié, se déclara prêt à tenter une évasion. Il était facile de s'esquiver pendant la marche matinale entre le camp et l'usine. Robert s'était confectionné une boussole et avait fait main basse sur des coutils bleus. L'un des premiers jours de février, vers 5 h 30 du matin, nous nous glissâmes dans les sous-bois. Au lever du soleil, un peu frissonnants mais radieux, assis à la lisière de la forêt, nous regardions le paysage de Basse-Saxe s'étendant à nos pieds. Nous étions libres. C'est un mot qui éclate comme une bombe.

Trop sûr de moi, de ma chance, de mon sens de l'orientation, je déclare que le pays est certainement vidé de tous ses hommes valides et qu'il n'y aura qu'à le traverser d'un pas décidé, comme pour rejoindre un lieu de travail sans avoir l'air de se cacher. Erreur. Dès le premier village, des vieux en uniforme de la Landwehr nous interpellent, nous démasquent, nous enferment au commissariat de police, alertent le commandement du camp, où on nous reçoit la matraque à la main. Walter et Ulbricht sont effondrés. Ils m'avertissent de ce qui nous attend : la pendaison ou vingt-cinq coups de bâton. Pendant l'appel, le commandant fait un discours qui ne nous rassure pas. Le lendemain, nous sommes embarqués en direction de Dora.

IX

Dora

Nous ne savions rien de Dora en arrivant sur la colline qui domine la ville de Nordhausen, dans le Harz. Le secret de ce camp d'extermination systématique est bien gardé. On commence par nous enfermer dans une cellule du *Bunker*, le cachot d'où l'on ne sort que pour être pendu. Une nuit passée debout contre les grilles, avec des chiens que les SS excitent à nous mordre les mollets. Un de ces moments noirs que ma mémoire occultera longtemps et dont témoigneront les cicatrices sur mes jambes. Autour de nous, des Verts pris dans une tentative pour s'emparer de la direction du camp au détriment d'autres Verts. Car Dora est administré par les « droit commun » porteurs du triangle vert. Et nous allons vite comprendre la nuance.

L'officier SS qui nous interroge, Robert Lemoine et moi, se laisse convaincre (toujours l'avantage de s'exprimer en allemand !) que nous n'avons rien volé, que nous n'avons donc pas porté atteinte à l'effort de guerre du IIIe Reich. Il décide de nous affecter au *Strafkommando*, la compagnie disciplinaire, avec une grosse tache rouge sur notre veste rayée : *Fluchtpunkt*, la marque des évadés.

Très vite nous comprenons notre chance. Non seulement nous avons échappé à la pendaison, mais nous n'irons pas travailler dans le tunnel où sont fabriqués les V-1 et V-2. Nos camarades nous en racontent les horreurs. Il y a eu ceux qui ont construit l'usine souterraine en 1943, après le bombardement de Peenemünde par les Anglais : tous morts d'épuisement, sous la schlague, ou, lorsqu'on les soupçonnait de sabotage, pendus. Et puis il y a ceux qui sont affectés à la fabrication de ces engins de destruction massive sur lesquels Hitler compte pour mettre l'Angleterre à genoux. Ceux-là non plus n'ont guère de chances de survivre. Les SS préféreront certainement qu'il ne reste pas de témoins susceptibles de révéler les secrets de cette technologie mise au point par Wernher von Braun.

J'apprendrai plus tard qu'il est venu lui-même en inspection et a trouvé tout naturel le traitement infligé à ceux qui y meurent. Ce qui n'empêchera pas les Russes et les Américains de se disputer l'honneur de l'accueillir dans leurs laboratoires de recherche. Les camarades qui travaillent dans le tunnel, nous ne les voyons que le soir, sur la place d'appel, charriant à la fin de leur journée de travail le lot quotidien de morts qui vont remplir le crématoire. Notre bloc à nous est réservé au *Strafkommando*, affecté à l'entretien du camp, sous la férule d'un *Kapo* vert pesamment agressif et que tout sourire sur les lèvres d'une de ses victimes irrite. J'en subis plusieurs fois les effets, car il aime montrer sa force de boxeur. Nous creusons des tranchées, réparons des routes. Robert Lemoine tombe malade. Je passe le voir au *Revier*, misérable infirmerie sans médicaments où il reçoit de la soupe blanche. Il m'en cède quelques cuillerées. Sa survie est bien plus miraculeuse que la mienne.

Dans le commando, il y a cinq Français, vite inséparables. Que retient la mémoire ? Des temps creux dans certaines journées, instants de répit où l'on bavarde entre copains, à l'abri des coups des *Vorarbeiter* tziganes, encadrement rusé et violent. Nous échangeons les nouvelles glanées à la radio. Nous calculons le nombre de kilomètres que les armées alliées doivent encore parcourir pour arriver jusqu'à nous. Nous parlons des villes où chacun de nous habite, des quartiers de Paris, des stations de métro. Et des repas que nous ferons ensemble au retour. Fantasmes étranges. Je me souviens du mien : une couche de nouilles, une couche de confiture, une couche de nouilles…

Il y a des temps forts, atroces, inoubliables. La percée de l'Armée rouge avait obligé les Allemands à rapatrier les déportés des camps de l'Est. Ceux de Gross Rosen avaient été évacués sur Dora en mars. Les vivants et les morts. Notre crématoire étant saturé, des bûchers devaient être construits pour y entasser les cadavres. Mais il fallait d'abord les déshabiller. Un *Kapo* promit deux rondelles de saucisson aux volontaires pour une corvée, sans dire en quoi elle consistait. Deux rondelles, ça ne se refusait pas. J'acceptai, avec un autre jeune. Nous avons passé la journée à tirer sur des vêtements couverts de sang et d'excréments, à palper des chairs froides. Horreur pure, absolue.

Je garde aussi, dans un coin bien calfeutré de ma mémoire, le souvenir de l'arrivée à Dora d'un transport de juifs évacués d'Auschwitz. Plus tard, j'ai su que la petite Simone Veil était du nombre. Tout les distinguait de nous, qui étions pourtant bien loqueteux et misérables. C'étaient des fantômes, aveuglés par leur déchéance, traversant l'espace sans y laisser de trace. Des spectres.

Fin mars, la panique gagna ce lieu de mort. Les SS avaient tout fait, pendant les dix-huit derniers mois, pour que les ouvriers du tunnel dépérissent, qu'il ne reste pas de témoins de l'arme secrète. Nous laisserait-on, nous, les privilégiés qui travaillions en surface, survivre à ce que nous avions pu observer ? Les rumeurs les plus dignes de foi se répandaient dans le camp. Pain empoisonné. Baraques incendiées. Fusillades massives. Nous évoquions ces hypothèses plus librement pendant les alertes aériennes qui suspendaient nos travaux.

Je me souviens du jour où les Alliés ont bombardé la ville voisine de Nordhausen. Nous observions tous les cinq, du haut d'une butte, l'incendie déclenché par les obus. Quel message nous délivraient ces flammes à l'horizon ? Celui de notre fin ou celui de la liberté ? Aucun doute pour moi : j'étais habitué à être un rescapé.

Le 4 avril, grande effervescence : « Allez chercher des vêtements dans l'*Effektenkammer* [vaste hall bien gardé où s'entassent manteaux et pantalons], et vite, dans le train ! On évacue le camp ! » Pour où ? J'ai tiré une veste brune et une couverture grise. Mes quatre camarades sont drôlement attifés. Concertation. Ne pas rester dans le train qui file vers le nord. Ne pas traverser l'Elbe. Détacher deux lattes du plancher. Sauter à la première occasion. Il y a beaucoup de déportés russes dans le wagon, peu de *Kapos* allemands. Le train s'arrête à la tombée du jour, après avoir passé la gare de Lüneburg. Souvenir d'enfance : *Lüneburger Heide*, ça me dit quelque chose, un paysage nordique en direction de Lübeck. Il est temps, sautons. L'opération des lattes se passe bien. Les Russes n'ont rien vu, les Allemands non plus. Je me glisse le premier sous le train. Coups de feu. Les quatre autres, qui me croient visé, renoncent. Je reste seul au bord du ballast. La nuit m'accueille. Une fois de plus, je suis libre.

Ici ma mémoire vacille. Comment ai-je franchi les cent cinquante kilomètres entre Lüneburg et Hanovre, marchant la nuit, dormant le jour sous le couvert d'une grange abandonnée ? Comment ai-je trouvé des Polonais compatissants, des Français du STO qui m'ont donné des vêtements, de l'argent ? Le 12 avril, je suis aux portes de la ville. Hanovre a été évacuée par l'armée. Des civils désemparés errent dans les rues. Qu'est-ce qui nous attend ? J'engage la conversation. Sait-on où sont les troupes américaines ? « Ils ont bombardé la caserne. Les tirs venaient de par là... » Mon ange gardien ne m'a pas quitté : au tournant d'une route, j'aperçois des chars avec l'étoile US.

Joie de parler l'anglais, qui sonne libre sur la langue, d'évoquer Londres, la France combattante, Paris libéré. Je ne demande qu'une chose : me battre tant que la guerre n'est pas finie. On me donne une place dans une compagnie motorisée qui doit foncer sur Magdebourg, un uniforme de GI et un joli casque. C'est grisant. Nous faisons des prisonniers. Le troisième soir, nous bivouaquons dans un village. On enferme les détenus dans la cave. On s'installe pour la nuit. Quand faut-il réveiller le *French Captain* ? A 6 heures du matin. Comme ça, il pourra dormir. A 8 heures, j'ouvre l'œil. Plus d'Américains. Le village a été repris par une petite unité de SS.

On m'amène auprès du *Sturmbannführer*. Il ne sait trop quoi faire de moi. Me fusiller ? Trop tard. Il me confie à cinq de ses subordonnés. « Emmenez-le ! » On discute. « Je peux vous conduire vers les lignes américaines. Ils ont des cigarettes et du whisky. » Je me vante un peu. Je ne sais pas vraiment où sont les Américains. Mais mes compagnons SS se laissent convaincre, font des adeptes. Vers

11 heures, nous apercevons les automitrailleuses américaines. Nous sommes quatorze, très chaleureusement accueillis par le capitaine texan qui, la veille, s'est étonné de mon accent *limey*, britannique. Cette fois, il est impressionné et me fait une superbe attestation : « *He has brought back, singlehanded, fourteen German prisoners.* »

Ce coup d'éclat met un terme à mes ardeurs belliqueuses. J'exprime le désir d'être rapatrié en France. Quatre jours à attendre, à Hildesheim, qu'un avion de transport puisse m'embarquer. Nous survolons les villes massacrées de l'Allemagne de l'Ouest. Atterrissage à Poix, en Picardie. Une voiture me conduit à Amiens, où je cherche une chambre pour la nuit. Le lendemain matin, à la préfecture, on me pose des questions. Quelqu'un à Paris peut-il m'identifier ? Je connais le général de Gaulle. On rit poliment. Je me souviens du nom d'une amie de Londres qui doit être au cabinet d'Henri Frenay, ministre des rapatriés. Elle s'appelle Mme Mamy. Elle est au bout du fil. Hessel, bien sûr ! On me trouve une place dans le prochain train pour Paris. A 3 heures de l'après-midi, le 8 mai, mon train entre en gare du Nord. Celle où, petit garçon, j'ai mis le pied dans la capitale pour la première fois, vingt ans auparavant. C'est le moment où Churchill annonce la victoire en Europe. *VE Day*.

Sur le quai, il y a Vitia, accompagnée par Tony Mella. On me tâte, on me regarde. Je suis entier et bien reposé. Drôle de déporté !

X

Devenir diplomate

Un ancien déporté n'échappe pas aux questions. Les plus émouvantes sont celles que posent, quarante ans plus tard, les élèves de seconde et de terminale, candidats au concours annuel de la Résistance organisé par le ministère de l'Éducation nationale. Les professeurs d'histoire de ces classes sont invités à solliciter des témoignages vécus – tant qu'il en reste ! Je fais partie de ces témoins auxquels les adolescents demandent de leur dire le comment et le pourquoi des camps.

J'essaie de me dégager de l'image standardisée, véhiculée par le cinéma, qui saisit le phénomène à son apogée, juste avant l'arrivée des Alliés, lorsque le « système » concentrationnaire s'est effondré et que les entassements de cadavres font de la figure du déporté un absolu négatif que l'on n'ose interroger.

J'insiste sur le quotidien interminable des camps, cet avilissement progressif, insidieux, presque irréversible de l'homme « concentré » qui devient loup pour survivre, chimérique pour rester sain. Pas facile à décrire.

Jorge Semprun m'a aidé à comprendre cette difficulté à écrire sans défigurer, à expliquer sans se perdre. Son premier livre, *Le Grand Voyage*, m'avait bouleversé. Puis est venu *Quel beau dimanche !*, où mon nom figure, choc subtil. Et maintenant, avec *L'Écriture ou la Vie*, le cycle s'achève à travers lequel je le rencontre, m'éloigne et me rapproche de lui, de page en page, irrité ou exalté, ayant du mal à me libérer. Car il parle de « mes » camps, alors que David Rousset, dans *Les Jours de notre mort*, se meut ailleurs et que le plus émouvant de tous, du moins pour moi, Primo Levi, rend compte d'une réalité tellement plus destructrice encore qu'elle contient en germe son propre anéantissement.

Ce que nous avons le plus de mal à assimiler, victime scrutant son bourreau, c'est la gestion du système dans sa logique totale, née dans des cerveaux et des cœurs humains. Un seul livre m'a donné accès à cette approche, je l'ai déjà dit : *L'État SS* d'Eugen Kogon. Comme c'est lui qui m'a sauvé la vie, je n'ai pu éviter de le lire, surmontant ma répugnance à moudre ce grain pourri. Il y démonte avec la minutie de l'érudit le fonctionnement de la mécanique concentrationnaire. Il présente aussi, dans son introduction, l'une des clés les plus efficaces de la montée de l'idéologie nazie dans l'Allemagne de Weimar. Il analyse l'éclosion de l'horrible « idéal » des SS, fait de morgue, de mépris et d'une brutalité qui s'exacerbe et devient fureur.

Ma déportation a été totalement atypique. Je n'ai pas fait le voyage au milieu de deux cents camarades entassés dans un wagon à bestiaux. A Buchenwald, je n'ai pas connu les horreurs du « petit camp ». Je n'ai pas été convoyé à Ellrich ou à Hartzungen. Et, surtout, je n'ai participé ni à la prise de Buchenwald par ses déportés, ni aux marches de la mort du mois d'avril 1945, ni à l'ultime déferlement, dans le camp de Bergen-Belsen, des milliers d'évacués moribonds des camps du Centre et de l'Est. Regardant *Nuit et Brouillard* d'Alain Resnais, j'ai été presque aussi choqué à la vue des monceaux de cadavres aux yeux exorbités que le spectateur qui n'a jamais mis les pieds dans un KZ.

Qu'y a-t-il de commun entre ces hommes et ces femmes que la déportation a affectés si diversement ? Ceci peut-être : d'abord, nous sommes de moins en moins nombreux. Alors, quand nous nous rencontrons – et cela m'est arrivé bien souvent et inopinément –, il y a comme un signal qui s'allume : non pas tant la fierté d'avoir survécu que la honte d'avoir permis que l'horreur recommence, ici et là, dans ce monde dont nous pensions qu'il ne verrait plus jamais ça. Et le même signal nous fait éprouver en commun, de manière très vite perceptible, un sentiment de responsabilité pour le monde de demain. Mais, au-delà de ce qui nous réunit, au-delà même de l'histoire singulière que chacun raconte aux autres, il y a un regard sur soi forcément ambigu.

Je ne suis plus sûr de comprendre ce jeune homme des années 1940-1945, Français par choix, patriote par le contexte, imprudent par juvénilité, particulièrement chanceux, pluri-survivant, polyglotte, narcissique, égoïste.

Égoïste, notamment pour avoir laissé Vitia sans nouvelles, même après mon évasion et ma prise de contact avec l'armée américaine, et pour avoir préféré « me battre » avec les Américains plutôt que d'accourir vers elle au plus vite. Je ne savais rien d'elle depuis mon départ d'Angleterre. Elle ne savait pas grand-chose de moi. Ou plutôt, elle en savait trop. Des amis, qui avaient pu consulter en avril les archives de Buchenwald, avaient trouvé une fiche à mon nom : « *Hessel, Stéphane, F., abgesetzt, den 20 X 1944.* » Mon acte de décès en somme. André Manuel avait pris sur lui de la préparer le plus délicatement possible à l'annonce de cette nouvelle. Le lendemain, Jean Baillou, secrétaire général de l'École normale en 1939, était rentré de Buchenwald, « comme un petit oiseau déplumé », m'a raconté Vitia. Il lui avait alors parlé d'un complot dont il savait seulement qu'il avait peut-être réussi. Vitia me connaissait assez pour croire que je n'étais pas mort. Ce n'était pas mon genre. Trois jours plus tard, Mme Mamy l'appelait au téléphone : « Ton Hessel est à Amiens. »

Cette vie restituée, il fallait l'engager. J'étais tenté par l'enseignement de la philosophie. Mais serais-je capable de présenter l'agrégation ? Cinq ans s'étaient écoulés depuis mes dernières lectures sérieuses. Mes maîtres et mes camarades avaient exploré les cheminements de la pensée phénoménologique, de l'existentialisme. Saurais-je les rattraper sans m'essouffler ? Ce souffle que me conférait ma survie, ne fallait-il pas plutôt le mettre au service de l'action ? Le cosmopolitisme même des camps de concentration me poussait vers la diplomatie, dont j'avais déjà rêvé en 1934 à Londres. Mais y aurais-je accès ? Français de fraîche date, sans formation juridique, je n'avais d'atout que cette École normale prestigieuse et la déportation, qui me permettait de présenter les concours spéciaux de l'immédiate après-guerre.

Quelques jours après mon arrivée à Paris, je fais une rencontre aussi décisive que fortuite. Sortant de la rue Saint-Dominique où il travaille au cabinet du général de Gaulle, un camarade de Saint-Maixent, Jean Sauvagnargues, tombe sur moi. Il a passé le grand concours du Quai d'Orsay en 1942, a appartenu au petit groupe de résistants qui préparaient secrètement avec Chauvel la libération du territoire. Il m'encourage : « On a besoin dans la carrière de jeunes qui n'ont pas pactisé avec Vichy. »

Je décide donc de me présenter au grand concours spécial ouvert aux anciens combattants, résistants, prisonniers ou déportés, dernière voie d'accès au Quai d'Orsay avant la mise en place de l'École nationale d'administration, dont sortirait désormais la majorité de nos diplomates.

Rentré d'Allemagne le 8 mai, il ne me reste que cinq mois pour me préparer avant le début des épreuves, fixé au 15 octobre. Cinq mois qui vont s'avérer étourdissants. Helen et Uli sont revenus de Savoie et je m'occupe activement d'obtenir pour eux une naturalisation qui leur sera finalement accordée deux ans plus tard. Vitia, rentrée de Londres peu après la Libération, a vécu les ivresses et les tristesses de cette phase un peu folle de l'histoire de Paris : l'épuration, la chasse aux appartements, les confrontations entre Français de Londres et résistants de France, mais aussi ces belles et fébriles amitiés nouées autour de Jean-Paul Sartre, Juliette Gréco, Sidney Bechet, Boris Vian. Moi, j'arrive euphorique, prêt à trouver les lieux et les êtres éblouissants, décidé à mettre à profit les jours et les nuits pour vivre… et pour travailler.

La DGER (Direction générale des études et de la recherche), héritière de nos services secrets de Londres, a chargé Vitia et Daniel Cordier de la rédaction d'un livre blanc du BCRA, à laquelle je suis associé dès mon retour, œuvre prématurée tant les archives sont encore dispersées. En échange de quoi, on nous prête une vieille Mercury Ford de l'armée américaine, avec laquelle nous descendons, en Haute-Savoie, passer un mois dans un hôtel de Menthon-Saint-Bernard réservé aux déportés, où nous sommes censés reprendre des forces. Nous partageons ce privilège avec André Boulloche et ses deux sœurs, qui ont été camarades de Vitia au lycée Molière. André est revenu seul des camps, où son frère Gilbert et ses deux parents ont trouvé la mort. Ce sont des choses dont on ne parle pas. On parle de l'avenir, de la reconstruction, du référendum constitutionnel. On profite surtout de chaque journée de beau temps pour parcourir la montagne, grimper au col des Aravis, cueillir des gentianes sur les hauteurs, trimbaler la Mercury le long des routes défoncées. Nous sommes joyeux, bavards, amoureux et studieux.

J'avais cinq mois pour accomplir deux pensums : rédiger un diplôme d'études supérieures de philosophie et préparer le concours du Quai d'Orsay. Le Pr Le Senne, qui avait été mon maître en khâgne, m'avait déconseillé de m'engager dans l'enseignement, mais considérait qu'une dissertation rédigée sur un sujet de mon choix pouvait être acceptée comme diplôme et me permettre, si ma vie prenait un jour cette orientation, de présenter directement l'agrégation.

Gardant le souvenir de ses cours sur les débats entre Hegel et Kierkegaard, je lui proposai de traiter de « la souffrance solitaire et partagée », en reliant l'œuvre de Kierkegaard à mon expérience des camps de concentration. Je ne suis pas fier de cet écrit hâtif, qui manifeste trop clairement ma connaissance superficielle du philosophe danois, mais que Le Senne eut la bonne grâce d'accepter. Du moins ce travail m'amena-t-il à inclure mes souvenirs de Buchenwald et de Dora dans une réflexion plus distanciée.

Pour préparer le concours des Affaires étrangères, il fallait faire du droit international, domaine auquel m'avait jadis initié mon beau-père. Mais il fallait surtout lire des traités d'histoire diplomatique. Celle qui m'avait été enseignée à Londres dix ans plus tôt ne me servait guère tant les points de vue sur cette matière subtile sont différents de part et d'autre de la Manche.

Je me souviens mal de l'écrit du concours, mieux de l'oral, qui consiste en entretiens avec les membres d'un jury très indulgent : ces messieurs n'osent pas embarrasser les « guerriers qui ont sauvé l'honneur du pays ». Je suis donc aisément reçu, avec treize autres candidats, à qui une série de postes sont offerts. Je sors quatrième.

Les trois premiers ayant opté pour Washington, Londres et Moscou, mon choix se porte sur Tchoung-king, où siège le gouvernement de Tchang Kaï-chek. Il occupe la cinquième place de membre permanent du Conseil de sécurité des Nations unies. Notre ambassadeur en Chine, qui se trouve alors à Paris, me reçoit avec beaucoup de courtoisie et m'indique les livres à lire et les efforts à faire pour aborder la langue et la civilisation de ce gros quart de l'humanité.

Le choix de Tchoung-king, capitale réputée difficile, n'enchantait guère Vitia, mais elle avait décidé une fois pour toutes de ne jamais intervenir dans les décisions concernant mon activité professionnelle, et nous voilà plongés tous deux dans les manuels de chinois et les ouvrages de Granet. A notre départ pour la Chine Vitia n'avait mis qu'une condition, qui devait s'avérer décisive : nous passerions non par l'Inde, mais par les États-Unis, où elle voulait embrasser ses parents, qu'elle n'avait pas revus depuis son départ de New York, en octobre 1942. Ce n'était pas la plus mauvaise route. Le ministère n'y fit pas d'objection.

Le 2 février 1946, nous embarquons à Bordeaux sur un *liberty ship*, survivant des transports maritimes de la guerre, qui va mettre vingt et un jours à franchir l'Atlantique. La traversée est houleuse, notre capitaine se montre indécis quand nous l'interrogeons sur la date probable de notre arrivée, mais l'atmosphère à bord est joyeuse, et nos vingt-cinq compagnons de voyage goûtent comme nous l'ivresse d'une mer qui semble infinie entre l'Europe en ruine et le Nouveau Monde, désormais le vrai, le moderne, le victorieux. Je garderai un souvenir très intense de deux des couples qui font la traversée avec nous : les Boris, Jean-Mathieu, neveu de notre ami Georges Boris, et sa femme, les Kosciusko-Morizet, que je retrouverai vingt-cinq ans plus tard à New York, où Jacques sera le représentant permanent de la France auprès des Nations unies.

Nous débarquons très au nord de New York, à Portland, dans le Maine, d'où le train va mettre dix heures pour rejoindre Manhattan.

XI

America

La soif avec laquelle je suis sorti de la guerre ne s'est jamais étanchée. J'ai vécu intensément, au jour le jour, ces cinquante années qui ont succédé à ma survie comme si le temps s'engouffrait en moi avant même que je puisse aller à lui. Ce besoin de tirer un bénéfice de ma nouvelle naissance, de ma victoire sur la nuit définitive, n'a fait que fortifier des dispositions que je porte en moi depuis l'enfance. Au commencement, il y a la promesse faite à Helen d'être heureux : elle y voyait la contribution majeure de chacun au bonheur de tous. Et puis il y a l'ouverture aux trois langues, aux trois poésies, aux trois cultures, dont la conjonction ne m'a jamais laissé démuni ni vraiment solitaire.

C'est avec ce bagage et mû par ce besoin que j'ai fait les apprentissages successifs, fondements de l'octogénaire que je suis aujourd'hui, et dont j'ai l'intention d'entretenir mes lecteurs.

D'abord, l'apprentissage de l'Amérique. Je l'ai abordée à l'âge de vingt-huit ans. J'y ai vécu plusieurs années à maintes reprises. J'ai été un familier de New York, mais j'ai connu aussi les déserts montagneux du Nevada, les palais de Washington, les arcades de La Nouvelle-Orléans, les amphithéâtres de Harvard, de Yale et de Princeton. Et aujourd'hui ? Lors des derniers brefs séjours que j'y ai faits en 1994, j'étais invité à participer à la rédaction d'un rapport sur les Nations unies dont je parlerai au chapitre suivant. Nous étions reçus par la Fondation Ford dans la propriété de la famille Rockefeller qu'on appelle Kikuyt et qui surplombe le fleuve Hudson à trente kilomètres au nord de Manhattan.

Sur les douze membres de notre groupe de travail il n'y avait qu'un Américain, le banquier Felix Rohatyn. Dans le jardin japonais au pied de l'imposant édifice qui nous hébergeait, je me suis promené avec lui et lui ai posé des questions sur son pays. Cette Amérique que j'avais ressentie comme porteuse de tous nos espoirs à l'heure où je faisais le constat de l'effondrement de l'Europe, n'avait-elle pas perdu, avec la chute du mur de Berlin, le partenaire-adversaire qui lui donnait son tonus ? N'était-elle pas en train de s'enliser dans le sillage de toutes les civilisations trop sûres d'elles pour garder leur équilibre ? Non. Felix n'eut pas de mal à me rassurer : « L'Amérique n'est qu'à l'aube de sa vraie mission. Mais cette aube est un peu blême. »

Son formidable atout, qu'une promenade dans Manhattan fait immédiatement apparaître, c'est son métissage culturel intense. Elle se situe à l'extrême opposé de toute « épuration ethnique », à l'extrême opposé du danger majeur qui menace le siècle prochain. A travers les absurdités du maccarthysme, les horreurs de la guerre du Vietnam, elle a toujours suscité dans ses villes et ses campagnes les contestations bénéfiques, les contre-cultures vigoureuses. Comment ne pas lui faire encore confiance ? Plus les impasses où son libéralisme sauvage des années quatre-vingt et quatre-vingt-dix l'a fourvoyée sont patentes, plus on peut compter que d'elle-même viendra le sursaut bienfaisant.

Cette conversation m'en rappelle bien d'autres sur le même sujet, partant presque toujours d'une révolte. Mais on ne se révolte que contre une force qui a suivi le mauvais chemin et qui peut et doit reprendre le bon. On s'insurge parce qu'on se souvient : Roosevelt, l'homme qui a transformé le désastre en victoire, qui a défendu sa conception des Nations unies contre le scepticisme de Churchill et le cynisme de Staline. Chaque fois que, dans les réunions de la Commission des droits de l'homme, dont j'assurais le secrétariat, je rencontrais sa veuve, Eleanor, qui en exerçait la présidence, me revenait l'image de ce moribond superbe, à Téhéran puis à Yalta, imposant la vision d'une organisation forte et mondiale qui a survécu à toutes les transformations de la planète.

Aujourd'hui nous nous révoltons, Felix et moi, contre l'aveuglement des dirigeants américains, qui manquent à leurs obligations à l'égard de cette organisation dont ils ont été les fondateurs. Cinq ans auparavant, j'en ai expliqué le fonctionnement et vanté les mérites à une douzaine de collégiens américains entre Californie et Nevada. Cette histoire fait partie de mon apprentissage de l'Amérique.

A un collègue ambassadeur à Genève, William Van den Heuvel, qui est le président de la Fondation Franklin-et-Eleanor-Roosevelt, j'avais dit, au moment où je quittais mon poste pour ce qui aurait dû être la retraite, que j'aimerais connaître de jeunes Américains, parce qu'ils portaient selon moi une responsabilité cruciale à l'égard du monde de demain. Deux ans plus tard, en 1988, cet ami attentif et intelligent me faisait attribuer une chaire de sciences politiques dans le collège où il avait lui-même passé ses seizième et dix-septième années. Cette référence me suffit pour accepter d'emblée. La surprise qui nous attendait, Christiane, ma seconde femme, et moi, en arrivant à Deep Springs College ne fut pas mince. Il fallait afin d'y parvenir louer une voiture à Los Angeles, parcourir six cents kilomètres à travers un paysage montagneux et atteindre un col à trois mille mètres pour apercevoir à l'horizon une petite tache verte au milieu d'une vallée désertique : le ranch du collège, avec ses vaches, ses chevaux, ses vingt-quatre collégiens, son président et son doyen, ses cinq professeurs, son fermier et leurs familles. Mon enseignement portait sur l'Organisation des Nations unies et la place qu'y occupaient les États-Unis. Les élèves, qui, conformément aux sacro-saintes règles édictées en 1917 par le fondateur, L.L. Nunn, s'administraient eux-mêmes, avaient choisi ce cours pour leur *summer term*, sept semaines, de juillet à septembre. Le président Buzz et le doyen Tim s'efforçaient de faire régner une atmosphère studieuse dans cet îlot de verdure au milieu du désert, de veiller à l'application de règles sévères : pas de télévision, pas de sorties en ville. Mais c'était le *student body*, l'assemblée des étudiants, qui gérait la répartition des tâches, la sélection des cours, le recrutement des élèves sur la base de toute une gamme de dissertations soumises par les candidats. Leur choix ne tenait pas seulement compte du niveau scolaire mais aussi du caractère, de l'imagination et de la personnalité des nombreux bacheliers de tous les coins de l'Amérique qu'attirait cet enseignement. Il était dispensé gratuitement, et comportait, en plus des disciplines scientifiques et littéraires, l'initiation aux travaux de la ferme et du ranch. Le fondateur avait mis des conditions très strictes à l'utilisation de l'importante fortune dont les revenus assuraient le financement du *college* : pas de filles, jamais plus de trente garçons, une autogestion étudiante qui devait faire des *Deepspringers* des citoyens éclairés et responsables.

Tout nous a séduits, Christiane et moi, dans ce lieu très original : le paysage, tout proche de Death Valley, dans cette partie des Rocheuses où poussent des arbres millénaires, les cristaux de roche au bord des pistes, la tête de l'homme à tout faire, le plus ancien membre du personnel, typique *redneck* du Far West, les vaches laitières que les étudiants venaient traire à 5 heures du matin, le *ranch manager* qui pilotait un biplace blanc comme neige, la bibliothèque, où nous avons trouvé les quatorze volumes d'*A la recherche du temps perdu* dans la vieille édition Gallimard, que nous nous sommes relus, Christiane et moi, à haute voix de la première à la dernière phrase. Inépuisable moisson intellectuelle ! La raison pour laquelle j'avais accepté cette expérience, mon désir de rencontrer des Américains de la génération montante, Deep Springs le comblait autant qu'il pouvait l'être. Car les collégiens étaient parfaitement américains, et au meilleur sens du terme. Sans aucune culture historique, sans le moindre souci de discipline vestimentaire, mais brillants dans l'exposé, naturels dans le comportement, avides de lectures, démocrates dans la gestion, solidaires entre eux, critiques de leurs maîtres, bons ou mauvais cuisiniers mais toujours prêts à manger ce qui leur était préparé, musiciens et acrobates, touchants de candeur.

Se sachant privilégiés, membres d'une élite responsable – les meilleures universités accueillaient avec faveur les *Deepspringers*, connus pour leur vitalité intellectuelle –, ils cherchaient à comprendre les vrais défis auxquels la société américaine avait à faire face. Dans nos entretiens, dans la correction de leurs dissertations, dans l'examen critique de leurs séances de *public speaking*, discipline particulièrement prisée, j'essayais de les amener à ne pas distinguer ces défis de ceux de la communauté internationale. En 1988, les Nations unies préparaient la conférence de Rio, le sommet de la Terre, qui allait proposer un programme d'action mondial alliant le souci de la protection de l'environnement à celui du développement des ressources naturelles et de leur meilleure répartition entre les populations de la planète. Avec l'effacement de l'Union soviétique déjà entamé, la responsabilité des États-Unis acquérait une dimension nouvelle, essentielle. Elle ne pourrait s'exercer qu'en fortifiant les moyens d'action des Nations unies, en y retrouvant et y exerçant le rôle de *leader* qui ne pouvait incomber qu'à eux.

Sur les vingt-quatre collégiens présents en 1988, douze avaient choisi de suivre mon cours, au sujet duquel ils auraient à écrire leurs appréciations et à me donner une note. Mais ils n'avaient pas que cela à faire : leurs tâches au ranch leur étaient attribuées par le *labour manager*, qui les déléguait à l'élevage, à l'irrigation, à la ferme, à la traite des deux vaches laitières, à la cuisine, à la maintenance ou encore, faveur spéciale, à la bibliothèque. Ils n'en étaient pas moins assidus à nos entretiens, auxquels ils assistaient pieds nus sur la table, accompagnés de leur chien, mais oreilles grandes ouvertes et prêts à débattre lorsque mon exposé n'était pas convaincant.

Oui, ils comprenaient que les États-Unis avaient un rôle mondial à jouer, mais ils se méfiaient des institutions internationales et des cent cinquante gouvernements qui y siégeaient. Le souvenir de la guerre du Vietnam pesait lourd. Plutôt que de se mêler des affaires des autres et d'intervenir dans leurs conflits, ne suffisait-il pas de donner l'exemple d'une société libre et juste, que tous n'avaient qu'à suivre ? Cependant, il n'était pas difficile de les sensibiliser aux drames de cette fin de siècle, aux défis que représentent les millions d'enfants dans le monde exposés à la misère, à la violence, au gaspillage des ressources naturelles, à la dégradation de l'environnement.

Dans ce mélange de méfiance à l'égard des discours et des structures et d'ouverture à des responsabilités nouvelles, je reconnaissais ce qui m'était depuis longtemps apparu comme la force de l'Amérique. Même aux moments les plus sombres de l'histoire de cette grande nation, je n'ai jamais douté de sa capacité à rebondir, à corriger ses erreurs, à partir d'un nouveau pied. C'est ce que j'attends d'elle aujourd'hui.

Si chaleureuse fut pour nous l'expérience de l'été 1988 que nous l'avons réitérée deux ans plus tard, cette fois pour sept semaines d'hiver. Les réservoirs autour du ranch étaient gelés. Un oiseau qui s'était laissé prendre par la glace attendait patiemment que le soleil lui permette de dégager ses pattes. Des colliers étincelants de givre ornaient les buissons alentour. Le président n'était plus le même, mais nous retrouvions avec émotion le *ranch manager* et la famille du fermier, Dave et Jane et leur petit Karl, avec lesquels nous correspondons toujours.

Cette fois, parmi les membres de la faculté, il y avait deux maîtres venus d'Oxford, Jeff, l'Australien, et sa femme, Elizabeth, d'ascendance hongroise. Ils enseignaient la philosophie politique. Je venais à leurs cours, eux au mien. J'y fis connaissance avec les thèses de Rawls, dont en France je n'avais pas entendu parler. J'avais trop vite compté pour rien la réflexion politique américaine, que je pensais confinée dans l'affirmation d'un libéralisme sans morale. Rawls me parut remettre les États-Unis à l'avant-garde de la pensée démocratique. Le professeur de littérature faisait lire Toni Morrison à ses élèves. Encore une grande découverte inattendue.

Alors, les États-Unis peuvent-ils assumer sans risques le *leadership* de la planète ? Certainement pas. L'occasion s'est peut-être présentée lorsque John Fitzgerald Kennedy a gravi en athlète les marches de la Maison-Blanche, en novembre 1960. Sa campagne avait été menée avec un sens aigu de tout ce qui peut enflammer l'imagination de notre génération. J'étais engagé ce mois-là dans le militantisme en faveur de l'indépendance algérienne au Club Jean-Moulin et nous reprochions au général de Gaulle de traîner les pieds. Avec un président plus jeune, un Kennedy, la France se serait défaite depuis longtemps de ce boulet. Et puis, en avril, ce fut le débarquement raté dans la baie des Cochons. Non, ce Kennedy n'était pas meilleur que les autres. Jugements trop rapides, injustes dans les deux sens. Cela ne m'a d'ailleurs pas empêché de pleurer le 22 novembre 1963 : je bouclais un tour du monde à la demande de mon ami René Maheu, directeur général de l'UNESCO, revenant de Santiago du Chili. Un déjeuner dans l'immense boîte à cigares en verre au bord de l'East River, à Manhattan, réunissait les « experts » chargés de cette mission avec d'anciens collègues des Nations unies. Tout à coup, une rumeur circula de table en table. Dallas. Un tireur. Le vice-président serait touché. Le président serait mort. Stupeur. Confirmation. Consternation. Je vois encore les larmes sur les joues des jeunes liftières. « L'année avait perdu son printemps », c'est la citation de Périclès qui me vint à la mémoire.

Le lendemain, mon collègue américain m'emmenait à Princeton, où j'ai assisté avec lui dans le temple protestant de la ville à un service très émouvant à la mémoire de ce jeune mort catholique.

Comme nous avons dénigré son successeur, Lyndon Johnson, qui s'enfonçait dans l'aventure sans issue du Vietnam ! Et pourtant c'est lui qui a su, avec une habileté remarquable, désamorcer la bombe de l'attentat contre Martin Luther King en avril 1968 et gérer mieux qu'en France l'explosion de la « contre-culture » dans toutes les universités américaines.

Mon deuxième long séjour à New York se situe peu après, entre 1970 et 1972. Accaparé par mon travail aux Nations unies, fréquemment expédié aux quatre coins du monde, mon regard sur l'Amérique est plus superficiel et plus critique à la fois. Ni la suspension de la convertibilité du dollar ni la *Realpolitik* de Kissinger ne me semblent de nature à rehausser le prestige de Nixon, certainement le moins séduisant des présidents des États-Unis. A Santiago du Chili, où je me trouve en qualité d'administrateur adjoint du Programme des Nations unies pour le développement (PNUD), que gouverne avec panache le président Allende, nous sentons que les intrigues nord-américaines minent déjà l'expérience socialiste.

Décidément, Washington est presque aussi détestable que Moscou, où s'amorce un rapprochement avec l'Ouest favorisé par l'*Ostpolitik* de Willy Brandt. Et, comme chaque fois que je doute de l'Amérique, je me reprends à compter sur l'Europe pour devenir porteuse de nos espérances, l'Europe qui accueille enfin l'Angleterre, cette fière nation inscrite une fois pour toutes depuis la guerre au fond de mon cœur.

Mais quinze ans plus tard à Deep Springs, comme vingt ans plus tôt à New York, lorsque Truman limoge MacArthur, je retrouve la confiance née justement de cette extraordinaire faculté de l'Amérique de changer de cap lorsque c'est nécessaire. Peut-être le tournant du siècle libérera-t-il les États-Unis des survivances de ses atavismes de violence qui remontent à la conquête sans scrupules de leur territoire sur ceux qu'ils en ont chassés. Je me souviens de ma conversation avec la charmante jeune femme de notre *ranch manager* à Deep Springs pendant la campagne présidentielle qui opposait Mondale à George Bush. « Lequel des deux, me demanda-t-elle avec inquiétude, risque de nous interdire le port d'armes ? » Pour elle, c'était le critère décisif. Mes élèves, eux, voyaient l'avenir autrement. C'est sur leur génération que je compte.

XII

Les Nations unies

1995 : cinquantième anniversaire des Nations unies. Le rapport auquel j'ai contribué sur cette institution dans le deuxième demi-siècle de son existence est sur la table des délégués à l'Assemblée générale. Ils n'y jettent qu'un regard distrait, tout comme au long rapport sur la « gouvernance globale » auquel a contribué, entre autres, Jacques Delors. L'heure de la réforme n'a pas sonné. L'Organisation est au bord de la faillite. Ses dernières interventions en faveur de la paix ont été des échecs ou, plus exactement, ont été présentées comme des échecs par les médias : Somalie, Rwanda et surtout Bosnie. La honte de Srebrenica ! Où sont les reportages sur l'action courageuse et dévouée des Casques bleus dans toutes les provinces de l'ancienne Yougoslavie, en Angola et au Mozambique, des agents du Haut-Commissariat pour les réfugiés en faveur des quinze millions de transfuges dans tous les coins du monde ? Qui vante le succès du Fonds des Nations unies pour l'enfance, du Programme alimentaire mondial, du Fonds international de développement agricole, sans lesquels des millions d'êtres humains auraient péri ? Dans les deux grands textes que Boutros-Ghali a soumis aux États membres – l'*Agenda pour la paix* et l'*Agenda pour le développement* –, tout est dit sur ce que les nations devraient faire pour conjurer la violence et l'injustice. Mais les nations ne le font pas. Elles n'ont pas confiance.

Ces nations ne sont plus les mêmes, depuis longtemps, que celles qui avaient rédigé et ratifié la charte de San Francisco en juillet 1945. Elle était toute fraîche encore lorsque j'ai pris mon premier poste au secrétariat, en février 1946. Nous étions à New York en transit pour Tchoung-king, juste le temps d'embrasser les Mirkine. Mon beau-père me présenta à Henri Laugier, secrétaire général adjoint aux Nations unies. Celui-ci était en train de constituer son équipe et obtint du ministère ma mise à sa disposition. Je fus remplacé à l'ambassade de France en Chine par Jean de Lipkowski.

J'ai donc connu l'Organisation mondiale à ses débuts. Elle s'est emparée de moi et ne m'a plus lâché, ne me lâchera pas jusqu'à ma mort. Pourquoi ? Sans doute correspondait-elle exactement à l'image que je me faisais, au sortir de la guerre, de l'engagement qui devait être le mien : participer à la construction d'un monde dont seraient exclus les bombes atomiques et les camps de concentration, l'impérialisme et la violation des droits de l'homme, dans le lieu le plus stratégique et le plus central. Ambition toute simple, toute candide, qu'à vingt-huit ans on ne s'étonnera pas de rencontrer chez un survivant. Ma chance insigne est d'avoir choisi le bon moment pour y faire mes débuts et d'y avoir trouvé le meilleur patron possible.

En 1946, les Nations unies n'étaient encore que cinquante. Leur organisation ne comportait qu'une Assemblée générale, trois conseils, une Cour internationale de justice et un secrétaire général. Tout cela tenait dans une usine souterraine, pas tellement différente de celle où, un an plus tôt, à Rottleberode, dans le Harz, mes codétenus et moi construisions des trains d'atterrissage pour Junker 52. Au Sperry Plant, à Lake Success, sur Long Island, à trente kilomètres de Manhattan, on fabriquait pendant la guerre des instruments de navigation aérienne.

Le premier secrétaire général des Nations unies, ancien ministre norvégien des Affaires étrangères, Trygve Lie, n'inspirait pas beaucoup d'admiration à Henri Laugier, de loin le plus cultivé et le plus dynamique des huit secrétaires généraux adjoints qui constituaient l'état-major de la nouvelle institution. La décision de situer le siège de l'Organisation à New York était d'une importance capitale. On se souvenait de Wilson et du refus que le Congrès avait opposé à l'entrée des États-Unis dans la Société des Nations. On connaissait les puissantes tentations de l'isolationnisme. Mais, du même coup, l'ONU allait subir les méfaits des mœurs administratives américaines : organigrammes et prolifération bureaucratique. Notre sympathique Sperry Plant ne suffirait pas à contenir ces directeurs généraux, directeurs, sous-directeurs, conseillers, assistants et secrétaires. La famille Rockefeller ayant fait don d'un terrain au cœur de Manhattan, on y édifia un beau parallélépipède de verre, de marbre et de métal qui est devenu le monument le plus visité de New York, mais qui ne fut achevé qu'en 1952. Ni Laugier, dont le mandat s'acheva en 1951, ni moi-même, qui étais rentré à Paris quelques mois avant lui, n'y avons eu nos bureaux.

Impossible d'évoquer, cinquante ans plus tard, cette aurore de l'ONU sans penser à ceux qui en assuraient le fonctionnement, et, parmi eux, aux vrais artisans de son insertion dans la vie internationale, ceux qui la voulaient moins fragile que la Société des Nations, plus capable de défendre non seulement la paix, mais aussi la justice, le droit, le bien-être des peuples, leur liberté.

Laugier était de ceux-là. Il y couronnait une carrière d'internationaliste et de démocrate. La défense de ses convictions et de ses valeurs n'était obérée, dans ce nouveau contexte, par aucune ambition personnelle. Avoir été son directeur de cabinet est pour moi une chance dont je mesure aujourd'hui plus encore qu'à l'époque l'importance. Apprendre à m'orienter dans une administration naissante auprès d'un esprit aussi libre et aussi combatif ne pouvait que me faire adhérer, une fois pour toutes, aux objectifs qu'il me demandait de poursuivre.

C'est sûrement à lui que je dois de m'être identifié à la fonction internationale, puis à la diplomatie multilatérale, sans regretter les limites qu'elle impose dans l'administration française à une carrière au Quai d'Orsay.

Bien des souvenirs de ces cinq premières années de l'après-guerre passées sur le bord de l'Hudson viennent sous ma plume : notre appartement au-dessus de Central Park ; les premiers sourires de ma fille Anne, conçue lors de notre traversée de l'Atlantique, née à l'hôpital français de New York ; les allées et venues en *car pool*[1] avec des collègues entre Manhattan et Lake Success par les ponts monumentaux qui relient New York à Long Island ; la vie intellectuelle intense de ce qui était alors le seul vrai centre du monde et où affluaient les amis parisiens que nous emmenions danser avec les Noirs à Harlem ou trinquer avec les Italiens à Greenwich Village.

Mais je veux en rester à l'Organisation des Nations unies. Son travail était facilité par le nombre restreint des États adhérents. Le Conseil de sécurité comportait onze membres[2], dont les cinq permanents, et était servi par un secrétariat dirigé par un Soviétique. Le Conseil de tutelle n'avait à s'occuper que des quelques mandats hérités de la Société des Nations et devenus « territoires sous tutelle », qui allaient accéder en moins de quinze ans à l'indépendance. C'est un Chinois qui en dirigeait le secrétariat. Le Conseil économique et social était composé de dix-huit membres[3] et disposait de deux départements : celui de Laugier, chargé des questions sociales et des droits de l'homme, et celui du Britannique David Owen, chargé des questions économiques. Il y avait un département de l'information, confié à un Argentin, un département des conférences et des services généraux et un département de l'administration et des finances, ayant tous les deux à leur tête un Américain.

Tout cela ne faisait que quelques centaines de personnes qui se connaissaient et s'appréciaient diversement. Leur travail consistait à préparer les réunions entre représentants des États membres, avec un mélange de modestie – ce n'est pas nous qui décidions, mais eux – et d'assurance – notre expertise était bien supérieure à la leur. C'est de nous que devait venir l'imagination, la proposition novatrice. Eux préservaient prudemment leurs intérêts nationaux. Ainsi, lentement, on progressait vers des engagements qui rendaient plus étroite la coopération internationale, plus claire la voie sur laquelle les gouvernements avanceraient vers davantage de sécurité et de

1. Nous partagions pour ce long trajet des voitures particulières
2. Ils sont quinze aujourd'hui.
3. Ils sont cinquante-quatre aujourd'hui.

bien-être pour les peuples. Car les membres de l'Organisation étaient des gouvernements, mais la charte se réclamait des peuples et les fonctionnaires internationaux s'en sentaient dépositaires comme s'ils avaient à défendre les peuples contre les États.

Cette optique était particulièrement celle de mes camarades du département des questions sociales qui travaillaient dans le domaine des droits de l'homme. Nous nous situions à la charnière de deux articles de la charte qu'il s'agissait de concilier : celui qui exigeait la protection et la promotion des droits de l'homme et des libertés fondamentales sans discrimination d'aucune sorte et celui qui posait comme principe la souveraineté des États et qui interdisait à l'Organisation d'intervenir dans des affaires relevant essentiellement de leur compétence nationale. Si nous parvenions à faire adopter par l'Assemblée générale des textes juridiquement contraignants par lesquels ils s'obligeraient à respecter certains droits, nous créerions une brèche suffisante dans le mur de leur souveraineté pour affermir partout la démocratie, bannir le totalitarisme, protéger les libertés publiques et répartir équitablement les ressources entre toutes les catégories de population. Rien de moins, que diable, sinon à quoi servions-nous ?

Notre candeur n'allait pas jusqu'à croire que ce résultat serait atteint. Mais nous tâchions de tirer le meilleur effet possible de la leçon des horreurs récentes. A la source de ces horreurs il y avait eu la trop facile acceptation par les nations démocratiques des violations brutales des droits de l'homme par les puissances de l'Axe.

Les rédacteurs de la charte de San Francisco, sous le coup de l'émotion, avaient pris le risque d'y inscrire la mission pour l'Organisation de rédiger une charte des droits de l'homme et en avaient chargé une commission faisant rapport au Conseil économique et social, la Commission des droits de l'homme. Je sentais bien qu'il s'agissait là de la plus importante innovation qui différenciait les Nations unies de la Société des Nations, comme de toutes les formes antérieures de coopération internationale. Je sentais aussi qu'il fallait faire vite, profiter de ce qu'il y avait d'hypocrite dans l'adhésion proclamée par les vainqueurs à ces valeurs que tous n'avaient peut-être pas l'intention de promouvoir loyalement.

Parmi ces vainqueurs, il y avait l'URSS. Était-ce absurde de débattre avec ses représentants de ces textes ? Sans connaître encore le Goulag, nous n'avions guère de doutes sur la brutalité et la cruauté des institutions soviétiques, ni sur le sens à donner au terme « démocratie populaire » qu'utilisaient les régimes à sa dévotion. Mais nous ne parlions pas encore de totalitarisme. Dans nos conversations avec des Russes, des Polonais, des Roumains – il y en avait de particulièrement cultivés et diserts –, nous nous laissions convaincre qu'avec la reconstitution de leurs économies dévastées par la guerre, avec l'accélération des échanges de biens, de personnes et d'idées, nous assisterions à une double fécondation : celle de l'Est par l'aspiration de ses populations au respect des droits civiques et politiques ; celle de l'Ouest par la place à donner aux droits économiques et sociaux. Coupable naïveté ? Sans doute, à ne considérer que la deuxième moitié du XXe siècle. Peut-être pas, si le regard se porte quelques décennies en avant.

J'eus pour privilège de participer à la rédaction du premier volet de cette charte des droits de l'homme qui devait comporter une déclaration, un pacte (il en a fallu deux) et des mesures de mise en œuvre (elles sont encore bien imparfaites). La Commission des droits de l'homme comptait douze membres [1]. Elle était présidée par la veuve de Franklin Roosevelt et la France y était représentée par René Cassin. Laugier avait confié la direction des droits de l'homme à un juriste canadien, particulièrement sympathique, grand blessé de la guerre où il avait perdu un bras, John Humphrey. Les sessions de la commission se tenaient tantôt à New York, tantôt à Genève, où les Nations unies avaient récupéré le palais construit pour la SDN en 1936 dans le style mussolinien. Les textes proposés par la commission étaient ensuite passés au crible par le Conseil économique et social, où la France était représentée par Pierre Mendès France. Puis ils étaient examinés par la troisième commission de l'Assemblée générale, où siégeaient les cinquante et un États membres et dont j'assurais le secrétariat. Il n'était pas facile de mettre d'accord les Européens, les Asiatiques, les Latino-

1. Elle en compte cinquante-trois aujourd'hui.

Américains, même en l'absence des Africains, du Japon, de l'Allemagne, de l'Italie et de tant d'autres qui ne siégeaient pas encore dans ces instances. L'Assemblée générale réunit aujourd'hui cent quatre-vingt-neuf délégations. Le plus surprenant n'est pas que la Déclaration ait pu, sur la proposition de René Cassin, être appelée universelle mais qu'elle ait été reconnue sinon comme contraignante, du moins comme norme mondiale par tous les États qui, au long des cinq décennies qui ont suivi son adoption, sont devenus membres de l'Organisation.

Le 10 décembre 1948, la Déclaration universelle des droits de l'homme fut adoptée. Ce fut dans les salles hâtivement aménagées du palais de Chaillot, où la France accueillait la troisième session de l'Assemblée générale. Nous, les membres du secrétariat, occupions les sièges du fond. Quand le président ouvrit le vote, nous eûmes un serrement de cœur. L'URSS voterait-elle contre ? S'abstiendrait-elle ? Que ferait l'Arabie Saoudite ? Le président annonça 43 pour, 0 contre, 8 abstentions. Peut-être un des instants les plus émouvants de ma vie. Certainement un des derniers moments consensuels de la communauté internationale. Déjà Staline prenait ses distances et Vichinsky se servait de la tribune des Nations unies pour vitupérer l'Occident. Churchill avait créé l'expression « rideau de fer » l'année précédente. Le plan Marshall divisait l'Europe en deux blocs et si cette division n'a duré que quarante ans, ses effets ne seront sans doute surmontés qu'au siècle prochain.

J'étais encore à New York lorsque éclata la guerre de Corée, qui aurait bien pu mettre un terme à une Organisation encore trop neuve pour ne pas être fragile. Elle a tenu bon… et l'URSS, qui s'en était retirée en 1950, y est revenue deux ans plus tard.

En quittant les Nations unies pour reprendre un poste au ministère des Affaires étrangères, j'avais perdu une bonne partie de mes illusions. Peut-être l'afflux de nouveaux collègues dans la fonction publique internationale, dont bon nombre y cherchaient un poste bien rémunéré plutôt qu'une arène pour un combat démocratique, avait-il isolé ceux qui m'y étaient les plus chers, les survivants de la lutte, les marginaux en quête d'idéal.

Mais telle qu'elle était, avec ses faiblesses et ses ambiguïtés, je la jugeais indispensable et, après avoir tenté vainement de prendre du recul et de tirer un ouvrage d'anthropologie politique[1] de mes expériences new-yorkaises, je fus heureux d'y revenir avec un autre statut.

Le ministère m'affecta à la direction qui assurait la représentation de la France aux différentes institutions internationales, particulièrement aux Nations unies. A ce poste, j'avais en charge les mêmes dossiers que ceux que j'avais traités à Lake Success : les droits de l'homme et les questions sociales.

J'évoluais toujours entre Paris, New York et Genève au gré des conférences, où cette fois je représentais la France, et mon regard sur l'œuvre des Nations unies était plus critique. Le Conseil de sécurité, bloqué par la règle de l'unanimité des cinq membres permanents, n'intervenait plus dans les affaires les plus sérieuses que les grandes puissances traitaient en dehors de lui, sous forme de pactes antagonistes assurant cet « équilibre de la terreur » qui a sans doute sauvegardé la paix mais au détriment d'un vrai progrès de la sécurité collective. Leur rivalité les amenait à soutenir, chacun à sa manière, les revendications des pays moins industrialisés. Sous l'effet de la décolonisation vigoureusement appuyée tant par l'URSS que par les États-Unis, ces pays allaient progressivement constituer le groupe d'États le plus actif dans toutes les enceintes de l'Organisation.

Un homme a tenté de rendre aux Nations unies l'autorité et les responsabilités qui en feraient les garants de plus de sécurité et de justice dans le monde : Dag Hammarskjöld. Cet économiste suédois, connu de ses collègues de l'Organisation européenne de coopération économique pour son sérieux, avait impressionné l'ambassadeur de France auprès des Nations unies, Henri Hoppenot. Celui-ci partageait son goût pour les lettres et les arts, admirait sa culture et le proposa à ses collègues pour succéder à Trygve Lie, dont les Américains et les Russes voulaient se débarrasser sans

1. J'avais passé six mois dans une maison de campagne, à Nemours, à rédiger ce texte intitulé *La Société du vouloir-faire*, resté inachevé.

choisir pour ce poste une personnalité politique trop encombrante.

C'était en 1953 et le monde était en période d'instabilité. Staline mort, on ne savait pas encore bien comment serait gérée sa succession. La France était enlisée en Indochine et les États-Unis tentaient non sans mal d'entraver l'URSS par des pactes de défense collective. Au Proche-Orient, Néguib avait proclamé la république et Mossadegh avait rompu les relations diplomatiques avec la Grande-Bretagne. A Berlin-Est, une grève générale donnait lieu à des manifestations violentes.

Dag Hammarskjöld va très vite prendre une autorité inattendue. Il fait du secrétaire général des Nations unies un médiateur et un arbitre. Dans son propre entourage, les plus fervents de mes collègues du temps de Lake Success, Philippe de Seynes, Brian Urqhart, Ralph Bunche ont trouvé le patron qui suscite chez eux adhésion et admiration. Il va rester huit ans à son poste et gérer la transition d'une organisation modeste et un peu marginalisée vers un système d'institutions interdépendantes et de plus en plus indispensables à la marche des affaires du monde.

De Paris, où j'apporte tout l'appui que je peux aux réformes dont il prend l'initiative, c'est un nouvel enthousiasme que j'éprouve, même si mes tâches sont encore limitées à des domaines restreints, tels que le développement des institutions sociales et humanitaires dont les sièges sont à Genève.

Et lorsque Pierre Mendès France est porté à la présidence du Conseil et qu'il m'appelle auprès de lui, je vais être chargé de préparer son intervention en novembre 1954 à l'Assemblée générale des Nations unies. Je n'ai pas de peine à le convaincre d'introduire dans son discours un vif éloge du secrétaire général et une formule dont je sais qu'elle ira au cœur de mes anciens collègues : « ce noyau précieux et fragile d'un monde uni que représente le secrétariat international, groupe vaillant d'hommes et de femmes plus sensible que tout autre groupe aux progrès et aux accidents dans les relations entre les nations, aux succès et aux échecs de la coopération internationale ».

Mendès écarté du pouvoir, j'allais quitter pour un temps la France et les contacts directs avec les Nations unies. A Saigon, à la Direction générale des relations culturelles, à Alger, au ministère de l'Éducation nationale, je perdrais de vue ce que je continuais à considérer, de loin, comme l'organisation la plus précieuse de notre temps.

Aussi ce fut une belle surprise pour moi lorsque, en 1969, au terme de cinq années passées à l'ambassade de France à Alger, le ministre des Affaires étrangères de Georges Pompidou me proposa le poste de directeur des Nations unies et des organisations internationales, direction à laquelle j'avais appartenu de 1951 à 1954.

Les Nations unies n'avaient plus rien à voir avec l'organisation que j'avais servie au cours des dix premières années de l'après-guerre, très occidentale, dominée par les États-Unis et où l'Est et le Sud jouaient un rôle marginal. En 1969, l'URSS y menait une lutte constante pour élargir son influence sur les nations « émergentes », c'est-à-dire issues de la décolonisation, arrivée alors presque à son terme. La Chine de Mao frappait à la porte de l'Organisation, où son peuple était encore représenté par les gouvernants de Formose. Les États-Unis subissaient de plein fouet l'opprobre d'une guerre de plus en plus cruelle et absurde dans la péninsule Indochinoise.

Ce que les Nations unies avaient à gérer n'était plus la sécurité collective ou le désarmement qui alimentaient des débats furieusement répétitifs dans des instances sans pouvoir de décision. C'était aux relations Nord-Sud que l'Organisation, dans toutes les mailles de son vaste réseau, consacrait l'essentiel de ses efforts.

Le secrétaire général des Nations unies, U Thant, était un sage birman qui avait injustement perdu une part de sa crédibilité lors du déclenchement de la guerre des Six Jours. Cas typique d'un malentendu sur les rôles respectifs des États membres et de leur Organisation. Celle-ci, il faut le répéter inlassablement, n'est rien de plus que la volonté de ses membres assumant ou non les engagements qu'ils ont pris. On fit reproche au secrétaire général d'avoir accepté trop facilement le retrait des Casques bleus de Charm-el-Cheikh, permettant ainsi à l'armée égyptienne de lancer son attaque sans rencontrer de résistance. Mais comment U Thant aurait-il pu s'opposer à la demande de Nasser de retirer de son territoire les Casques bleus qui n'y stationnaient que sur son initiative ? Aujourd'hui encore, de beaux esprits font porter à l'Organisation la responsabilité d'une situation vis-à-vis de laquelle elle ne disposait d'aucun mandat.

Non, les Nations unies de la fin des années soixante et des années soixante-dix n'étaient plus garantes de la sécurité collective, même si, en de nombreuses occasions, leurs assemblées et leurs conseils permettaient aux dirigeants des grandes puissances de se rencontrer et de dénouer, entre eux, des crises aiguës comme celle des missiles russes à Cuba.

Le mot qui avait envahi tout l'édifice et lui donnait sa nouvelle signification était « développement ». Il était pratiquement absent de la charte de San Francisco mais avait fait son apparition à la suite du discours du président Truman, en juin 1949, par lequel, faisant l'énumération des objectifs politiques des États-Unis, il mentionnait au point IV l'aide aux pays sous-développés. Il a bien fallu une quarantaine d'années à la communauté internationale pour comprendre la complexité de ces cheminements et substituer aux schémas des années cinquante une conception beaucoup plus sophistiquée des relations entre pays riches et pays pauvres.

Truman avait proposé aux Nations unies d'être les artisans d'un vaste programme d'assistance technique et financière, à côté des efforts bilatéraux que ferait son pays. Trygve Lie en avait confié la charge à un jeune Vénézuélien, Manuel Perez-Guerrero, dont j'avais apprécié, dès mon premier poste à Lake Success, l'intelligence et le dynamisme. Henri Laugier, David Owen, lui et moi évoquions le rôle que pourraient jouer, en combinant étroitement leurs ressources, les départements du secrétariat et les institutions spécialisées dont il fallait combattre les tendances centrifuges. Car les États membres avaient fait l'erreur de n'inscrire dans les actes constitutifs des nouvelles organisations mondiales qui gravitaient autour des Nations unies aucune prescription les obligeant à accepter l'autorité décisive des organes centraux du système, du Conseil économique et social et du secrétaire général.

Nous pressentions dès 1950 les dérives que, vingt ans plus tard, dans une étude cinglante sur les capacités du système des Nations unies en matière de développement, Sir Robert Jackson allait dénoncer. Mais nous nous sentions capables de convaincre les institutions internationales [1] de conjuguer leurs efforts dans le cadre d'une grande politique commune de développement.

Nous la considérions comme le complément nécessaire de l'action en faveur des droits de l'homme, notre première priorité. Il était aussi urgent de sortir les peuples de la misère que de leur assurer leurs libertés civiques.

Ingénuité des discussions de ces années si lointaines ! Est-ce un leurre de la mémoire qui me les fait paraître plus riches d'espoir que toutes celles auxquelles j'ai pris part depuis ? Et pourtant, il suffit que les hasards de la vie remettent sur mon chemin les camarades de ce lointain passé, les quelques survivants des débuts de l'Organisation, pour que notre imaginaire bondisse à nouveau vers tout ce qui reste à faire pour ne pas décevoir nos attentes.

De mon nouveau poste au ministère, j'avais à suivre les débats du Conseil de sécurité, à veiller à ce que nos représentants à New York sachent exactement ce que le ministre souhaitait qu'ils disent. Il n'y avait pas encore de fax, ni de *e-mail*. Le décalage horaire entre Paris et New York nous obligeait à une vigilance diurne et nocturne. On se prend vite à ce genre de jeu : plus elles sont contraignantes, plus on s'imagine que les missions sont importantes. En réalité, les vrais problèmes politiques se traitaient à l'époque en dehors des Nations unies : le Vietnam, le Moyen-Orient, les deux Allemagnes.

Mais quant aux problèmes économiques – et le plus grave d'entre eux, l'écart croissant entre les niveaux de vie du Nord et du Sud –, j'avais la conviction que les Nations unies avaient un rôle crucial à jouer dans leur solution. Mon expérience, acquise en Algérie, des limites de l'aide bilatérale me faisait croire qu'en investissant le champ multilatéral des résultats plus satisfaisants pourraient être obtenus.

Je fus donc sensible à la proposition de Paul Hoffmann de venir

1. En 1950, les institutions spécialisées ayant des attributions dans ce domaine étaient l'UNESCO (Paris), la FAO (Rome), le BIT, l'OMS, l'OMM, l'UIT (Genève), l'OACI (Montréal), l'OMCI (Londres), l'UPU (Berne).

le rejoindre à l'automne 1970, comme administrateur adjoint du Programme des Nations unies pour le développement. Cette institution existait depuis dix ans.

Dans les années cinquante, le Conseil économique et social avait ébauché le projet d'un Fonds spécial des Nations unies pour le développement économique, dont les initiales anglaises, SUNFED, dans leur traduction littérale, faisaient penser, d'après Georges Boris, à un « déjeuner de soleil » et qui en eut la précarité. Il aurait complété par des dons le travail de prêts remboursables qui incombait à la Banque mondiale. On se borna à doter un fonds beaucoup plus modeste de quelques dizaines de millions de dollars consacrés à l'assistance technique et au pré-investissement.

Sous la conduite de Paul Hoffmann, qui avait administré dix ans plus tôt le plan Marshall, ce fonds devint le Programme des Nations unies pour le développement et accrut d'année en année ses ressources et son emprise sur les institutions spécialisées dont il finançait largement les actions de terrain.

Son principal collaborateur était Paul Marc Henry, un de mes plus proches collègues et amis. Il avait acquis une compétence unanimement reconnue dans la mise en place et la gestion des projets du PNUD, parcourant infatigablement l'Afrique, l'Amérique latine et l'Asie. La crise déclenchée au PNUD par les attaques sévères de Sir Robert Jackson obligea Paul Hoffmann à renouveler son équipe et Paul Marc, qui n'était pas d'accord avec la nouvelle orientation, démissionna. Il lui conseilla de s'adresser à moi pour le remplacer.

A l'attrait toujours aussi vif à mes yeux de la fonction publique internationale s'ajoutaient les effets d'une crise aiguë dans ma vie privée qui m'incitait à mettre pour quelque temps une distance entre Vitia et moi. A la stupéfaction de mes collègues du ministère, je demandai donc à quitter un des plus beaux postes du Quai pour un nouveau détachement auprès du secrétaire général des Nations unies.

En 1951 j'avais abandonné l'ONU pour le Quai, en 1969 je faisais le parcours inverse. Paul Marc Henry me proposa de reprendre le Penthouse, au-dessus du Dag Hammarskjöld Plaza, avec vue sur le bâtiment des Nations unies et l'East River, qu'il avait occupé pendant dix ans.

L'équipe dont Paul Marc avait été le gourou m'accueillit sans grand enthousiasme, comme celui qui avait accepté des réformes qui ne plaisaient en réalité ni à Paul Hoffmann, ni à son principal collaborateur, Myer Cohen.

Elles attribuaient une responsabilité beaucoup plus étendue aux gouvernements des pays bénéficiaires des crédits du PNUD, faisaient des représentants résidents les conseillers en développement de ces gouvernements et du siège une instance de réflexion et de répartition des fonds entre les pays, mais non plus de contrôle de la mise en œuvre des projets de développement sur le terrain. C'était tenir compte du désir naturel des partenaires du programme de prendre en main la responsabilité de leur développement, de désigner parmi leurs nationaux les maîtres d'œuvre des projets et de savoir de quels crédits ils pourraient disposer sur une période de plusieurs années. Mais si les gouvernements de bon nombre de pays d'Asie et d'Amérique latine méritaient cette confiance, beaucoup d'autres en étaient encore loin. D'où des gaspillages et des fraudes qui irritaient mes collègues.

J'eus la chance d'avoir des collaborateurs particulièrement compétents et dynamiques, en tout premier lieu Roger Genoud, qui s'entendait bien avec Myer Cohen et était porteur de ce mélange d'ironie, de poésie et d'absolue conviction de l'importance de la tâche à accomplir qui me le rendait cher. Citoyen de Genève, il avait milité au parti du travail et connaissait à fond la pensée de Marx, qu'il s'efforçait de combiner avec l'enseignement de Sartre. Tout jeune, il avait fait partie de l'équipe de Kwame Nkrumah, puis de celle d'Habib Bourguiba, et nous nous étions rencontrés l'année précédente à Alger, où il était devenu l'adjoint du Danois Stig Anderson, représentant résident du PNUD. Sa jeune femme anglaise et lui ont eu une influence plus forte sur moi que je ne le supposais. Ils avaient une grande liberté de ton, le goût de l'aventure, un abandon à la convivialité qui leur venait de leur contact avec l'Afrique. J'ai hérité d'eux la fascination pour les qualités spécifiques des peuples de ce continent. Je n'ai plus cessé de voir en lui le conservatoire de certains des traits les plus précieux de notre espèce. Paul Hoffmann était pour nous un patron très respecté, très indépendant, très généreux. Mais il ne « sentait » pas la réforme que le conseil d'administration lui avait imposée. Un an après mon arrivée, il partit à la retraite et fut remplacé par un grand banquier américain, Rudolph Peterson. Celui-ci voulut démontrer sa compétence en niant celle de son prédécesseur et fit rapidement contre lui l'unanimité de notre équipe.

Nous étions cinq administrateurs adjoints, un pour chacune des quatre régions du monde et moi pour la politique et l'évaluation. Cherchant à donner le plus de pertinence possible aux activités de ce programme qui occupait une place centrale dans les efforts des Nations unies en faveur des peuples du tiers-monde, je pris l'initiative de convoquer un groupe de personnalités dont nous recueillerions les conseils, parmi lesquelles figurait Edgar Faure. Peterson assista à la première séance de ce groupe et, ne comprenant pas le français, écouta Edgar Faure par le truchement de l'interprète. Faisant le point, le lendemain, avec ses principaux collaborateurs, sur l'apport du groupe, il eut le mauvais goût de décrire l'intervention du membre français comme un incompréhensible tissu de banalités. Je ne pus m'empêcher de le remettre à sa place et de lui refuser le droit de parler sans l'avoir compris d'un homme dont la compétence et la culture étaient incomparablement supérieures à la sienne.

Il ne me restait qu'à donner ma démission d'un poste où j'avais beaucoup appris, beaucoup voyagé, rencontré des personnalités remarquables, mais qui m'avait éloigné déjà trop longtemps de ma femme et de mes enfants.

A cinquante-cinq ans, je me retrouve à Paris sans poste. Ce sont des situations que la plupart de mes collègues ont connues à un moment ou à un autre de leur carrière. Le ministère me considérait comme un spécialiste de la diplomatie multilatérale et eut la bonne grâce de me charger de quelques missions dans le cadre des Nations unies. Je pris la tête d'une délégation française à la Commission économique pour l'Asie et le Pacifique qui tenait sa vingt-troisième session à Tokyo. Ces commissions, au nombre de cinq, sont certainement parmi les outils les plus précieux de la coopération internationale. Siégeant une fois par an dans l'une ou l'autre des capitales de la région, elles comprennent tous les États membres qui y administrent des territoires [1].

Les secrétariats de ces commissions régionales ont un rôle important. Celui de la Commission économique pour l'Europe, basée à Genève, a permis pendant les périodes les plus dures de la guerre froide de maintenir des liens économiques et techniques entre pays communistes et pays capitalistes. Son premier secrétaire exécutif, Gunnar Myrdal, a formé notamment de jeunes économistes français comme Pierre Uri, qui sont devenus les meilleurs artisans de la construction communautaire européenne. La Commission économique pour l'Amérique latine a eu pour secrétaire exécutif un économiste argentin de renom, Raul Prebisch, initiateur des premières théories du développement structurel, qui a marqué l'économie des pays latino-américains dans les années soixante. Il est devenu en 1964 le premier secrétaire général de la Conférence des Nations unies sur le commerce et le développement.

Ils avaient tous été nos interlocuteurs au PNUD et figuraient pour moi dans la longue galerie des piliers de la coopération internationale, ma vraie famille.

A Tokyo, ce qui donnait son prix à notre session, c'est qu'y participait pour la première fois un ministre de la Chine communiste, entrée enfin à l'ONU l'année précédente, évinçant Formose du siège de membre permanent du Conseil de sécurité. L'empereur accorda une audience aux membres de la commission et je pus observer sur le visage du représentant de l'Union soviétique la jalousie à l'égard de son collègue chinois, à qui l'empereur réservait toutes ses amabilités.

Recruté en 1974 par Pierre Abelin, ministre de la Coopération, je ne retrouvai les Nations unies qu'en 1977, lorsque le président Valéry Giscard d'Estaing me nomma ambassadeur auprès des

1. La France est présente dans quatre d'entre elles : l'Europe, l'Afrique au titre de la Réunion, l'Amérique au titre des Antilles, l'Asie et le Pacifique au titre de la Nouvelle-Calédonie et de la Polynésie.

Nations unies à Genève. Ma carrière diplomatique avait commencé dans cette instance. Elle devait normalement s'y achever puisque, en 1977, j'étais à cinq ans de l'âge de la retraite et qu'il est d'usage de conserver un poste de cette nature jusqu'à ce terme.

Je consacrerai un autre chapitre à mes cinq ans à Genève, le poste le plus intéressant que j'aie jamais occupé. Mais, pour le moment, je voudrais aller rapidement jusqu'au terme de mes relations avec les Nations unies pour expliquer le regard que jette l'octogénaire sur cette organisation.

En 1981, l'ONU me semblait encore engluée dans la gestion décevante des relations Nord-Sud. La négociation globale réclamée par les « pays en développement » (ces mots avaient remplacé « en voie de développement » et antérieurement « sous-développés ») continuait à achopper sur la mauvaise volonté des États-Unis, de la Grande-Bretagne et du Japon. La troisième « décennie du développement » ne semblait pas plus prometteuse que les deux précédentes et si l'élection de François Mitterrand permettait de compter sur la France pour proclamer sa foi dans la coopération avec le tiers-monde, celle de Reagan sonnait le glas de la politique du président Carter, plus à l'écoute du Sud. Kurt Waldheim avait cédé la place à Perez de Cuellar, mais le Conseil de sécurité restait absent des vraies concertations sur le désarmement, comme des négociations israélo-palestiniennes.

Pour ma part, je n'envisageais toujours aucune autre solution pour sortir le monde de ses injustices et de ses violences qu'un renforcement de l'Organisation, un accroissement de son autorité, une relance de ses compétences. J'y mettais plus de conviction que de confiance.

Tout devait basculer avec l'irruption de Mikhaïl Gorbatchev sur la scène internationale. Lorsque, huit ans après mon départ de Genève, mon quatrième successeur à ce poste fit appel à moi pour présider la délégation française à la Commission des droits de l'homme, les Nations unies avaient une fois de plus changé de visage. Le Conseil de sécurité était devenu un outil efficace pour le règlement de problèmes sur lesquels les membres permanents avaient pour un temps les mêmes vues. La démocratie libérale avait fait de substantiels progrès parmi les pays en développement. Les questions les plus graves qui se posaient à l'humanité étaient globales. Une institution mondiale était seule à pouvoir dégager les solutions. Cette conviction, qui était la mienne depuis quarante-cinq ans, semblait soudain partagée par la majorité des membres de l'Assemblée générale.

Pour autant le monde réel était loin d'être stable et la violence n'avait pas vraiment diminué.

Mais les meneurs du jeu mondial, et, naturellement, en premier lieu les États-Unis, n'hésitaient pas à faire usage des facilités que leur offrait l'Organisation des Nations unies pour mettre en œuvre leurs politiques. Le meilleur exemple en était le Cambodge, le plus contestable la guerre du Golfe. Depuis la vaste opération menée en 1961 au Congo belge sous la conduite de Dag Hammarskjöld, qui y avait trouvé la mort, les Nations unies n'avaient jamais déployé des ressources aussi considérables qu'au Cambodge pour faire passer un pays membre du chaos à l'ordre démocratique. Depuis la Seconde Guerre mondiale, les troupes américaines n'avaient jamais comme au Koweït livré une bataille pour libérer un pays envahi par son voisin. Dans l'un et l'autre cas, c'est une délibération du Conseil de sécurité qui avait été à l'origine de ces opérations.

De plus, l'Organisation dans laquelle je me retrouvais à l'âge de soixante-douze ans s'était lancée dans une succession de conférences mondiales qui tranchaient, concernant plusieurs points importants, sur les réunions similaires des années soixante-dix. La huitième Conférence des Nations unies sur le commerce et le développement qui se tint à Carthagène en 1990, adopta un tout autre ton que celles des décennies précédentes, dont j'avais déploré le manque de réalisme. Cette fois, on donna une portée nouvelle, conforme aux effets de la globalisation de l'économie, à la notion de développement solidaire.

Un an plus tard, à Rio, le sommet de la Terre adopta l'*Agenda 21*, programme détaillé de mesures à prendre par tous les acteurs de la communauté mondiale pour assurer à la fois un développement durable et la protection de l'environnement.

Maurice Strong, le grand internationaliste et financier canadien dont nous aurions bien fait un secrétaire général des Nations unies, tant son charme était évident, avait été vingt ans plus tôt le secrétaire général de la première Conférence des Nations unies sur l'environnement. Il avait été chargé de préparer le sommet de la Terre, auquel il avait su donner un lustre exceptionnel. Cette fois, une centaine de chefs d'État ou de gouvernement avaient pris des engagements solennels.

D'autres conférences étaient en préparation, l'une sur la condition des femmes, la deuxième sur l'intégration sociale et la troisième, pour laquelle on m'avait mobilisé, sur les droits de l'homme.

Ces vastes réunions des représentants de plus de cent quatre-vingts États apportaient la preuve qu'au moins en paroles les mêmes objectifs étaient poursuivis par toutes les composantes de la communauté mondiale. Mais surtout, la pression pour passer des paroles aux actes venait de la participation de plus en plus énergique des représentants de la société civile, les organisations non gouvernementales. Elles animaient les forums qui se tenaient en marge de chacune de ces assemblées et dont la turbulence contrastait avec les débats feutrés entre délégations gouvernementales.

La chute du mur de Berlin avait donné le signal d'un nouvel élan dont les Nations unies devaient être les bénéficiaires, ne serait-ce que pour éviter que la mondialisation, désormais évidente, de l'économie soit confisquée par la seule superpuissance qui restait en lice, les États-Unis.

L'usage abusif du veto avait fait de l'URSS, durant les années de la guerre froide, le bouc émissaire des échecs de l'Organisation. C'était maintenant l'avarice incroyable de Washington à l'égard des Nations unies qui faisait l'unanimité des pays du Sud contre les États-Unis.

Nous avions donc besoin d'une organisation mondiale renouvelée dans ses objectifs et dans ses structures pour lutter contre la disparité entre les tâches confiées à la Banque mondiale et au Fonds monétaire international et les besoins réels des peuples soumis à leurs programmes d'ajustement structurel.

Et puis l'incompréhension trop fréquente entre les cultures, dont le heurt provenait de la mondialisation de l'économie et des communications, suscitait des crispations identitaires auxquelles la pauvreté ajoutait la violence.

A ces défis-là les Nations unies n'avaient pas trouvé de réponses.

J'ai passé trois ans à représenter la France à la Commission des droits de l'homme, puis à la conférence mondiale de Vienne, en 1993. Je terminais par où j'avais commencé. Mieux que mes collègues plus jeunes, je mesurais le chemin parcouru. Dans ce domaine dont j'avais senti dès ma jeunesse qu'il était le plus décisif pour les Nations unies, que de progrès accomplis insensiblement, tenacement, à petits pas, progrès fragiles qu'il fallait sans cesse étayer, conforter, défendre contre toutes les formes de la raison d'État !

Les artisans de ce combat, et il y en a plusieurs de remarquables parmi nos compatriotes, méritent toute mon admiration.

En prenant ses fonctions au début de 1991, le nouveau secrétaire général, Boutros Boutros-Ghali, trouva une organisation dynamisée par une série de succès. En quatre ans, sa situation s'est dégradée. Jusqu'à quel point et pour quelles raisons ?

Dans le même jardin japonais du domaine Rockefeller où j'avais évoqué la veille avec Felix Rohatyn l'avenir des États-Unis, nous nous sommes longuement entretenus sur cette question, Sir Brian Urqhart, qui représentait la Fondation Ford auprès de notre groupe de réflexion sur l'avenir des Nations unies, et moi.

Sa présence dans ce lieu privilégié évoquait pour moi maintes étapes de ma vie, tant nos destins ont été à bien des égards comparables. Je ne puis m'empêcher de les évoquer.

Si je n'avais pas sauté du train qui nous amenait de Dora à Bergen-Belsen, j'aurais pu faire la connaissance, en 1945, de ce jeune officier britannique exceptionnellement courageux, sévèrement critique envers les généraux vaniteux comme Montgomery, qui avaient sacrifié leurs hommes à leur gloire. Son unité découvrait le charnier épouvantable de ce camp vers lequel des milliers de déportés avaient été évacués et décimés par les épidémies.

Brian Urqhart choisit dès sa démobilisation de s'engager dans l'équipe qui préparait à Londres la première Assemblée générale des Nations unies. Le siège de la nouvelle Organisation n'était pas encore fixé à New York. Deux mois plus tard, nous nous rencontrâmes dans les couloirs de Lake Success. Je reconnus tout de suite en lui un frère. Il était svelte, blond, sportif, plein d'humour et surtout totalement convaincu de la nécessité de transformer le monde pour en bannir l'injustice et la violence. Il n'avait d'ailleurs pas besoin d'y mettre la moindre emphase. Il détestait la rhétorique et se méfiait des « anciens » de la Société des Nations qui gardaient les habitudes de l'avant-guerre. Il était vite devenu le centre d'un groupe de jeunes, garçons et filles, entre vingt-cinq et trente-cinq ans, qui avaient infiltré les cabinets des secrétaires généraux adjoints et se considéraient non sans orgueil comme les vrais moteurs de cette nouvelle mécanique.

Brian travaillait au département des questions politiques. Il a publié plusieurs livres que j'ai lus avec passion : une autobiographie *A Life in Peace and War*, et une biographie de Ralph Bunche, le Noir américain le plus éminent des Nations unies. Il a été au Congo avec Bunche et Hammarskjöld et a failli y laisser sa peau. Puis il a organisé les forces de maintien de la paix, devenant le patron des Casques bleus. A la fin de sa carrière, il a accompagné Perez de Cuellar à Stockholm pour y recueillir en 1988, au nom des soldats de la paix, le prix Nobel.

Un de ses nombreux motifs d'indignation était la façon dont les secrétaires généraux des Nations unies étaient choisis. Comme il les a tous servis, il a bien compris que le meilleur, Hammarskjöld, avait été sélectionné par inadvertance, parce qu'on le prenait pour un inoffensif économiste. Pour les autres, le choix était fait par les ambassadeurs des cinq membres permanents à New York, qui cherchaient surtout à éviter le choix d'une personnalité trop charismatique pour pouvoir garder plus facilement le contrôle de l'Organisation.

Recruté après sa retraite des Nations unies par la Fondation Ford, il avait mis en chantier une étude sur le *leadership* que devait pouvoir exercer un secrétaire général des Nations unies, sur la meilleure manière de le détecter et de l'élire et sur les réformes qu'il apporterait au fonctionnement de l'Organisation. Il m'avait associé à ses recherches et invité à Uppsala, au siège de la Fondation Dag-Hammarskjöld, modeste mais active institution logée dans une maison de la ville natale du grand Suédois qui y est enterré. Nous étions cinq complices à arpenter les rues de cette vieille capitale du Nord, avec son château du Moyen Age et ses jardins dessinés par le naturaliste Linné. Ce fut ma visite la plus proche du pôle Nord et celle où j'ai le mieux compris les complexités des tâches d'un secrétaire général des Nations unies, à la fois diplomate, administrateur, médiateur et symbole de la mondialité.

Notre étude intéressa tous les candidats à cette fonction périlleuse, notamment Boutros-Ghali, qui s'engagea à suivre l'une de nos recommandations capitales : n'accepter qu'un seul mandat de cinq ans et être ainsi à l'abri de la tentation de plaire pour être réélu. Mais ni nos suggestions ni sa promesse n'ont encore été suivies d'effet.

Toutefois, Boutros-Ghali m'invita l'année suivante à faire partie d'un groupe de travail sur l'organisation des services économiques et sociaux du secrétariat.

C'était un sujet apparemment très administratif mais en réalité fort politique, aussi intéressa-t-il un ministre néerlandais, un ancien gouverneur de la Banque centrale de l'Inde, un ex-président de la Banque mondiale et quelques autres personnalités fort compétentes. Car les Nations unies souffraient depuis toujours d'être marginalisées dans ces secteurs par les institutions financières internationales, qui menaient leur propre politique sans se soucier de ses incidences sociales et humaines. Dispersés entre Genève, Rome, Paris et New York, les services qui relevaient du secrétaire général n'avaient jamais acquis l'autorité nécessaire pour proposer ni à plus forte raison imposer une politique économique et sociale novatrice et efficace à la communauté internationale.

Comme pour l'étude de Brian sur le choix du secrétaire général, le rapport de notre groupe de travail partait de constatations élémentaires : la place occupée dans l'organisation mondiale par les problèmes économiques, la nécessité de faire coiffer les services qui en relevaient par une personnalité de premier plan, un économiste internationalement reconnu, qui puisse traiter d'égal à égal avec les ministres des Finances des plus grands États comme avec le président de la Banque mondiale et le directeur général du Fonds monétaire ; il devait être l'*alter ego* du secrétaire général, libéré ainsi pour se concentrer sur les problèmes diplomatiques et la sécurité. Il y avait aussi des recommandations plus détaillées dans notre rapport, dont certaines inspirèrent les réformes des premières années du mandat de Boutros-Ghali, mais la plus importante, la délégation de pouvoir à un *alter ego* économiste, ne lui convenait pas. Il tenait à garder la haute main sur les problèmes du développement et perdit très vite sa crédibilité.

En retrouvant mon ami Brian à l'ombre des superbes magnolias du domaine Rockefeller, j'avais en mémoire toutes nos initiatives et tous nos mécomptes.

Je me demandais quel sort serait réservé au rapport auquel nous mettions la dernière main. Ses rédacteurs m'inspiraient confiance : les deux coprésidents, Richard von Weizsäcker, qui venait de quitter la présidence de la République fédérale d'Allemagne peu après l'unification de mon pays natal, et Moen Qureishi, Premier ministre du Pakistan, où il avait très habilement assuré la transition entre les généraux et Mme Benazir Bhutto ; Felix Rohatyn, le banquier new-yorkais non conformiste, un Russe, un Chinois, un Britannique, un Japonais, un Indien, une Kényane, une Polonaise et une Costaricienne. Une fois de plus, j'étais le seul francophone.

J'avais obtenu que le rapport soit incisif et ne dépasse pas soixante pages. Les réformes dont il proclamait l'urgence me semblaient convaincantes.

Et pourtant…

Je me souviens à peu près des termes de notre conversation dans le jardin japonais :

« Voilà encore un rapport, dis-je, qui finira dans un placard.

– Sûrement, mais tu sais bien qu'il en restera quelque chose. Le monde change vite et l'Organisation s'y est toujours adaptée. Les réformes que vous proposez sont conformes aux besoins du monde en train d'émerger des confusions barbares du XXe siècle. Elles ne seront pas retenues cette année par paresse ou par lâcheté. Mais elles fermenteront dans les esprits et un jour la liqueur qu'elles contiennent créera une nouvelle ivresse, peut-être une folie, peut-être une sagesse.

– Qu'est-ce qui te rend si confiant ?

– L'expérience. Ta vie et la mienne ont été déjà longues et je souhaite qu'elles se prolongent encore un peu. Il y a quelque chose qu'elles ont dû nous apprendre : le monde est devenu plus vivable, moins absurde, plus humain. L'apartheid a disparu, le Goulag aussi, les violences sont restées, scandaleuses mais repérées. Les sociétés, dans toutes les régions du monde, ont revendiqué et souvent obtenu plus de savoir, de liberté, de droits. Les Nations unies ont connu des éclipses et, au cours de ces éclipses, il y a eu des progrès – progrès dont elles ont profité pour reprendre souffle. Ne soyons pas naïfs. Ce n'est pas l'Organisation mondiale qui tire l'histoire en avant, c'est l'inverse. C'est la fuite du temps qui entraîne une génération après l'autre vers son destin.

– Je te trouve tout à coup très philosophe.

– Oui, j'ai décidé de me consacrer désormais exclusivement à l'étude des poèmes qui rendent compte de la fuite du temps, à commencer par Andrew Marvell. C'est un bon exercice pour la vieillesse. J'y trouve le recul nécessaire pour porter un jugement très positif sur les Nations unies. Nous savons bien qu'elles ne sont qu'un outil, mais de plus en plus d'acteurs s'en servent. Ceux qui s'en servent pour vaincre la violence et l'injustice sont plus nombreux et plus déterminés que ceux qui s'en servent pour conserver leurs privilèges.

– Si tel n'était pas le cas, j'en suis convaincu comme toi, il y a longtemps que l'Organisation aurait sombré. Mais ce temps dont tu observes la fuite avec tendresse, suffira-t-il pour éviter le pire : le triomphe de l'argent, du libéralisme sauvage, de l'épuration ethnique, de la drogue et de l'exclusion ?

– La prise de conscience de la gravité de ces défis obligera justement les États à se concerter pour les affronter et donc à faire usage de l'Organisation que nous avons servie. C'est ce qui a été amorcé il y a cinquante ans et qui se réalisera dans les cinquante prochaines années, à la fin desquelles tu verras que toutes les recommandations de votre rapport auront été suivies. »

XIII

La France

Je viens de prendre ma carte du Parti socialiste et je me demande pourquoi. Première réponse : le choc de l'année 1995. Je n'imaginais pas les Français assez imprudents pour porter Jacques Chirac à la présidence de la République. J'avais espéré un court moment que les dissensions ridicules de la droite permettraient contre toute attente à Lionel Jospin de l'emporter. Sa campagne candide m'avait plu. J'étais allé l'ovationner au Zénith de Montpellier au milieu d'une foule en liesse. Cela m'avait rapproché d'un homme que je connaissais depuis trente ans. Il avait été mon jeune collègue au Quai d'Orsay avant d'entrer en politique. Puis j'avais écouté Martine Aubry à *7 sur 7* et m'étais trouvé d'accord avec chacune de ses phrases.

Mais ce n'était là qu'une réponse conjoncturelle. Au fond de moi, je me faisais le reproche d'avoir passé cinquante ans en dehors de l'action politique, observateur critique ou serviteur de l'État, tantôt heureux de travailler auprès d'un gouvernant respecté, tantôt exprimant plus ou moins discrètement mes réserves, animant toute une série de cercles de réflexion où se côtoyaient des femmes et des hommes d'accord sur l'essentiel. Où était, dans tout cela, le combat politique, l'engagement personnel sur un front exposé ?

En y réfléchissant aujourd'hui, à un âge où il n'est plus question pour moi d'entrer dans cette arène, je me souviens d'avoir toujours pris mes distances à l'égard des formations politiques de la démocratie française. Je me sentais, depuis le lointain Front populaire et les manifestations antifascistes des années trente, un « homme de gauche », mais aussi et peut-être abusivement éloigné des partis et de leurs appareils. Un peu facile.

J'admets bien qu'il n'y a pas de démocratie sans Parlement, pas de Parlement sans partis, pas de partis sans appareils. Alors ? Suffit-il de laisser ce travail aux autres et de se réserver le droit de dénoncer leurs insuffisances ou leur goût du pouvoir et de ses privilèges ? N'aurait-il pas fallu en être pour toucher du doigt les limites et les possibilités de cet exercice ?

Homme de gauche, Européen convaincu, internationaliste militant : toutes ces épithètes, je me les applique volontiers. Peut-être mon inclination pour la France est-elle celle d'un amoureux plus que d'un amant, selon la jolie distinction faite au Grand Siècle entre deux figures de la comédie amoureuse. La France, c'est moi qui l'ai choisie, voulue pour patrie, mais il m'incombe toujours de la conquérir.

Elle est là, dans sa perfection géographique, à mi-distance du pôle et de l'équateur, et cela me trouble chaque fois que, sur la route de Paris à ma maison du Gard, je franchis à quelques kilomètres de Valence le 45ᵉ parallèle. Elle est là, dans sa langue incomparable de clarté et de subtilité. J'ai toujours eu des réserves sur l'utilisation politique de la francophonie. Il ne s'agit pas de revendiquer pour notre langue des droits que lui reconnaîtrait l'histoire de sa puissance passée. Il convient de la présenter comme une récompense, accessible avec un peu d'efforts à tous ceux qui trouveront dans ce merveilleux outil une des meilleures clés au royaume des vérités et des beautés. Car la langue française a une manière unique d'envelopper et de développer la pensée, de la rendre rigoureuse et multiple.

Les deux autres que je pratique sont l'une plus fluide, l'autre plus râpeuse et toutes deux plus poétiques peut-être par la confusion onirique qui s'y glisse plus facilement : l'anglais et l'allemand.

Elles me sont trop familières pour n'être pas tenté de m'en servir avec les interlocuteurs qui les parlent. J'ai tort. Il vaudrait bien mieux les encourager à s'exprimer en français. En tant que diplomate, je me reproche de ne pas défendre plus systématiquement notre langue – ni même de temps à autre nos positions gouvernementales. Non que je ne sois un fonctionnaire consciencieux. Mais j'éprouve parfois plus de responsabilités à l'égard de l'intérêt permanent de la France qu'à l'égard des instructions conjoncturelles qui me sont communiquées. Cette attitude un peu orgueilleuse s'est affirmée avec l'âge.

La France réelle n'a pas toujours été pour moi, au long des cinquante dernières années, la France souhaitée. Et pourtant je n'ai pas tenté de rapprocher l'une de l'autre par la voie normale en démocratie : l'accession à des responsabilités politiques.

Je l'ai fait tantôt en travaillant pour des hommes politiques dont je respectais le combat, tantôt en participant à des cercles de réflexion dont je partageais les idées. La confrontation avec des adversaires, la réfutation des arguments de l'autre, je ne les ai connues que sur le plan international : face à des interlocuteurs qui mettaient en cause ou minimisaient le rôle de la France dans le monde. Ce rôle, je veux bien le critiquer ou l'entendre critiquer par des compatriotes. Mais pas par les autres. Rien ne m'irrite comme les clichés que véhiculent les médias anglais, allemands, américains sur une France égoïste, nationaliste, arrogante.

Que répondrais-je si la question m'était posée aujourd'hui ? Je trouverais à la France bien des défauts, certes, mais aussi bien des mérites. Après le coup tragique de juin 1940, la remontée des années cinquante fait honneur à ma génération. Puis elle a eu à mener simultanément la renonciation laborieuse à un vaste empire outre-mer et la patiente gestation d'une Europe où elle pourrait s'épanouir. Et tout cela en moins de trente ans, entre mon vingt-cinquième et mon cinquante-cinquième anniversaire. Je ne dirai pas que cela s'est bien passé. La guerre d'Indochine, la guerre d'Algérie, bien des turpitudes de notre politique africaine sont là pour nous rappeler à une saine humilité. Il reste que nous avons rendu à la France une place de premier plan dans le concert des nations. Nous avons vécu pour elle une importante mutation. Pour la génération « fin de siècle », il faudra trouver un nouveau sens à son « moment de l'histoire ». Le nôtre a été brutal, exalté, maladroit, ambitieux. Nous laissons une France en haut de l'échelle des nations industrielles, économiquement privilégiée, socialement en crise, politiquement modeste. Trop modeste peut-être.

Elle est la plus européenne des nations européennes, celle où se croisent toutes les Europes – du Nord, de l'Ouest, du Sud. C'est à l'Europe que revient en cette fin de siècle la tâche de donner à tous ses citoyens, aux Français comme aux autres, un avenir exaltant. Et à la France de s'investir sans réserve dans cette perspective.

XIV

Pierre Mendès France

De tous les hommes d'État français, celui dont je me suis senti le plus proche est Pierre Mendès France.

J'avais vingt-cinq ans quand j'ai fait sa connaissance à Londres, j'en avais soixante-cinq quand il est mort. Entre ces deux dates, j'ai le sentiment qu'il a été présent à chaque étape de ma vie et que l'admiration qu'il m'inspirait a pris toutes les couleurs du spectre.

D'abord, comme évadé. A Londres, nous étions tous des évadés, mais les histoires d'évasion étaient plus ou moins aventureuses. Je n'étais pas peu fier de la mienne, mais elle était éclipsée par celle de Pierre Mendès France, qu'il racontait avec beaucoup d'humour : le saut du haut du mur de la prison de Clermont-Ferrand, mais aussi la moustache et le béret basque dont il s'était affublé.

Ensuite, comme combattant. Il avait choisi de rester aviateur, refusant le poste politique que lui proposait de Gaulle. J'avais fait d'abord le même choix et nous aurions pu, si je n'avais pas rejoint le BCRA, nous retrouver ensemble dans le groupe Lorraine.

Rentrant de déportation, j'avais eu le récit de son différend avec le Général sur la politique monétaire et, comme la plupart de mes camarades, j'avais regretté la préférence donnée à René Pleven. Quand on a moins de trente ans, on préfère les audacieux aux prudents.

Au cours des huit années passées aux Nations unies, j'ai pris conscience de ses qualités d'économiste et de négociateur. Après avoir représenté la France à la conférence de Bretton Woods, où il avait rencontré John Maynard Keynes et approfondi ses thèses sur l'économie mondiale, Mendès avait pris la présidence de la délégation française au Conseil économique et social. Tour à tour directeur de cabinet de Laugier, puis secrétaire d'ambassade chargé du même dossier au ministère, j'observai la façon dont Mendès dominait les débats de cet organe principal des Nations unies, le respect qu'il inspirait à ses dix-sept collègues, à l'Indien, au Chilien, au Canadien, au Soviétique, au Polonais. J'étais fasciné par l'intimité intellectuelle qui faisait des proches conseillers de Mendès, Georges Boris, Gabriel Ardant, Jacques Kaiser et leurs épouses, une équipe irrésistible à laquelle je m'efforçais d'appartenir.

Et puis, venues les années 1953-1954, s'est constitué ce qui devait rester, au sens le plus fort, ma famille politique, ce que nous sommes bien obligés d'appeler le « mendésisme », même si son inspirateur a toujours refusé cette dénomination : une solidarité fondée sur une commune acceptation d'un ensemble de valeurs républicaines dont il était le porteur convaincu et convaincant.

J'ai souvent essayé de comparer la « certaine idée de la France » que se faisait de Gaulle à ce sens des responsabilités françaises que personnifiait Mendès. L'histoire de France du Général était celle d'un destin exceptionnel, d'une nation conduite par des hommes visionnaires, découvrant grâce à une tradition très ancienne et vigoureuse les voies sur lesquelles mener les autres nations vers plus d'honneur. Celle de Mendès était fondée sur les qualités de son peuple, capable de tirer les enseignements des expériences concrètes qu'il a vécues et analysées.

Même si, dans un moment d'irritation, le Général a pu dire que ses compatriotes sont « tous des veaux », il connaît leurs vertus comme Mendès connaît leurs faiblesses. Mais le premier les veut grands face à l'adversité, tandis que le second les voit citoyens éclairés et responsables. D'où l'absolue priorité qu'il donne à l'éducation, à la formation civique de la jeunesse, au fonctionnement rigoureux des institutions républicaines, aux consultations démocratiques les plus larges, justifiant la confiance que la transparence de l'État impose à toutes les catégories de la population.

En politique intérieure, notamment sur la gestion économique, il n'y avait pas entre les deux hommes de désaccord de fond.

Mais quelle différence dans la méthode ! Pour Mendès, l'action de l'homme d'État devait être immédiatement compréhensible, chacun de ses choix explicité de la façon la plus simple. De Gaulle aimait le mystère, la surprise, le verbe inattendu et d'autant plus percutant : « un quarteron de généraux en retraite... » ou « je vous ai compris ». Comment ne pas être sous le charme du Général ? Comment ne pas adhérer au souci éthique de Mendès, beaucoup plus riche du point de vue humain ?

Dans le domaine de la politique étrangère, les deux hommes se rencontraient sur un point au moins : le souci constant d'assurer l'indépendance de la France, en la dotant de l'arme nucléaire, d'une monnaie forte et de relations équilibrées avec les nations les plus puissantes. Mais, à côté de ces grands principes, que de traits opposés ! Quand de Gaulle nourrit une rancune tenace à l'égard de l'Amérique, en souvenir des rebuffades de Roosevelt, et même de l'Angleterre, malgré la confiance que ne lui a pas ménagée Churchill, Mendès affiche son admiration pour le grand démocrate américain et sa gratitude envers l'inébranlable Grande-Bretagne. Là où le Général évoque l'accession des peuples à l'autonomie en termes distants, Mendès affirme ouvertement l'urgence d'une modification des institutions de l'empire colonial. Jean Lacouture, qui leur a consacré deux passionnantes biographies, a recueilli mes appréciations sur certains aspects de leur carrière. Cela m'a été l'occasion de préciser mon jugement dans une perspective plus sereine.

Car on n'est pas serein, dans le mouvement de l'histoire, quand on subit au jour le jour les décisions des détenteurs du pouvoir. Que de fois, reléguant dans ma mémoire mon dévouement sans réserve pour le chef de la France libre, me suis-je emporté contre de Gaulle ! Mépris pour une fraction de la Résistance, dénonciation du plan Marshall, soutien à la guerre contre le Vietminh, prolongation de la guerre d'Algérie, veto à l'entrée de l'Angleterre dans le Marché commun. Peut-être avais-je tort et sa vision était-elle plus subtile. Mais, sur le coup, je me révoltais. Rien de tel concernant Mendès. J'ai toujours compris, presque toujours fait miennes ses prises de position. Même son refus radical des institutions de la Ve République, alors que je les croyais conçues pour un dirigeant comme lui, m'a paru en parfaite cohérence avec sa conception de l'État républicain. Cela tient sans doute aussi à nos relations personnelles.

Je n'ai jamais conversé avec de Gaulle. Des réceptions à l'Élysée où j'ai pu lui serrer la main, lui présenter ma femme, lui dire un mot de la rentrée scolaire de 1962 en Algérie, il me reste le souvenir de sa courtoisie plus que de son écoute. Du déjeuner auquel j'avais été convié en mai 1941 au Connaught Hotel, à Londres, je conserve l'image d'une dignité impressionnante pour un jeune rallié, tandis que les sujets évoqués s'effacent.

De Pierre Mendès France, en revanche, je garde une foule de souvenirs. Dès sa première visite à Londres, en 1943, dans le *mews* proche de Knightsbridge où nous habitions, sous une verrière qui n'offrait pas la meilleure protection contre la DCA, je fus conquis par son sourire, son humour, sa façon un peu embarrassée d'être aimable. Il parla de New York, de l'École libre des hautes études que mon beau-père y dirigeait. Nous l'interrogeâmes sur sa femme et ses deux fils restés en Amérique. Je lui parlai longuement de nos réseaux de renseignements, des mouvements de libération et de leurs rivalités. Je lui dis mon regret d'avoir quitté l'aviation où lui s'était engagé, le formidable esprit de corps de la Royal Air Force. D'emblée, sa capacité d'écoute me frappa.

Quand je revins d'Allemagne, il était devenu une grande figure de la vie politique et un ami de la famille. Il y avait eu son ministère, sa démission, sa participation à la conférence de Bretton Woods et sa conversion au keynésianisme. Et puis il y avait Lily Mendès France et Germaine Boris. Vitia avait une affection particulière pour ces deux femmes, aussi proches que différentes. Lily, qui associait la grâce à la candeur, semblait livrée aux autres sans défense. Toute de force et d'exigence, Germaine l'entourait de sa tendresse. L'appartement des Boris, situé sur le quai Bourbon, dans la maison qu'avait habitée Léon Blum, nous était plus familier que celui qu'occupaient les Mendès, rue du Conseiller-Collignon, et qu'ornaient les toiles aux couleurs sombres et pures de Lily. Chez Boris on parlait musique, chez Mendès politique. Ce sont des lieux que ma mémoire habite avec plaisir.

Par la suite, j'eus plus d'une occasion de retrouver PMF à New York, au chevet de Laugier, qui venait de se casser la jambe dans un accident de la circulation. Mendès écoutait avec patience les algarades de son aîné, qui jugeait immanquablement timorées les positions défendues par la France. Il les justifiait sans heurter celui que nous appelions le « patron ». Puis à Genève, où Mendès saisissait l'occasion d'un 14 Juillet en pleine session du Conseil économique et social pour organiser une fête aquatique. Il avait loué un bateau qui traversait le lac de Genève à Thonon, pour y accueillir pêle-mêle les vieux fonctionnaires de la Société des Nations, les jeunes représentants des pays du Sud, les journalistes, les militants des organisations non gouvernementales, les autorités de la ville et du canton de Genève, les agents de tous les secrétariats internationaux. Beaucoup de jeunes femmes que le soleil reflété par les eaux du Léman rendait belles, beaucoup de guitaristes vibrants, de chapeaux mexicains, de gandouras aux couleurs vives. Mendès veillait, avec ce sérieux qu'il mettait dans tout ce qu'il entreprenait, à ce qu'il y ait assez de champagne, assez de danseurs, assez d'entretiens et assez de musique. Ça, c'était un 14 Juillet !

Arrivèrent juin 1954 et l'investiture de Mendès comme président du Conseil. J'étais encore au secrétariat des conférences, mais Georges Boris, qui avait constitué l'un des trois cabinets travaillant pour le président, me fit venir auprès de lui. A la différence de celui du ministre des Affaires étrangères, poste que Mendès avait décidé d'occuper lui-même, et de celui de Matignon, que dirigeait André Pélabon, le cabinet de Georges Boris, où je me retrouvais avec un autre « Londonien », Jean-Louis Crémieux-Brilhac, n'avait pas d'attribution spéciale, si ce n'est la préparation des « causeries » radiophoniques du samedi, cette innovation dans la communication politique imitée des *fireside chats* de Roosevelt, que la classe politique ne cessa de reprocher à Mendès mais que l'opinion appréciait particulièrement.

Tout au long de ces sept mois et sept jours de la présidence du Conseil de Mendès, je ne le vis naturellement plus que par éclipses, entre deux portes ou dans un avion, tant le rythme de ses occupations était tendu. Mais je « vivais » avec lui par l'intermédiaire de Georges Boris, qu'il consultait à chaque moment, qui lui renvoyait l'écho des réactions de l'opinion, de celles des parlementaires, de celles des journalistes, car cet homme prodigieusement intuitif, lui-même journaliste, savait restituer en quelques phrases la sensibilité d'autrui.

Il y a, autour de cette brève et exaltante aventure que fut le gouvernement de Pierre Mendès France, une aura que les historiens ont bien notée, mais qui, pour ceux qui « en furent », a quelque chose d'irréel, comme une parenthèse quelque peu miraculeuse dans une vie politique plutôt sombre. Et tous les personnages qui y jouèrent un rôle sont comme des héros de roman : Léone Georges-Picot, secrétaire particulière de Mendès, dont la silhouette élancée et la chevelure soyeuse nous troublaient, son futur mari Simon Nora, conseiller économique, mes collègues Claude Cheysson et Jean-Marie Soutou, mais aussi Paul Legatte, Michel Jobert, Alain Savary. Tous avaient acquis une aisance et une énergie qui étaient le reflet de la formidable vitalité du président du Conseil.

Je suivais plus particulièrement les dossiers de politique étrangère, qui ont à tel point accaparé le temps et l'attention de Mendès France qu'il a dû laisser à Edgar Faure une part sans doute excessive des responsabilités dans le domaine économique. Ses interventions sur les problèmes de société qui lui tenaient le plus à cœur n'ont été que symboliques. Le fameux verre de lait dans les écoles, dont on s'est parfois moqué, répondait à son souci de faire connaître et comprendre l'action de l'État auprès de chaque famille, de chaque citoyen. Nous n'y décelions aucune volonté de manipulation. Nous le savions obsédé par les questions fondamentales que posent l'évolution de l'économie et le fonctionnement plus efficace de la démocratie dans la République. Comme nous avions hâte de le voir libéré des urgences internationales !

Mais il ne fallait pas seulement faire la paix en Indochine et amorcer une politique audacieuse de décolonisation en Tunisie. Il fallait trouver une solution au problème du réarmement de l'Allemagne que nous imposaient nos partenaires de l'OTAN. Ce ne pouvait pas être la ratification de la Communauté européenne de défense puisque la majorité du Parlement s'y refusait. Le conseiller que Mendès avait chargé de s'occuper de cette question était un de mes proches amis du secrétariat des Nations unies, Philippe de Seynes, grâce à qui je pouvais suivre pas à pas les intrigues et les chausse-trappes que les fanatiques des deux bords opposaient à toute tentative de conciliation.

Un peu moins assurés de l'emporter à l'Assemblée, les partisans de la CED auraient accepté les modestes amendements que Mendès proposait d'apporter au traité. Un peu moins enivrés de leur victoire, les adversaires de la solution communautaire auraient mieux compris le côté constructif des accords de Paris, admettant l'Allemagne dans l'Union de l'Europe occidentale. Cette difficile négociation a occupé les derniers mois de la présidence. Il s'agissait de regagner la confiance des alliés anglo-saxons, entamée par l'échec de la CED et l'amitié renforcée de l'Allemagne. En même temps, elle imposait des limites aux perspectives de rapprochement entre l'Ouest et l'Est, pour lesquelles Mendès avait tracé le cadre dans son beau discours du 22 novembre 1954, devant l'Assemblée générale des Nations unies.

Je revins de New York, où j'avais accompagné le président, impatiemment attentif à tout ce que nous pouvions attendre de lui maintenant. Dès lors que le règlement des problèmes diplomatiques était en route, une impulsion nouvelle serait donnée à la solution des questions économiques et sociales, sur lesquelles nous savions Pierre Mendès France exceptionnellement compétent. Je pense à ces mots de son biographe Jean Lacouture :

> Depuis qu'il avait quitté le pouvoir, près de dix ans auparavant, Pierre Mendès France n'avait jamais songé à y revenir qu'à un poste de responsabilité économique et financière. A supposer que la succession à l'hôtel Matignon lui fût offerte, il n'avait pas imaginé que ce pût être pour d'autres missions que le redressement de l'économie française… Et voilà que, catapulté au pouvoir par l'événement de mai 1954, il se détourne de ce domaine choisi et préparé, pour se vouer aux combats diplomatiques.

Enfin vient le 20 janvier 1955. Mendès passe les Affaires étrangères à Edgar Faure et s'installe à Matignon, où nous le rejoignons.

De nouveaux dossiers sont ouverts en hâte. Mais déjà les « bien renseignés » nous prédisent la chute. Quinze jours après, le gouvernement est renversé.

Comment ces quelques mois, si denses, si enthousiastes, si angoissés, n'auraient-ils pas marqué profondément tous ceux qui les ont vécus au contact de ce porteur d'espérance ? Comment, les retrouvant les uns ou les autres au long des années, n'aurais-je pas ressenti ce pincement au cœur caractéristique d'une grande aventure vécue en commun ?

Je quittai Paris peu de mois après qu'Edgar Faure eut remplacé Mendès France à Matignon et, lorsque je revins, deux ans plus tard, de Saigon, il y avait eu le Front républicain, les débuts de la guerre d'Algérie, les tomates de Guy Mollet et les ratonnades sur les quais de la Seine. Mendès s'était tenu à l'écart de tous les gouvernements, et les visites que nous faisions à Lily et Pierre, dans l'appartement de la rue du Conseiller-Collignon, étaient tendres et mélancoliques.

Plusieurs années plus tard dans ce même appartement, je devais assister avec Vitia à un des moments les plus émouvants de mes relations avec Mendès. Il nous avait invités à une cérémonie très intime, à laquelle ne participait, outre Lily, déjà très souffrante (elle devait nous quitter peu après), que l'ancien commissaire à l'Énergie atomique, Francis Perrin. Ce dernier devait remettre à Mendès les insignes de commandeur de la Légion d'honneur. Or, de même que Mendès était pour moi, comme pour tant d'autres, la personnification de l'honneur en politique, Perrin appartenait au cercle des grands savants, qui m'intimidait, moi, le « littéraire ». Cercle paré d'un prestige qui ne provenait pas seulement du savoir de ses membres, mais surtout de ce qui m'apparaissait comme l'extrême pureté de leur vie, la fermeté de leurs convictions, leur goût du jeu et de la simplicité, fruit d'une existence illuminée par le soleil de la raison. Parmi eux, Francis Perrin, avec son physique un peu ingrat, son parler modulé et précis, concentrait les qualités auxquelles allait spontanément mon admiration. Elle devait atteindre son comble lorsque je l'entendis prononcer, avec un accent de simple vérité, l'éloge de cet homme qui ne détenait plus d'autre fonction, à cette date, que la préservation d'un grand témoignage.

Après 1958, mes relations avec Mendès France connurent des phases moins intimes. Mon engagement dans l'aventure du Club Jean-Moulin, où se retrouvait une majorité des partisans de Mendès, mais dont les prises de position s'écartaient des siennes sur plus d'un point, m'éloigna de l'orthodoxie mendésiste représentée par les rédacteurs des *Cahiers de la République*. J'en discutais volontiers avec le plus dévoué d'entre eux, l'historien et latiniste Claude Nicolet, que j'avais « recruté » à la demande de Georges Boris à l'époque où Mendès tentait de rajeunir le Parti radical. Il est devenu depuis l'un des spécialistes de ce moment de notre histoire, qu'il rapproche volontiers de la dernière phase de la République romaine, marquée par un autre grand avocat : Cicéron.

Mais mes arguments en faveur d'un ralliement de Mendès aux institutions de la Ve République ne pesaient pas lourd. Je me souviens de la façon dont il les battit en brèche un jour que Simon Nora le recevait dans son bel appartement, face au palais du Luxembourg, avec l'ambassadeur de Tunisie, Masmoudi. Le diplomate tunisien, qui vénérait également de Gaulle et Mendès, défendit les mêmes thèses, mais il dut rendre les armes devant la dialectique imparable de son interlocuteur.

Éloigné de Paris à la fin des années soixante, je ne suivis que de loin les épisodes de Mai 68 et du stade Charléty, et j'interprétai le lamentable échec du « ticket » Defferre-Mendès à l'élection présidentielle de 1969 comme la preuve que notre grand homme n'était pas fait pour la Ve République.

Une nouvelle circonstance fortuite me donna la chance de partager quelques heures avec lui à la fin des années soixante-dix. J'étais alors en poste à Genève et nous avions acquis, Vitia et moi, pour nos « vieux jours », une grande et vieille maison non loin d'Uzès. Nous nous aperçûmes bientôt que le château de Montfrin, où Mendès France s'était retiré avec Marie-Claire, sa seconde femme, n'était qu'à une trentaine de kilomètres.

Franchie l'imposante cour d'honneur de cette demeure Louis XIII, munie d'une tour sarrasine et qui n'était guère dans le style de PMF, on tombait sur un jardin ombragé et une piscine fort agréable au bord de laquelle la discussion portait de plus en plus fréquemment sur la situation au Proche-Orient. Je retrouvais dans les analyses de Mendès ce mélange de prospective et de circonspection qui me semble avoir toujours marqué ses prises de position : regarder loin en avant, mais ne pas sous-estimer les obstacles sur le chemin. Mais surtout, rien en lui n'exprimait le dépit ou la dénonciation des ingratitudes. Je ne l'ai jamais entendu se plaindre des avanies qu'il avait subies, ni même des circonstances dans lesquelles il avait trébuché. Lorsque nous déplorions devant lui que la France n'ait pas bénéficié plus longtemps d'un esprit comme le sien pour lui imprimer une vraie politique, il écartait comme trop abstraite une hypothèse qui ne s'était pas réalisée.

Lorsque, en 1981, à mon retour de Genève, j'eus la surprise d'être fait à mon tour commandeur de la Légion d'honneur, j'obtins de Pierre Mendès France qu'il soit mon parrain. C'était pour moi l'année de toutes les consécrations. L'élection de François Mitterrand à la présidence de la République comblait notre attente à plusieurs titres : enfin la gauche relayait la droite et la preuve était faite que les institutions de la Ve République ne rendaient pas cette alternance impossible. Les nouveaux dirigeants étaient des amis en qui nous avions confiance, notamment ceux qui avaient pris part à l'expérience mendésiste, comme Claude Cheysson, qui devenait « mon » ministre, ou Jean-Pierre Cot, avec qui je fus très vite amené à travailler. Ma « carrière » diplomatique, jusque-là plus variée que prestigieuse, fut brusquement couronnée, de manière tout à fait inattendue pour moi, par la dignité d'ambassadeur de France, accompagnée de ma promotion dans l'ordre national. Inutile de dire à quel point ces consécrations honorifiques me faisaient sentir la généreuse confiance que m'accordait ma patrie d'adoption.

Depuis des années, la santé de Mendès s'affaiblissait. A chacune de nos visites à Montfrin, où Marie-Claire protégeait sa retraite avec beaucoup de zèle, nous le trouvions plus détaché du combat politique interne, concentré en revanche sur ses tentatives pour jouer un rôle de médiation entre Israéliens et Palestiniens, dont les destins lui tenaient également à cœur.

La victoire de François Mitterrand, dont il n'avait pas appuyé très activement la campagne, convaincu qu'il était des défauts fondamentaux de la Ve République, l'avait vivement ému, comme en témoigne l'accolade dans les larmes entre les deux hommes sur le perron de l'Élysée. Mais il gardait des doutes sur les profits que la gauche tirerait de l'alternance et, s'il regrettait que le président ne fasse pas davantage appel à ses conseils, il ne s'empressait pas non plus de les lui prodiguer : sa lucidité lui faisait assurément sentir que la partie qui se jouait là n'était pas la sienne.

Nous en souffrions peut-être plus que lui. Nous y trouvions un premier aliment pour cette distance prise à l'égard du président de la République, distance qui, dès l'automne, avait succédé à l'enthousiasme exubérant de mai-juin. Comme il était habile ! Comme l'entrée des communistes au gouvernement était une manière ingénieuse de diminuer leur influence au Parlement ! Mais, face aux nécessités d'une gestion économique compatible avec les contraintes de l'Europe libérale, que restait-il du souffle populaire qui, au soir du 10 mai, avait parcouru la place de la Bastille ? Et quand viendrait enfin le moment de donner une orientation radicalement nouvelle à la politique africaine de la France ?

De tout cela nous parlions peu avec Mendès. Néanmoins, un courant de compréhension passait entre nous, qui prit une forme particulièrement amicale dans ce même appartement de la rue du Conseiller-Collignon où j'avais assisté à l'éloge de Mendès par Francis Perrin et où ce fut moi, cette fois, le récipiendaire. Il devait nous quitter quelques mois plus tard, achevant non sans mélancolie un destin hors du commun, laissant à ses compatriotes une image d'homme d'État rigoureux et déterminé, auquel l'histoire n'avait pas permis de sculpter comme il l'aurait pu l'avenir de son pays.

Nous avons pleuré, nous avons écouté l'émouvant discours de François Mitterrand sur la place du Palais-Bourbon, nous avons apprécié l'énergie de Marie-Claire, fondatrice de l'Institut Pierre-Mendès-France. J'en ai été le président pendant une année, relayé très vite et un peu cavalièrement par Claude Cheysson. Puis j'ai cherché auprès de qui prendre un nouvel engagement. Il m'a semblé que ce pourrait être auprès de Michel Rocard.

Oui, le « nous » politique dont je me sens solidaire depuis la fin de la guerre est celui des amis, collaborateurs et admirateurs de Pierre Mendès France. Et, de tous ses messages, celui auquel je suis resté le plus sensible est bien celui-ci : faire de la France, par ses institutions, par son rôle de mobilisatrice d'une Europe ambitieuse, le partenaire efficace des peuples qui aspirent à un développement démocratique, en favorisant autant leur accès à l'indépendance politique que la mise en valeur de leurs ressources naturelles et humaines.

Qu'est-il advenu de ce programme ? C'est à quoi je réfléchis aujourd'hui, quarante-deux ans après la chute du gouvernement Mendès France. L'échec est évident, le projet demeure. Peut-être l'ambition était-elle démesurée. Comment l'Europe serait-elle parvenue à mettre en commun autre chose que ses échanges marchands, alors que le ciment national de chacune de ses composantes s'était formé au long des siècles sur la base d'une politique étrangère particulière et d'une sécurité fondée sur une défense propre ? Comment aurait-elle pu surgir d'un conglomérat de sociétés dont aucune ne voulait renoncer à ses particularismes, si ce n'est comme un rempart contre un péril peint en rouge ? Et, surtout, quelle force, puisée dans quelle partie de ses populations, l'aurait-elle incitée à se préoccuper des vastes régions du monde où ses drapeaux ne flottaient plus et dont les difficultés à trouver leur place dans l'économie mondiale ne faisaient que s'accroître ?

C'est donc contre toute apparente logique que le projet auquel j'adhère a été conduit et continuera de l'être. Et le refus de cette logique, la certitude qu'il en existe une autre, plus conforme aux aspirations profondes de l'homme occidental, est ce qui définit pour moi le « nous » dont j'ai besoin.

XV

Le Club Jean-Moulin

Après le 13 mai 1958, c'est la défense de la démocratie qui occupe nos esprits. Personne autour de moi n'applaudit à ce qui s'est passé à Alger. Nous sommes consternés par l'appel que les putschistes lancent au général de Gaulle, dont le retour au pouvoir nous apparaît comme un anachronisme. Comment ne serait-il pas l'otage des colons et des militaires factieux ? S'il accepte de se faire une deuxième fois le « sauveur de la France », il ne pourra que relancer les opérations militaires, à l'efficacité desquelles nous ne croyons pas. L'espoir de trouver une solution politique au drame algérien ne va-t-il pas s'évanouir une fois pour toutes ?

La rapidité avec laquelle la IVe République s'effondre, le ralliement presque unanime des formations politiques à de Gaulle sont pour nous révélateurs des défauts profonds de la pratique démocratique. Comme nous avons autrefois laissé la guerre d'Indochine miner notre indépendance à l'égard des États-Unis, la guerre d'Algérie aujourd'hui est en train de confisquer les capacités de résistance de nos institutions démocratiques. Car nous n'avons pas confiance en de Gaulle. Nous qui avions dénoncé l'aveuglement des antigaullistes de Londres, nous avons été choqués par les prises de position nationalistes et réactionnaires du RPF. L'âge et la rancune n'auront-ils pas fait de ce personnage ambigu qu'est le Général un ennemi des libertés publiques ?

Ces questions peuvent sembler aujourd'hui bien naïves. En 1958, elles ne se laissent pas écarter d'un revers de main. Ce sont les plus « gaullistes » du temps de la guerre, ceux qui avaient retenu de l'appel du 18 juin la leçon de désobéissance civile, qui ont réagi les premiers. Ainsi est né le Club Jean-Moulin.

Durant les derniers jours de mai, je reçois un coup de téléphone de Daniel Cordier. Il a réuni dans un appartement de la place Dauphine des camarades de la Résistance, des ex-maquisards qui ont manié la dynamite. Il me demande de les rejoindre. Les uns et les autres ont gardé des contacts. On pourrait reconstituer d'anciens réseaux et, s'il le faut, replonger dans la clandestinité. La situation politique est en train d'évoluer et les premières déclarations du Général proclament son attachement à la République. Nous plaidons, Cordier et moi, pour la prudence. Avant d'agir, il convient de réfléchir, tant sur les causes de la crise que sur les moyens de préserver les valeurs démocratiques, que nous avons héritées du Conseil national de la Résistance. Donc un parti politique ? Il y en a déjà trop et ils n'ont guère fait leurs preuves. Alors un club, comme ceux de 1789 ? Le Club des jacobins, peut-être ? Je me prononce pour une formation imitée de la Fabian Society anglaise, qui, fondée à la fin du siècle dernier, a jeté les bases du Parti travailliste sans jamais se confondre avec lui.

Non sans réticences, les camarades réunis chez Daniel Cordier acceptent cette « reconversion » de leur projet. Il faut trouver un nom. Nous passons en revue les grands mots du passé : « liberté », « démocratie », « république ». Nous les sentons galvaudés. Je regarde Daniel, qui a été, dans la Résistance, le plus proche collaborateur de Jean Moulin. Je pense au rôle que ce jeune préfet a joué, à son prestige encore intact parmi les Français de notre génération, et propose d'appeler notre projet le Club Jean-Moulin.

L'un des membres de ce premier groupe, Claude Aptekman, habitait un immeuble de l'avenue Henri-Martin. Le quartier n'était pas vraiment le plus démocratique de Paris, mais l'appartement était assez vaste pour servir de lieu de réunion à notre club, dont nous souhaitions rapidement accroître les effectifs. Ce fut notre premier siège. Le démarrage fut plus rapide que nous ne l'avions prévu. Dans sa modestie même, le projet correspondait au besoin de réflexion et de concertation de nombreux fonctionnaires et dirigeants d'entreprise. Ils sentaient la nécessité d'une transformation de la société française, acceptaient la mission que le général de Gaulle avait assumée, mais craignaient qu'à moyen terme elle ne porte atteinte aux valeurs dont ils se sentaient les héritiers.

Même si le Club Jean-Moulin n'a vécu que dix ans, même si les quatre dernières de ces dix années j'en ai été éloigné par mes fonctions diplomatiques, ce rassemblement de citoyens responsables reste encore aujourd'hui pour moi l'aventure civique la plus intensément vécue. Elle revêtait des formes particulières : l'anonymat des textes, le refus d'accepter comme membres du club des hommes politiques, la fidélité à une charte qui, rédigée par Étienne Hirsch et Jean Ripert, fut diffusée au nom de tous. Ce n'était pas un « nous » clandestin, comme l'avait été pour moi en 1944 la mission Greco, mais c'était un « nous » discret, assez intime pour ceux qui en faisaient partie, plutôt opaque et anonyme pour l'extérieur. J'y poursuivais, au milieu de nombreux camarades, la recherche des réponses aux questions qui me tenaient à cœur : la conversion d'une France impériale en France partenaire, l'édification d'une Europe démocratique et responsable, le renforcement des institutions mondiales garantes de la paix et du développement.

Le Club Jean-Moulin n'a jamais eu de président. La coordination était assurée par un comité directeur. Celui-ci, coopté, n'a jamais subi l'épreuve de l'élection. Sa composition variait en fonction des obligations des uns et des autres. J'en ai fait partie de 1958 à 1964, date de mon départ pour Alger. Mais, comme nous tenions une ou deux fois par an des colloques pléniers dans l'abbaye de Royaumont et qu'il fallait quelqu'un pour présider les séances, on m'avait, par consentement tacite et au bénéfice de l'ancienneté dans le club, chargé de cette tâche, dont j'eus toujours grand plaisir à m'acquitter. Le plus intéressant était de veiller au fonctionnement interne du club, sur lequel nous disposions des idées particulièrement pertinentes de Michel Crozier.

Nous avions distingué entre commissions thématiques, où s'élaboraient des textes, et comités de lecture, où ceux-ci étaient passés au crible de la critique des non-spécialistes. Ils devaient veiller à ce que les livres fussent accessibles aux citoyens « ordinaires ». Cette formule avait été clarifiée et précisée par la Commission organisation et méthodes, que présidait Crozier et où travaillait Vitia, qui resta constamment associée aux activités du club.

Notre chance fut de pouvoir nous appuyer d'emblée sur Paul Flamand, qui dirigeait les Éditions du Seuil et mettait à notre disposition sa hauteur de vues, son flair, son sens critique et ses ressources, sans lesquels rien n'aurait été possible. Il nous incita à mettre en chantier un livre, songea avec nous à Jean Bergstrasser, puis à Georges Suffert pour y tenir la plume, et ne cessa tout au long des premières années de s'associer à nos débats. Il craignait comme moi la « politisation » du club, dont il voyait la force dans la distance « éthique » prise à l'égard du pouvoir. A l'état d'esprit « serviteurs de l'État » qui prévalait au comité directeur s'opposait tout naturellement un courant plus « activiste » parmi les membres issus de la presse ou des professions libérales.

C'était le cas de notre premier secrétaire général, Georges Suffert. Sa personnalité était un sujet de discussion entre Vitia et moi. Ayant d'emblée décelé son narcissisme, elle se méfiait de ses initiatives. Moi, je lui étais reconnaissant de son énergie et j'appréciais sa plume, qui avait contribué à faire de notre première publication, *L'État et le Citoyen*, un livre qui se lit aujourd'hui encore avec profit. A l'époque, sa bonne tête joufflue et son sourire un peu enfantin me touchaient. Je ne pouvais lui en vouloir de chercher à tirer profit de l'expérience à laquelle nous l'avions si étroitement associé. Mais il aurait voulu que le club soit plus présent dans la vie politique, et pas seulement dans la réflexion à long terme.

Lorsque, en 1963, Jean-Jacques Servan-Schreiber prit contact avec lui pour lancer dans *L'Express* une campagne visant à découvrir un « M. X » qui ferait pièce au général de Gaulle lors de l'élection présidentielle prévue pour 1965, Suffert se laissa tenter. Le club s'associerait-il à cette campagne ? L'homme politique que JJSS avait à l'esprit était Gaston Defferre, dont nous étions nombreux à connaître et apprécier l'action dans la Résistance. Une démarche quelque peu insolite fut donc entreprise auprès de lui. Nous étions cinq, qui parlions en notre nom, mais qui pensions traduire le sentiment du club dans son ensemble. Si Gaston Defferre prenait les initiatives qui amorcent une candidature à l'Élysée, il pourrait compter sur notre sympathie active. Defferre nous reçut très cordialement et promit de réfléchir.

Nous avions trop présumé de la cohérence du club derrière cette démarche promue par Suffert. Non seulement la tentative de Defferre a avorté, mais il en est resté comme une faille dans l'évolution du club. Un an plus tard, Suffert cédait la place de secrétaire général à Jacques Pomonti.

J'ai lu tout récemment les *Mémoires d'un ours*, où Suffert expose sa vision du Club Jean-Moulin et des rapports qu'il entretenait avec ses membres. C'est un texte où se fait jour une sensibilité d'écorché qui veut se faire passer pour un pachyderme. La critique qu'il fait du club est attristante et choquante. Là n'est pas, j'en suis convaincu, l'origine de ce grand virage à droite qui l'a conduit jusque dans les colonnes du *Figaro*. J'y verrais plutôt une curieuse forme de dépit, comme d'un enfant mal aimé. Dommage pour lui.

Quant à la question de fond – un club doit-il s'engager, peser dans la balance des décideurs, prendre position sur les événements du jour ? –, elle n'est pas facile à trancher. Perd-on son autorité morale en entrant dans l'arène des rivalités partisanes ? Mais à quoi sert cette autorité si elle se confine dans une tour d'ivoire ?

Ces questions, sans doute insolubles, pesèrent sur la vie du Club Jean-Moulin et finirent même par en miner la cohésion amicale. Mais elles ne l'empêchèrent pas, pendant les six premières années, d'en aborder de plus sérieuses, qui concernaient au premier chef la France du milieu du siècle : le règlement du conflit algérien, la décolonisation, le renouvellement des institutions démocratiques et l'émergence d'une citoyenneté responsable, la construction de l'Europe économique et politique, la réforme de l'entreprise et ses relations avec l'État. Sur chacun de ces sujets le club a permis ce chantier de concertation et d'expression qui correspondait à sa vocation particulière : un lacis de rencontres, tantôt larges, tantôt restreintes, une convivialité très libre et en même temps très orientée, et, à l'autre extrémité du parcours, une publication qui portait notre signature collective.

Dans ma mémoire, le club forme aujourd'hui un tout solidaire et lorsque, au hasard d'une rencontre, telle personne me rappelle que nous en avons été membres tous les deux, j'en éprouve un sentiment assez confus de fraternité. Pourtant, l'un des traits de l'entreprise était l'extrême diversité des talents qui s'y exerçaient. Si les serviteurs de l'État, ceux que l'on appelle en France, non sans une certaine flagornerie, les « hauts fonctionnaires », y étaient nombreux, si les professeurs d'université y dispensaient généreusement un savoir qu'ils acceptaient de voir contesté, la vraie richesse, comme dans toutes les associations auxquelles j'ai appartenu, venait des marginaux. Daniel Cordier en était un. Son itinéraire politique, de la droite la plus traditionnelle au républicanisme démocratique le plus intransigeant, avait affûté sa sensibilité aux questions éthiques, sur lesquelles ses réactions étaient vigoureuses.

Gérard Horst, qui écrit ses livres sous le nom de plume d'André Gorz et ses chroniques dans *Le Nouvel Observateur* sous celui de Michel Bosquet, était déjà porteur d'une vision originale et prospective des vrais défis de la seconde moitié du siècle. Il se situait à l'aile gauche du club, avec les syndicalistes les moins orthodoxes, comme Gonin et surtout Provisor. Gérard et sa femme Doreen ont beaucoup compté dans notre vie privée. Dès nos premières rencontres, j'avais reconnu en lui un semblable : même ascendance germanique, même attirance pour le message de Sartre, même cosmopolitisme. Son premier roman, *Le Traître*, nous avait bouleversés, Vitia et moi. Il nous apparaissait comme animé d'une soif inextinguible de comprendre le monde et d'écarter de sa pensée les pièges du conformisme et des idéologies. Il incarnait non pas le révolutionnaire sûr de posséder la solution aux problèmes de son temps, mais l'infatigable chercheur d'une voie vers plus de justice et d'humanité. Mais il était capable de tenir, sur certains sujets, un discours péremptoire qui me désarçonnait. Son argumentation ciselée, rationnelle, étayée d'une documentation internationale abondante, me laissait sans réplique. C'est un de mes vrais regrets de n'avoir pas su maintenir, par-delà les mobilités de nos vies, un contact plus constant avec ces deux silhouettes presque transparentes, Doreen et Gérard. Vitia avait été conquise par leur qualité humaine, celle d'un couple que nous sentions aussi assorti que le nôtre. Elle était sensible à la tendresse avec laquelle Doreen entourait l'intelligence dénicheuse de Gérard, celle que je découvrais avec bonheur dans ses *Fondements pour une morale*, monument de recherche patiente de soi par soi, et, plus récemment, dans son grand ouvrage intitulé *Métamorphose du travail, quête du sens, critique de la raison économique*. Les thèses qu'il y développe ont inspiré la réflexion des groupes qui me sont aujourd'hui les plus proches : la revue *Transversales* et le Cercle Condorcet.

Au Club Jean-Moulin, Gérard se tenait sur la réserve, jugeant nos textes trop conventionnels, mais son influence s'y faisait sentir. Celles de Michel Debatisse, alors animateur du mouvement des Jeunes Agriculteurs, et de Serge Mallet, promoteur d'un syndicalisme moderne, me restent en mémoire.

Mais l'homme dont j'ai senti le plus vivement, grâce au Club Jean-Moulin, la force de conviction, c'est Jacques Delors. Il était l'animateur de son propre club, Citoyen 60, fondé deux ans après le nôtre, engagé sur une voie très semblable, même si l'origine chrétienne de sa forme de pensée faisait parfois jaillir des étincelles avec les plus « laïcs » de nos membres. Entre Jean-Moulin et Citoyen 60, les échanges étaient constants et allaient nous préparer les uns et les autres à une participation plus ambitieuse à l'évolution de la vie politique française.

Cet esprit « club » qui m'est précieux, je l'ai retrouvé, cinq ans après la disparition du Club Jean-Moulin, dans l'association fondée par Delors en 1973. Il voulut d'abord fixer un terme temporel à cette entreprise, en lui donnant pour nom un simple chiffre : 73-80, la durée d'un septennat. Je fis prévaloir le titre Échange et Projets, qui marquait un souci d'être à l'écoute des innovations économiques, sociales et politiques dont la société française était porteuse et qu'il s'agissait de détecter et de promouvoir. Ce souci avait fait défaut au Club Jean-Moulin.

C'est encore ce que vont tenter, douze ans plus tard, Michel Rocard avec les clubs Convaincre, puis Claude Julien avec les cercles Condorcet. J'ai été de toutes ces entreprises, en dépit du scepticisme de ceux qui n'y voyaient que bavardages entre porteurs des mêmes convictions, sans prise sur la marche réelle des affaires du monde et sur l'évolution concrète de la société. Et pourtant il s'y façonne progressivement un « nous » qui refuse de s'enfermer dans le monde tel qu'il est et concentre son regard sur celui à construire.

XVI

L'Asie

Au printemps 1993, j'ai été invité à passer une semaine à Taipei pour un entretien avec les autorités taïwanaises sur les méthodes et les techniques de l'aide publique au développement. Cette dimension de la diplomatie que toutes les puissances industrielles pratiquaient intriguait visiblement cette nation au statut ambigu. Elle n'était plus, depuis vingt ans, la représentante internationale de la Chine (son rôle de 1949 à 1972). Mais elle revendiquait sa place, contestée par Pékin, comme partenaire de plein exercice des pays en développement, non seulement du Pacifique, mais encore de l'Asie du Sud, de l'Afrique et même de l'Amérique latine. Disposant d'une des plus importantes réserves de devises du monde, Taïwan se demandait quel usage en faire pour renforcer son statut. J'avais accepté cette invitation d'autant plus volontiers que je gardais, à l'âge de soixante-quinze ans, le regret de ne pas connaître la civilisation chinoise, puisque, quarante-sept ans plus tôt, j'avais troqué mon poste de Tchoung-king pour celui de New York.

Nous étions une douzaine à nous acquitter de cette pédagogie diplomatique assez particulière : exposer le plus objectivement possible les procédures mises en œuvre par nos institutions respectives : la Banque mondiale, l'aide américaine, la japonaise, la scandinave, la britannique et la française. Nos hôtes nous avaient installés dans un hôtel au centre de la ville, à égale distance du mausolée de Sun Yat-sen et de celui, plus monumental encore, du maréchal Tchang Kaï-chek. Piloté par un Taïwanais, vice-président de la Banque mondiale, à travers les quartiers les plus animés de Taipei, je humais les odeurs de la Chine. Elle était là, ramenée du continent par les dirigeants du Kuo-min-tang qui avaient déménagé les trésors de Pékin et les exposaient dans le remarquable musée d'art et d'archéologie. Dans une vaste salle, on y trouvait, alignés le long des quatre murs et sur deux niveaux, en bas les étapes de la civilisation chinoise depuis le troisième millénaire avant notre ère, en haut les œuvres du reste du monde aux époques correspondantes. A la majestueuse continuité du bas s'opposait le bric-à-brac du haut.

La nuit tombée, notre guide nous faisait visiter l'un ou l'autre des temples aux toits gracieusement incurvés où se déroulaient des rites, des spectacles, dans la musique et les volutes d'encens. Puis nous traversions une galerie pleine d'échoppes aux couleurs vives. Certaines étaient occupées par des montreurs de serpents venimeux qui les saisissaient avec une étonnante dextérité, les écorchaient d'un beau geste vif et en extrayaient le sang, réputé pour ses vertus aphrodisiaques.

Un autre soir, je m'étais aventuré seul dans des ruelles plus étroites, où j'étais tombé sur une modeste pagode fleurie et ornée de statuettes multicolores dont émanait une chaleur apaisante. Alors me sont revenues tout à coup les images de ma jeunesse en Asie, les deux années passées à Saigon, avec Vitia et deux de mes enfants, images que je veux essayer d'évoquer tant qu'elles n'ont pas tout à fait perdu leurs couleurs.

Pierre Mendès France avait quitté Matignon et il s'agissait pour moi de trouver un nouveau poste. J'aspirais à quitter Paris, cette ville qui s'était mal conduite à l'égard de notre grand homme. Henri Hoppenot me proposa de l'accompagner au Vietnam, où il avait été envoyé, un an après les accords de Genève, avec la mission impossible de faire appliquer sur le terrain les engagements auxquels les parties avaient souscrit : préparer l'unification du Vietnam et faire disparaître la coupure artificielle et transitoire du dix-septième parallèle en organisant dans les deux zones des élections démocratiques d'où sortirait un gouvernement d'union nationale.

Qui croyait encore à ce schéma ? Assurément pas la famille de Ngo Dinh Diem, qui monopolisait tous les pouvoirs au Sud-

Vietnam, ni le gouvernement des États-Unis, où John Foster Dulles proclamait la politique de *roll back* pour laquelle il avait embrigadé les États membres de l'Organisation du traité de l'Asie du Sud-Est, médiocre pendant asiatique de l'OTAN. Ni même le gouvernement français, qui, malgré ses habituelles velléités d'indépendance à l'égard des thèses américaines, se montrait peu fidèle aux orientations de Pierre Mendès France. Pour rendre crédible cette approche, seule capable de faire émerger une solution pacifique et humaine dans cette péninsule déjà durement éprouvée par huit ans de guerre, il eût fallu déployer une diplomatie énergique, vaincre les rigidités de Moscou et mieux mettre à profit la subtilité de Chou En-lai.

Cette diplomatie, notre ambassadeur, Henri Hoppenot, aurait aimé la faire triompher. C'était un homme d'une grande culture, fin connaisseur de l'art moderne, en quoi il rejoignait Henri Laugier. (J'ai toujours eu la chance de côtoyer des fervents de peinture.) Sa femme Hélène était aussi cultivée que lui et, qui plus est, excellente photographe. Ma mère était amie du couple et avait facilité notre rencontre. Aussi me traita-t-il d'emblée avec une sorte d'affection paternelle à laquelle j'étais très sensible. Lorsque nous mîmes pied à terre, en juillet 1955, sur l'aérodrome de Tan Son Hut, il jeta un long regard sur les Français venus l'accueillir et me glissa cette simple phrase : « Beaucoup trop de galons, il faudra faire partir tout ça... »

La désignation d'Hoppenot à Saigon venait couronner une grande carrière diplomatique commencée sous le patronage d'Alexis Léger, dont il conservait des lettres admirablement calligraphiées. Son dernier poste avant l'Indochine avait été celui d'ambassadeur auprès des Nations unies à New York. Je l'y avais rencontré lors de l'Assemblée générale de 1954, devant laquelle Pierre Mendès France était venu exposer les positions de la France. Hoppenot dominait de loin la cohorte des conseillers qui gravitaient autour de Mendès France. Il m'avait impressionné par son obstination à préserver l'équilibre d'un texte où chacun voulait glisser son grain de sel. Mendès, qui avait une grande confiance en lui, l'avait déjà pressenti, après les accords de Genève, pour prendre dès que possible la succession du général Ely à Saigon, avec le titre de haut-commissaire et ambassadeur extraordinaire, qui lui conférait une sorte d'autorité officieuse sur nos représentants à Phnom Penh et à Vientiane.

Henri Hoppenot n'était pas habitué à la façon cavalière dont il était reçu par le président du Sud-Vietnam, Ngo Dinh Diem. Celui-ci, nous le savions, détestait Mendès France, répudiait les accords de Genève, reprochait à la France d'avoir abandonné les catholiques du Nord au régime communiste et ne comptait que sur les Américains pour consolider son pouvoir et empêcher l'unification du pays.

Pour contrer sa francophobie et maintenir une certaine présence française, il nous restait peu de cartes. Nous ne pouvions décemment pas soutenir ses adversaires politiques, les « sectes » Cao Daï et Hua Ho – minoritaires et implantées très localement, adeptes d'une religion syncrétique et magique, plutôt brigands que croyants –, ni même les bouddhistes, qui devaient dix ans plus tard relever la tête et miner le régime mais que la guerre avait réduits à la clandestinité. Ngo Dinh Diem était davantage intéressé par nos plantations d'hévéas et nos brasseries-glacières et il sentait qu'il ne devait pas trop les bousculer. Mais nos lycées laïques et républicains, auxquels le conseiller culturel de l'ambassade avait non sans malice donné les noms de Colette et de Jean-Jacques-Rousseau, lui faisaient horreur, tout comme à son frère, l'évêque (et bientôt cardinal) Ngo Dinh Tuc.

Les accords de Genève, rédigés avec une grande minutie par les négociateurs, nous donnaient des titres à un domaine important, comprenant des bâtiments construits par et pour la guerre, à la différence de ceux qui avaient été financés par l'État associé sous l'autorité de Bao Dai. Parmi eux, l'Arsenal, le palais de Gia Long, l'un des plus importants de Saigon, et bien d'autres édifices un peu trop visibles. Notre juriste, qui avait passé à Hanoi, puis à Saigon, les dernières années avant Diên Biên Phu, était Jean-Jacques de Bresson. Il connaissait à merveille les implications des textes signés et défendait nos droits avec beaucoup de fermeté. Mais l'obstination du gouvernement Ngo Dinh Diem rendait la négociation domaniale très frustrante.

L'équipe de l'ambassade de France avait la qualité des temps difficiles, où l'on se raccroche à l'ironie, parfois au sarcasme. Henri Hoppenot nous laissait faire, gardant toute la dignité d'un vétéran. Ce que je sais de la diplomatie, c'est de lui que je l'ai appris : ne rien céder sur l'essentiel, mettre tout en œuvre pour que le partenaire ne perde pas la face ; mais, surtout, rassembler ses collaborateurs en une manière d'équipe sportive, aimant son travail parce qu'il lui est expliqué avec rigueur et clarté. Tous les matins, Hoppenot nous réunissait, nous écoutait et nous donnait ses instructions. Puis nous regagnions nos bureaux, lestés de tâches précises.

Est-ce ce climat exceptionnel qui me faisait tenir en si haute estime mes collègues de Saigon ? Ou est-ce que j'étais simplement assoiffé d'admiration et d'amitié, après l'effondrement de l'équipée mendésienne ? Toujours est-il que, de cette affectation qui dura moins de deux ans et se solda par un constat d'échec sur toute la ligne, je garde le souvenir d'une réelle cohésion. Du ministre conseiller au plus modeste des secrétaires, tous m'ont appris quelque chose, et plus tard, au long de ma carrière, j'ai retrouvé l'un ou l'autre avec beaucoup d'affection, notamment Jean-Pierre Dannaud, qui vient de nous quitter, et Jean-Jacques de Bresson, que je rencontre encore dans mes démêlés avec les problèmes de l'immigration.

Vue de Saigon, l'évolution de la situation politique en France entre juillet 1955 et janvier 1957 avait quelque chose de profondément affligeant. Sans doute Edgar Faure, auquel nous avions du mal à pardonner la façon dont il avait « chaussé les bottes » de Mendès France, avait-il su poursuivre la politique de décolonisation en Afrique du Nord amorcée par son prédécesseur. Mais en Algérie on cherchait vainement des partenaires pour définir un nouveau statut qui apaiserait les révoltés de la Soumam.

Les élections de décembre 1955 et le succès du Front républicain nous étaient apparus comme une revanche inespérée permettant de reprendre les initiatives entamées par Mendès. Nous n'en étions que plus atterrés de voir notre grand homme si vite marginalisé. Comment Guy Mollet avait-il pu céder sans combattre à l'hostilité des colons et suspendre l'esquisse de négociation tentée par Jacques Soustelle ?

Dans nos villas imparfaitement climatisées de Saigon, nous discutions entre civils et militaires, les premiers excipant du précédent de Diên Biên Phu pour discréditer toute possibilité de victoire par les armes, les seconds rappelant qu'on ne peut négocier qu'en position de force. Débat impossible à trancher, la solution ne s'inscrivant jamais dans le même contexte. Inutile de dire que lorsque, en 1956, éclatèrent successivement l'affaire du piratage de l'avion de Ben Bella et la malheureuse expédition de Suez, nous fûmes consternés.

Pour échapper au climat souvent éprouvant de Saigon, l'ambassade organisait de brefs séjours dans la montagne, à Da Lat, où il faisait frais. Il y avait là des chalets rustiques mais confortables, où nous nous retrouvions, marchant sous les flamboyants et les jacarandas et échangeant les bribes d'information que nous avions tirées les uns et les autres de nos contacts avec les dirigeants vietnamiens. Mon interlocuteur principal était le frère du président, Ngo Dinh Nhu, dont l'épouse, la fameuse Mme Nhu, passait déjà pour l'égérie du président Diem, à qui elle devait survivre et qu'elle tenterait, avec toute la formidable énergie dont elle était capable, de venger.

Mais, en 1955, elle était encore toute jeune et coquette et elle me recevait avec des sourires, tandis que nous discutions avec son mari, ancien lecteur à l'École normale, des thèses de Sartre et de Camus. Leur maison de Da Lat était plus somptueuse que notre chalet et j'en acceptais l'hospitalité généreuse comme un signe du renversement de nos statuts respectifs. C'étaient eux désormais, et non plus nous, qui étaient les maîtres. Nos conversations n'allaient jamais très loin, tant Ngo Dinh Nhu était prudent en matière politique, mais nous passions assez vite au Scrabble, un jeu où il excellait.

Une autre tâche dont j'avais à m'acquitter était le contact avec l'ambassade des États-Unis, tâche à laquelle j'étais prédisposé par mes années new-yorkaises et ma pratique de la langue américaine. L'ambassade était dirigée par un diplomate plein de charme, Freddie Reinhart, dont j'appréciais l'intelligence. J'avais l'impression qu'il était engagé un peu malgré lui dans une entreprise qui consistait à chasser la France de toutes ses positions au Vietnam et de substituer aux nôtres des conseillers militaires, économiques et culturels américains. Encourager Diem à refuser tout rapprochement avec le Nord, l'assurer de la confiance de Washington, fermer les yeux sur les atteintes à la démocratie que le régime multipliait sans pudeur, laisser dépouiller son alliée de la guerre, la France, des positions que nous cherchions à préserver : tout cela ne devait pas lui être agréable. Cependant, en même temps, c'était un jeu gagnant. Il le jouait personnellement avec d'autant moins de plaisir qu'il tenait Henri Hoppenot en haute estime. Mais ses collaborateurs en éprouvaient une joie par trop affichée. En particulier une jeune femme sémillante que nous appelions Anita et qui hantait les cocktails de Saigon. Lisant quelques années plus tard le roman de Graham Greene *The Ugly American*, je fus frappé par la justesse de ses portraits. Nous sentions confusément que les Américains s'engageaient dans une impasse, que leur soutien ne réglerait aucun des vrais problèmes de la région, que les subtiles manœuvres du colonel Lansdale pour contrer les premières infiltrations des guérilleros du Nord étaient vouées à l'échec. Mais il n'était pas question d'en apporter la preuve. Notre défaite à Diên Biên Phu ne nous permettait que de nous taire, elle ne pouvait encore servir de leçon à la grande puissance en lutte contre le « péril rouge ».

Nos escapades à Da Lat, quelques visites à Nha Trang, à Ban Me Thuot ou au cap Saint-Jacques nous donnaient une idée limitée de la beauté du Vietnam. Nous déplorions de ne pouvoir aller ni à Hanoi ni à Haiphong et d'être privés de la baie d'Ha Long, dont nos collègues nous chantaient les louanges. Je me souviens de trois voyages plus lointains.

Le premier nous permit de découvrir le Cambodge. C'était encore, en 1956, ce pays accueillant et voluptueux où la sagesse austère des bonzes s'accommodait de la gracieuse frivolité des citadins et citadines de Phnom Penh et des figures dansantes des bas-reliefs d'Angkor. Notre ambassadeur auprès de Sihanouk nous fit recevoir au palais, et j'admirai la perspicacité avec laquelle le prince analysait avec Henri Hoppenot les risques que la politique américaine, sous l'impulsion de John Foster Dulles, faisait courir à la stabilité de la péninsule. Il ne ménageait pas non plus la politique du gouvernement français, qui s'écartait des objectifs fixés par Pierre Mendès France. Mais il appréciait l'œuvre de l'École française, dont les archéologues entretenaient le prodigieux patrimoine artistique d'Angkor.

Nous avons naturellement profité de ce voyage pour pénétrer aussi loin que possible dans cet enchevêtrement d'arbres et de pierres où chaque temple découvert au détour d'une futaie lance son appel au recueillement. Le regard s'élève d'abord jusqu'aux coupoles qui surmontent ces édifices imposants, puis redescend jusqu'aux frises décorant leur base, où dansent les apsaras. Plus encore qu'Angkor Vat, c'est le Bayon qui, de tous les trésors mi-enfouis, mi-dégagés, reste dans mon souvenir comme le joyau de cet ordre architectural et de l'élégant foisonnement de ses sculptures.

Une autre escapade nous rapprocha du continent chinois, avec une escale à Bangkok et deux jours à Hong Kong. Ces deux métropoles n'avaient pas encore subi les atteintes de l'urbanisation exubérante et incontrôlée qui leur a fait perdre durant les vingt dernières années une bonne part de leur charme. Si brève qu'ait été notre visite, je garde un souvenir ébloui des pagodes dorées de Thaïlande et des jonques gracieuses d'Aberdeen.

La troisième excursion hors de notre Vietnam-Sud fut pour moi la plus émouvante. Notre ambassadeur à New Delhi, le comte Ostrorog, un des premiers diplomates français à s'être ralliés, en 1942, à la France libre, avait invité ses amis Hoppenot à lui rendre visite, et l'ambassadeur avait eu la gentillesse de m'emmener avec lui. Dans le beau grand parc de l'ambassade de France, nous fûmes présentés au Premier ministre Nehru et à sa sœur, que j'avais connue à New York, où elle représentait l'Inde à la Commission des droits de l'homme. Le beau visage de l'homme qui gouvernait ce peuple multiforme et déjà innombrable me fit une forte impression, assez semblable à celle induite, lorsque je l'avais rencontré chez Henri Laugier, par Pablo Picasso, qui lui ressemblait un peu. Ce sont des faces où s'exprime une force d'âme qui libère celui qui les regarde de toute angoisse : expérience revigorante.

A l'automne 1956, Henri Hoppenot fut rappelé à Paris. Vitia, qui n'avait accepté d'exposer ses deux plus jeunes enfants au climat indochinois que pour ne pas me laisser seul, avait hâte à présent de revoir notre aînée. Elle préféra donc regagner immédiatement la France avec les Hoppenot et je restai seul les premiers mois de la mission du nouvel ambassadeur, Payart, grand connaisseur du monde soviétique. Avec le renouvellement de l'équipe, j'étais passé du statut de bizuth à celui d'ancien, mais je ne retrouvai pas la densité des contacts de la première période. Aussi fus-je heureux quand un vieil ami de la famille Diem, Michel Wintrebert, que par dérision nous appelions Ngo Dinh Michel, fut nommé auprès de Payart à ma place et que je fus rappelé à Paris.

Et pourtant j'avais humé les parfums de l'Asie, éprouvé l'émotion que donne à un homme de trente-sept ans la silhouette gracieuse des femmes vietnamiennes, senti la force indomptable d'un peuple et compris les relations, plus riches qu'en Occident, que les Asiatiques entretiennent entre le corps, la sensibilité et l'esprit. Ou, du moins, ce sont là les thèmes qui ont trouvé place dans ma mémoire, cette infatigable broyeuse du vécu et du rêvé.

XVII

L'Algérie

Vais-je enfin, avant la fin de l'année 1996, pouvoir quitter la présidence de l'association France-Algérie que j'exerce depuis dix ans ? L'autre jour, j'ai assisté à un débat organisé par la Ligue des droits de l'homme sur le sens à donner à l'élection, en novembre 1995, du président Zeroual. Il y avait ceux qui y voyaient une preuve de l'attachement du peuple algérien à la démocratie et ceux qui avaient percé à jour les truquages et les manipulations militaires.

Une fois de plus, je constatai que les jugements de mes compatriotes sur les habitants de leurs anciens « départements français d'Algérie » sont biaisés. Surtout chez ceux qui prétendent les connaître mieux que les Algériens eux-mêmes et qui récusent pour cette raison les témoignages venus de l'autre côté de la Méditerranée.

Mais d'où pouvais-je, moi, tirer la conviction que ce peuple, déchiré par d'incroyables violences, est, au plus profond, un partenaire irremplaçable pour tous les riverains de la Méditerranée, qu'il sortira de ses drames grâce à son courage, à sa vitalité, à ses ressources si mal mises en valeur à son profit : richesses naturelles autant que richesses humaines ?

Je me souviens de mes six années à l'ambassade de France à Alger, entre quarante-six ans et cinquante-deux ans.

Je venais de passer cinq ans, comme directeur de la coopération, au ministère de l'Éducation nationale. L'une de mes tâches était de mettre des enseignants à la disposition des partenaires de la France, particulièrement ceux qui avaient récemment accédé à l'indépendance et où nous n'avions pratiquement pas formé de maîtres « indigènes ». Au titre de la coopération culturelle, nous gérions la carrière de plus de trente-cinq mille professeurs de tous niveaux, qui exerçaient leur enseignement dans les universités et les écoles du monde francophone : au Maroc, en Tunisie, en Afrique subsaharienne, au Proche-Orient, ainsi que, en très grand nombre, en Algérie. Il y avait ceux qui ne pouvaient ou ne voulaient pas rester après les indépendances et qu'il fallait rapatrier en France et ceux que tenterait cette forme de coopération en terre étrangère et qu'il fallait pêcher dans toutes les académies de France et de Navarre, en leur promettant une expérience passionnante et des avantages matériels.

Je m'étais livré personnellement à ce « prosélytisme » dans plusieurs chefs-lieux de département, ce qui m'avait mis en contact avec des milliers d'enseignants de l'Hexagone. Rencontres édifiantes quant à l'esprit de corps et au dévouement à son métier de cette partie de la population française. Leurs syndicats veillaient à ce que la carrière des professeurs ne soit pas lésée par ces détachements et défendaient leurs intérêts avec une vigueur parfois encombrante. Mais j'appréciais leur compréhension pour les problèmes que nous avions à résoudre et m'en étais fait des alliés.

La rentrée la plus acrobatique avait naturellement été celle de 1962, qui intervenait au moment même où l'Algérie proclamait son indépendance. Sur les quinze mille enseignants français en Algérie, plus de la moitié, bousculés par l'OAS ou effrayés par le FLN, avaient choisi de rentrer en France. Il fallait leur trouver des postes, de préférence près de la Méditerranée. Je me souviens d'un professeur de sciences physiques à qui nous proposâmes Le Vigan et qui estimait que c'était bien loin de la côte. Il fallait surtout en convaincre d'autres de rejoindre l'Algérie. Les plus tentés étaient les gauchistes, les tiers-mondistes, les anti-gaullistes, qui avaient milité pour l'indépendance algérienne. Mais la demande était très supérieure à l'offre et nous faisions des efforts pour ne pas trop décevoir les Algériens.

Un de mes meilleurs amis, qui est devenu le beau-père de mon fils aîné, Philippe Rebeyrol, avait été nommé dès l'été 1962 à l'ambassade de France à Alger et j'avais hâte de le rejoindre, tant les relations franco-algériennes avaient été au cœur de mes préoccupations au ministère comme au Club Jean-Moulin.

En 1964, arrivant à Alger , ce que je découvris fut très loin de me décourager. Les obstacles, les réticences, les drames encore tout frais dans les mémoires, je m'y attendais. Mais je savais aussi que ceux qui étaient attelés à la même tâche que moi, les collègues de l'ambassade, les universitaires en coopération, les quelque dix mille enseignants et deux mille administrateurs et techniciens dont nous avions la charge, y croyaient et ne ménageraient ni leur temps ni leurs compétences. De ce climat très fort, comme le sont les aubes de l'action, l'ambassadeur Georges Gorse portait une bonne part de responsabilité. Ce diplomate très politique, ce gaulliste de gauche, cet érudit sceptique, qui en d'autres circonstances de sa carrière a montré plus de subtilité que de conviction, était venu à Alger avec la volonté de gagner un pari : réaliser le vœu du général de Gaulle de faire des relations franco-algériennes une réussite, donnant de la France l'image du pays le plus doué dans la coopération entre le Nord et le Sud. Quelques Français avaient eu un comportement exemplaire tout au long du conflit, parmi lesquels deux grands ecclésiastiques : Mgr Duval, qui deviendrait cardinal, et l'abbé Scotto, le futur évêque d'Annaba, tous deux aujourd'hui disparus. Tout près d'eux dans la fraternité avec le peuple algérien et le soutien de ses aspirations, André Mandouze et Jean Delanglade. Vingt-cinq ans plus tôt, nous avions démonté et remonté tous les trois à Saint-Maixent-l'École des fusils-mitrailleurs dont nous ne devions guère avoir l'occasion de nous servir. Le premier avait marqué de sa voix vibrante les chansons des bals de l'École normale, puis, dans la Résistance, il avait démontré son courage et la pugnacité de son verbe dans l'équipe de *Témoignage chrétien*. Sur les traces de saint Augustin, il avait enseigné à Alger et compris avant les autres le sens du combat des Algériens pour leur indépendance. Il s'était acquis de leur part une estime qui faisait de son nom un sésame pour ceux qui se réclamaient de lui. Que de fois, cherchant à dissiper un malentendu avec une autorité algérienne, n'ai-je pas excipé de mes liens avec André Mandouze ! Aussitôt le visage de mon interlocuteur s'éclairait et mon affaire était réglée dans la minute. Avec lui s'est nouée l'une des amitiés les plus durables de ma vie, une de celles où se manifeste à l'évidence la parenté des réactions aux événements qui affectent chacun : ainsi, plus récemment, nous nous sommes retrouvés dans un groupe d'amis de Michel Rocard qui tentaient d'appuyer sa démarche, tout en le mettant en garde contre les risques qu'il encourait par telle ou telle prise de position. Je savais que, dans ces débats, la position d'André et la mienne seraient identiques. Mais je savais aussi qu'il saurait l'exprimer avec plus de vigueur.

Jean Delanglade était entré dans la Compagnie de Jésus, avait accepté une chaire d'enseignement de la philosophie en Algérie, y avait pris la nationalité algérienne et fini sa carrière comme proviseur du lycée de Skikda, où il est mort un soir d'hiver 1968 des suites d'un empoisonnement carbonique dû au mauvais fonctionnement de son petit poêle. Il avait consacré toute sa sagesse et toute sa force à mettre sur pied avec ses collègues algériens un enseignement de la philosophie qui combinerait les ressources de la grande tradition islamique et celles de la pensée occidentale, pour dégager cette culture syncrétique méditerranéenne dont les nations maghrébines ont, aujourd'hui plus que jamais, un impérieux besoin. Ses efforts ont été anéantis dans les années soixante-dix par les tenants d'une arabisation de l'enseignement faite sans moyens efficaces et mortelle pour la qualité des études. La jeunesse algérienne a été livrée à des maîtres incompétents. La chance de ce pays d'accéder à un vrai bilinguisme, qui est la porte ouverte sur la modernité, a été gâchée. Est-il trop tard, passé les massacres en cours, pour reprendre ce projet ?

Nous avions la chance, ma femme, mes enfants et moi, d'occuper à Alger des villas de plus en plus vastes à mesure que je montais en grade, ce qui nous permettait de recevoir assez largement des amis algériens et des coopérants français. La première de ces résidences, la villa Clara, dont le jardin débordait de mimosas, était proche du lycée français Fromentin, rebaptisé Descartes depuis l'indépendance, en haut du boulevard de Pékin. Elle reste liée pour moi à deux drames : le meurtre de notre premier domestique algérien, une nuit, dans sa chambre au rez-de-chaussée, où je l'ai découvert au matin, le crâne fendu – victime de quelle vengeance ? nous ne le sûmes jamais. Et puis, quelques mois plus tard, un accident de voiture sur le boulevard, devant le lycée, faillit coûter la vie à mon fils Antoine. Son jeune frère Michel, qui avait assisté à la scène, bouleversé, nous alerta et je courus à l'hôpital Mustapha, où je trouvai Antoine étendu sur une civière et murmurant d'une voix blanche : « 3, rue des Cèdres », l'adresse de la villa. Il fut opéré par un excellent chirurgien, proche ami de Mandouze, Pierre Roche, dont je n'oublierai jamais le sourire rassurant et l'humour très méditerranéen. Il fut soigné par un infirmier algérien qui, devenu le confident et l'ami de Vitia au long des heures qu'elle passait au chevet de son fils, devait être l'un des personnages de son deuxième roman.

Mais je me laisse aller à ces souvenirs trop personnels au lieu de réfléchir à ce qu'ont été, pour tous ceux qui les ont vécus, les débuts de la jeune indépendance algérienne. J'ai partagé la dernière année de la présidence de Ben Bella, qui devait s'achever, à l'été 1965, par l'une des plus étranges révolutions de palais, sans effusion de sang, de notre époque.

Ben Bella avait accédé lui-même à la tête de l'État après que l'armée en eut écarté les dirigeants du GPRA, Ben Khedda et Krim Belkacem, et au terme de conflits parfois sanglants entre les différentes willayas qui n'avaient accepté qu'à contrecœur les stipulations des accords d'Évian.

Le climat qu'il faisait régner à Alger était à la fois convivial, révolutionnaire, désordonné et généreux. Ceux que l'on appelait les Pieds rouges, trotskistes, anarchistes, internationalistes de France et d'ailleurs, prodiguaient au jeune président des conseils souvent confus. Les thèses, parfois mal interprétées, de François Perroux et de Destanne de Bernis sur les « industries industrialisantes » étaient accueillies avec enthousiasme par les économistes algériens formés dans les universités françaises. Les dissidents de tous les régimes autoritaires des pays du Sud affluaient à Alger et y élaboraient l'idéologie qu'on nomma plus tard « tiers-mondiste ». Elle préludait au maoïsme, poussait au rejet des pesanteurs de la civilisation occidentale et misait sur une nouvelle jeunesse du monde qui s'en libérerait une fois pour toutes.

Certes, nous ne prenions pas cette idéologie au sérieux. Nos interlocuteurs algériens, tant aux Affaires étrangères que dans les diverses administrations du gouvernement, débattaient avec nous de la solution à apporter aux problèmes très concrets du fonctionnement de l'État. Ils connaissaient souvent mieux que nous les complexités de la vie politique française et leurs souvenirs de militants tenaient plus des combats menés en France par les associations d'étudiants algériens que des luttes de l'ALN dans les maquis. Mais rien n'était encore stabilisé, rigidifié, comme cela le serait progressivement sous la présidence bien plus rigoureuse d'Houari Boumediene.

Le premier ministre algérien des Affaires étrangères, Khemisti, victime d'un attentat auquel il devait survivre plusieurs semaines dans le coma, avait eu pour successeur Abdelaziz Bouteflika, dont le style véhément et orgueilleux ne facilitait pas le dialogue. Mais son collaborateur chargé des relations avec la France, Djamal Houhou, devint rapidement un ami. Sa femme et la mienne avaient du plaisir à se rencontrer et, en dehors des négociations proprement dites, nos conversations m'ouvraient des perspectives très riches sur les réalités algériennes. Il était fils d'un grand écrivain de langue arabe et sa femme descendait d'une vieille famille turque. A eux deux, ils représentaient l'élite intellectuelle, marquée certes par des études françaises, mais véhiculant une culture authentiquement islamique. Djamal Houhou a occupé, dans une belle carrière, plusieurs postes où je le retrouverais bien des années plus tard : ambassadeur au Canada, ministre de la Santé, ambassadeur à Paris. En 1964, il était bien plus jeune que moi et plus sûr de lui. Notre amitié n'allait pas jusqu'à le faire démordre d'exigences auxquelles je ne pouvais pas répondre et nous eûmes de nombreuses confrontations où s'exprimait un tempérament de feu et de glace. J'eus la chance de n'en jamais sortir découragé, sachant qu'il devait son autorité à une attitude qui aurait paru peu diplomatique dans un autre contexte, mais que justifiait le moment historique que nous partagions.

Auprès de lui, deux diplomates algériens très différents traitaient avec mes collaborateurs et moi des affaires courantes. L'un était un grand barbu volubile et chaleureux, Hadj Ali, qui se réclamait d'un passé de combattant et d'une mauvaise santé de fer, qu'il fallait donc beaucoup plaindre et beaucoup écouter, car il avait une belle voix grave et s'en servait avec abondance. L'autre était un jeune homme cultivé et charmant, Rachid Haddad, issu d'une grande famille de l'intelligentsia algérienne, dont je sentais qu'il souffrait des éclats revendicatifs de ses collègues et de ses supérieurs, sans pouvoir faire plus que de ramener, dès que possible, les débats vers des décisions concrètes mutuellement acceptables.

Mais les Affaires étrangères n'étaient pas notre seul, ni même notre principal interlocuteur. Dans chaque ministère, des postes étaient occupés par des Français ou nous étaient soumis à candidature. La coordination des offres et des demandes était assurée par le directeur de la fonction publique, M. Kiouane, qui devint ainsi l'Algérien avec lequel je travaillai le plus.

Ma perception de Kiouane, comme d'ailleurs de plusieurs de mes interlocuteurs algériens, a évolué au cours de ces cinq années. D'emblée je fus séduit par son intelligence et son autorité. Belle tête méditerranéenne, il avait un sourire retenu, une bienveillante courtoisie et une véritable écoute, ce qui n'est pas si fréquent. Il m'expliquait ses problèmes et je lui commentais les miens. Même si nous n'étions pas toujours d'accord, nous nous entendions, au sens le plus naturel du terme. Mais, les années passant et le gouvernement Boumediene adoptant un style de plus en plus autoritaire, je le vis changer, perdre de sa bienveillance, comme s'il se souvenait des offenses et oubliait les bienfaits. Sur son visage, l'Orient gagnait d'année en année sur l'Occident. Il savait bien que de toute mon énergie je cherchais à répondre à ses attentes, mais il s'efforçait de ne pas trop y croire. J'aurais voulu le voir plus détendu. Je n'y parvenais plus que rarement.

Avec la chute de Ben Bella et la mystérieuse accession à la présidence de Boumediene, ma propre situation se modifia. Philippe

Rebeyrol étant nommé ministre conseiller, je pris sa succession et m'installai dans sa villa, Sidi Alaoui, alors qu'il partait occuper celle de son prédécesseur, Dar-el-Raïs.

De toutes ces demeures, Sidi Alaoui, où nous nous sommes installés en 1965, est pour moi la plus émouvante. Vitia, dans son roman *La Désaccoutumance*, en a donné une description que je relis et que je confonds avec mon propre souvenir. Nous y avons passé trois ans à goûter cette architecture raffinée – due à un Anglais qui, au début de ce siècle, avait construit toute une série de villas sur le chemin Beaurepaire –, à profiter de l'ombrage des glycines de la façade et des vignes vierges de la tonnelle. Notre chambre à coucher était coiffée d'une coupole fort élégante. Nous l'avons prêtée à l'interprète de la présidence, Christopher Thiery, pour qu'il y passe sa nuit de noces, tant elle nous paraissait y être prédestinée.

C'est à Sidi Alaoui que j'ai vécu au plus près de la « splendeur orientale » chère à Baudelaire.

C'est évidemment en Algérie que j'ai appris mon métier le plus personnel, que je définirai moins comme celui de diplomate que comme celui d'entrepreneur de coopération. C'est une entreprise fort ambitieuse, où les échecs sont fréquents, mais où les succès, même modestes, ont une saveur humaine irremplaçable.

En Algérie, j'étais sur le terrain et au cœur d'une attente plus urgente et plus intense que jamais ; mes interlocuteurs n'étaient plus seulement des Français ou des diplomates étrangers, mais l'imbrication étrange de Français de plusieurs sortes et d'Algériens de plusieurs espèces. Il y avait d'abord les Français qui étaient là depuis longtemps, parfois depuis toujours, et qui étaient disposés à poursuivre leur tâche par-delà ce changement encore difficile à évaluer que représentait l'indépendance. Parmi eux, des maîtres d'école dans des villages éloignés de la mer, qui faisaient partie de la population et ne songeaient qu'à pérenniser leur appartenance au tissu local. Parmi eux, des médecins militaires au Sahara, par exemple, irremplaçables et souverains, qui n'avaient pas eu beaucoup plus de contacts avec les gouverneurs généraux qu'ils n'en avaient à présent avec les ministres algériens. Parmi eux, des agronomes, des forestiers, comme l'illustre Monjauze, qui portait dans son cœur la certitude d'avoir créé l'agriculture algérienne et que le départ des Français en sonnerait le glas. Mais aussi des militants de la révolution tiers-mondiste, convaincus de servir de levain à un peuple décidé à prendre ses destinées en main. Et même des spécialistes de toute sorte qui, ne trouvant pas d'emplois lucratifs en France, espéraient, en s'expatriant, mettre un peu d'argent de côté.

Il y avait des Algériens meurtris dans leur très naturel amour-propre d'avoir à prendre conseil de leurs anciens colonisateurs, et des Algériens avides de bénéficier de tout ce qui pouvait les aider à se situer à l'avant-garde du siècle ; des Algériens qui avaient combattu dans les maquis et à qui le gouvernement devait des postes bien rémunérés, et des Algériens qui avaient fait leurs études en France et se sentaient presque aussi dépaysés chez eux que les coopérants qui leur étaient assignés.

Notre rôle consistait à les faire se rencontrer, s'accorder, se répartir les tâches qu'exigeait la mise en place d'un État indépendant, d'une administration proprement algérienne, d'un système scolaire et universitaire moderne. Nous nous considérions comme investis d'une vraie mission et cela nous unissait comme les conjurés d'un complot. Il faut se souvenir que durant ces années-là, en France, l'Algérie passait pour un pays difficile, dont les dirigeants fondaient leur popularité sur leur nationalisme et sur le rejet de l'ancienne métropole. Le recrutement de coopérants qualifiés devenait de plus en plus ardu. C'était donc bien souvent faute de trouver un poste ailleurs que les candidats volontaires du Service national actif, qui étaient autorisés à faire leur service militaire en coopération, acceptaient de nous rejoindre. Ils occupaient des emplois pour lesquels les Algériens auraient préféré des coopérants plus mûrs. Du moins, une tradition, qui nous fut très favorable, s'était maintenue depuis les années de guerre : les élèves de l'École nationale d'administration faisaient leur service militaire en Algérie. Cette habitude avait incontestablement contribué, entre 1956 et 1962, à mobiliser une fraction importante des classes dirigeantes françaises contre la poursuite de la guerre. Une fois la paix revenue, cette pratique fit faire aux futurs hauts fonctionnaires de notre pays un apprentissage de la coopération. Si elle rebuta certains, elle en détermina d'autres à s'investir dans l'interculturalisme, qui est, à n'en point douter, une des vocations essentielles de notre pays et de notre temps.

De tous les Français travaillant à l'époque à Alger, le plus convaincu et le plus entreprenant était sans doute Claude Cheysson. Il avait été aux côtés de Mendès France dans le règlement du problème indochinois et en avait, comme moi, tiré profit. Il avait dirigé, en Afrique subtropicale, la Commission de coopération technique en Afrique, embryon des institutions de l'Afrique indépendante, et y avait complété sa compréhension des problèmes du développement africain. Il se trouvait tout désigné pour occuper le poste de directeur général de l'Office de coopération industrielle, dont le statut très novateur était prévu dans les accords d'Évian. L'OCI, dont le président devait être tour à tour algérien puis français et le directeur tour à tour français puis algérien, était chargé d'un mandat très vaste : gérer les crédits, dont une grande partie provenait de l'exploitation des hydrocarbures du Sahara, pour promouvoir le développement des infrastructures et des équipements industriels qui permettraient à l'Algérie de maintenir et d'accélérer la mise en œuvre du plan de Constantine, interrompu par la guerre. Je dois beaucoup à Claude Cheysson : nos conversations dans la belle villa qu'il occupait à Alger m'éclairaient sur le potentiel économique du pays, sur l'orientation à donner à sa mise en valeur, mais aussi sur les obstacles nés des mêmes réticences et des mêmes incompréhensions mutuelles qui avaient fait échouer la coopération franco-vietnamienne. Son intelligence audacieuse, parfois brutale, sa clairvoyance exprimée sans ménagements rendaient sa tâche ardue.

Avec Djamal Houhou, j'avais à traiter une foule de problèmes : les accords de main-d'œuvre, la restitution des archives, les achats de vin, le statut des coopérants, l'indemnisation des Français expropriés ; mais il y avait un problème central qui m'échappait complètement : celui des hydrocarbures. Ce dossier avait été confié par le général de Gaulle à Olivier Wormser, proche parent de Georges Boris, que j'avais connu à Londres. Il m'avait toujours intrigué. Comment s'était-il associé avec Alexandre Kojève, dont j'avais suivi le séminaire sur la *Phénoménologie de l'esprit* de Hegel, dans l'élaboration de la construction européenne ? Quel rôle le philosophe, conseiller du tyran, y avait-il joué ? Je tentais de faire parler Wormser, qui restait mystérieux. Il comprenait mal mon intérêt pour les pays en développement. Il y voyait une sorte d'aberration un peu niaise. Lui-même avait mené sa négociation pétrolière de façon magistrale. « Il nous a sûrement roulés, me disaient mes interlocuteurs algériens, mais il l'a fait avec tant de finesse que nous lui en sommes reconnaissants. »

Le fruit de ces efforts, de ceux de Claude Cheysson, des miens aussi, ne devait pas arriver à maturité. Quelques années après mon départ d'Alger, Boumediene et les apparatchiks du FLN qui l'entouraient, plus influencés qu'il n'y paraissait par l'exemple soviétique et peut-être déçus par les limites de l'aide française, choisirent la voie de la nationalisation des hydrocarbures, de l'arrêt de l'émigration de la main-d'œuvre, de l'arabisation à marche forcée de l'enseignement et de la répression de toute opposition démocratique. La Sécurité devenait, avec l'armée, la colonne vertébrale du gouvernement.

Cette voie aboutit aujourd'hui à une impasse. En quoi elle n'est pas différente de celle que tant de gouvernements ont empruntée au cours des dernières décennies. Cela ne doit en aucun cas nous décourager.

J'ai accepté par fidélité à ce passé de prendre la succession de Germaine Tillion à la présidence de l'association France-Algérie, fondée en 1963 par Edmond Michelet. Tous ses membres sentent que la route à suivre est celle d'un nouveau partenariat entre les deux rives de la Méditerranée, entre l'Union européenne et l'Union du Maghreb arabe. Mais ce partenariat doit être respectueux des identités de tous les peuples qui en font partie. Et cela exige particulièrement que l'Algérie se ressource dans ses traditions spécifiques, qui résultent de la conjonction des cultures romaine, kabyle, arabe, turque et occidentale, aucune ne pouvant exclure les autres. C'est à quoi nous travaillons avec une équipe d'intellectuels algériens installés à Paris, qui, bravant les obstacles opposés aux échanges à la suite des violences de 1995 et 1996, maintiennent les liens avec leur pays pour en faire connaître la vraie nature. Il suffit de partager avec eux une de ces soirées chaleureuses qui me rappellent les veillées de Batna, de Blida ou de Bejaia, pour reprendre confiance, comprendre par l'intuition plus que par le raisonnement que l'Algérie n'a pas dit son dernier mot.

XVIII

Daniel Cordier et la peinture

J'interroge la mosaïque de mes souvenirs. Les plus récents ramènent à la surface les plus anciens. Écrire sur soi, c'est se rencontrer, parfois avec surprise, dans des situations inattendues.

Une de celles-ci est la visite que nous avons faite, Christiane et moi, tout récemment, à Daniel Cordier dans sa maison de Bescat, à trente kilomètres au sud de Pau. Je ne le vois plus que trop rarement, depuis la mise en sommeil du Club Jean-Moulin. Tout entier accaparé par l'œuvre d'historien à laquelle il se consacre depuis vingt ans, il mène, au pied des Pyrénées, une vie d'ermite. Mais un ermite assez particulier. Il avait décidé de racheter la maison de son enfance et de lui redonner le visage qu'elle avait lorsqu'il y vivait avec ses parents et sa grand-mère. Non pas le visage approximatif. Avec un sens inouï du détail, il avait reconstitué les tentures, les meubles, les bibelots, les robinets de la baignoire et jusqu'au portemanteau de l'entrée, où était accroché le chapeau, miraculeusement retrouvé, de sa grand-mère.

Il mettait beaucoup de coquetterie à souligner la perfection de ce travail. Car Daniel Cordier est un véritable obsédé et c'est ainsi que je l'aime depuis que nous nous sommes rencontrés dans les baraques du camp de Camberley, sous l'uniforme de la France libre.

Et cette obsession-là m'en rappelait d'autres. Celle de participer au combat qui l'avait conduit à l'âge de vingt ans à faire un entraînement de parachutiste et d'opérateur radio en Angleterre pour être envoyé en mission en France, en janvier 1942, auprès de Jean Moulin. Et plus encore celle qui l'avait décidé trente ans plus tard à entreprendre la plus scrupuleuse et la plus monumentale des biographies de celui qui avait été son patron, son initiateur aux valeurs de la démocratie et son modèle.

Daniel Cordier avait fait une première plongée dans les archives de la Résistance lorsque la DGER lui avait demandé de rédiger un livre blanc du BCRA avec ma première femme, Vitia, et moi, à mon retour de déportation.

L'affectueuse amitié qui s'était nouée entre nous est restée une des plus précieuses de ma vie. Mais nous l'avions perdu de vue lors de notre séjour à New York. Nous avions su qu'il avait été le conseiller de Georges Bidault, qui avait succédé à Jean Moulin, comme président du Conseil national de la Résistance et avait pris à la Libération le portefeuille des Affaires étrangères.

Cordier n'y était resté que quelques mois. Puis il avait choisi de peindre et à cet effet s'était retiré du monde dans un coin perdu de l'Aquitaine. Il subissait l'influence du peintre Dewasne, coloriste non figuratif dont les formes géométriques très rigoureuses l'avaient fasciné. Quatre ans plus tard, Cordier reparaissait, héritier d'une importante fortune, ayant décidé qu'il n'était pas peintre et se consacrerait désormais à promouvoir le talent des autres.

Le métier de marchand de tableaux est plein d'embûches. Cordier y excellait, détectait des talents étranges et émouvants, ouvrant des galeries à New York, Paris et Francfort et conseillant les grands collectionneurs, notamment le féru de peinture moderne qu'était Georges Pompidou. Il siégeait au conseil qui orientait les choix du centre Beaubourg.

Aussi brusquement qu'il avait déposé ses pinceaux, il cessa un beau jour de vendre les œuvres des autres et publia un texte très sévère pour les spéculations des faux amateurs de peinture qui remplacent le goût par l'argent.

A la même époque, Henri Frénay, le grand patriote fondateur du mouvement Combat, publia un livre de Mémoires dans lequel il donnait libre cours à sa vieille animosité contre Jean Moulin, dont il avait tenté en vain de récuser l'autorité. Frénay n'hésitait pas à accuser l'unificateur de la Résistance d'avoir favorisé les ambitions des communistes, ce qui faisait de lui un compagnon de route du

Parti. Cette accusation n'était étayée par aucune preuve mais, dans un climat où tout ce qui touchait au communisme était tenu en suspicion, elle pouvait nuire gravement à la mémoire de celui dont Malraux avait fait mettre les cendres au Panthéon.

Le sang de Cordier ne fit qu'un tour. Il attaqua Frénay dans des colloques et des émissions, entra avec lui dans une polémique courageuse et décida de se faire le biographe de Jean Moulin. S'étant procuré un accès complet aux archives de la Résistance, il réunit minutieusement, texte par texte, télégramme par télégramme, tout ce qui pouvait réfuter les soupçons d'Henri Frénay, mais aussi tout ce qui faisait apparaître le créateur de Combat comme un admirateur du maréchal Pétain et, pis encore, un résistant compréhensif à l'égard de certains des aspects des lois raciales de Vichy. Publiant une introduction de quatre-vingt-cinq pages au premier volume de sa biographie de Jean Moulin, Cordier lançait ainsi un brûlot dans la mêlée parfois pagailleuse des anciens résistants. Même ceux qui savaient que Cordier avait raison, mais qui chérissaient la mémoire de Frénay, comme Claude Bourdet, manifestèrent à Cordier leur désapprobation : il fallait faire preuve de plus de retenue et ne pas déboulonner les statues.

Mais Cordier ne lâchait pas prise et les pièces du dossier s'accumulaient. Lorsque, vingt ans plus tard, un pamphlétaire du nom de Wolton reprit la thèse selon laquelle Jean Moulin était un agent du Kominform, la polémique déboucha sur un procès. Cordier le gagna et décida d'aller jusqu'au bout des cinq volumes de huit cents pages chacun, prodigieux monument d'érudition auquel tous les historiens ont rendu hommage.

Tout au long de ce travail, Daniel Cordier, qui n'était pas toujours sûr de son style, demandait à Vitia de l'aider de ses conseils, de sorte que nous étions associés à ses découvertes et à ses interrogations. Un jour qu'il avait été la cible d'une attaque particulièrement basse d'un ancien de Combat qui mettait en doute son propre rôle dans la Résistance, j'envoyai au *Monde* un article de soutien à mon camarade qui fut publié le jour même.

Je souligne ainsi le côté fraternel de nos relations, qui seul explique l'étonnante proposition que me fit Cordier, dans les années soixante-dix, à une période où il occupait dans la rue Séguier l'appartement d'un de « ses » peintres : Henri Michaux. Il ne s'agissait de rien de moins que d'écrire ensemble une histoire de la peinture de ses débuts jusqu'à sa fin. L'art de peindre a parcouru, pensait-il, un cycle passionnant qui aujourd'hui s'achève. Des diverses fonctions que la peinture a occupées dans les sociétés humaines où elle s'est épanouie, plusieurs ne trouvent plus leur place. La fonction magique a cédé la place à la fonction religieuse. La fonction mémoriale, la fonction esthétique, la fonction naturaliste ne survivent plus que dans des œuvres mineures. Celle qui les a relayées et pour laquelle il faut trouver une épithète, c'est celle où le peintre fait porter sa recherche sur la peinture elle-même, explorant inlassablement les formes qu'elle n'a pas encore prises et qu'elle pourrait prendre. Je proposai de l'appeler la fonction heuristique, ce qui plut à Daniel. Il fallait lui trouver des précurseurs : Uccello ? Arcimboldo ? Mais elle rencontre ses propres limites. Les terres qu'elle défriche sont de plus en plus arides, ingrates, inhumaines. Elle s'épuise avec le *Blanc sur blanc* de Kline et la boîte de conserve de Warhol.

Pour en apporter la démonstration, nous réunîmes, rue Séguier, les cent vingt chefs-d'œuvre sur lesquels nous voulions fonder notre travail, cent vingt, comme les journées de Sodome. Cent vingt belles reproductions. Leur choix avait pris des semaines, entraîné parfois d'âpres discussions. Puis, avec le souci d'exactitude qui le caractérise, Cordier fit faire, par d'excellents documentalistes, un dossier sur chacune de ces œuvres : genèse et description matérielle, vie et qualités du peintre, environnement historique et social, et ce qu'il nommait « fortune critique », c'est-à-dire ce que les connaisseurs des périodes successives avaient écrit ou dit de l'œuvre en question.

Dans un domaine qui n'était pas du tout le mien et où je ne pouvais servir qu'à stimuler Cordier, c'est le projet le plus ambitieux auquel j'aie jamais été associé. J'en garde dans une armoire la prodigieuse documentation : cent vingt dossiers bien rangés. Mais le texte lui-même s'est interrompu à la page 20. Entre-temps, Jean Moulin s'était imposé.

Mon amour de la peinture ne me vient pas d'Helen. Bien avant ma naissance, elle avait cessé de peindre, jugeant cet art trop salissant. Il me vient d'abord de Roché et de ses amis ; puis d'Henri Laugier, qui m'a fait rencontrer Léger et Picasso, dans l'appartement de la rue de Babylone qu'il partageait avec Marie Cuttoli ; puis d'Henri Hoppenot, qui m'a donné à lire vingt-cinq pages remarquables où il caractérise la peinture de son temps.

Un jour, j'ai demandé à Cordier ce qui distingue un grand peintre d'un bon peintre. « C'est simple, m'a-t-il répondu, je vais te montrer. » Et il m'a entraîné au Metropolitan Museum, à New York, où nous nous sommes retrouvés ensemble devant un Vermeer accroché à côté d'un Pieter de Hoogh. Pour moi, deux chefs-d'œuvre. « Oui, me dit Cordier, mais regarde bien. Alors que chez Vermeer aucun centimètre carré n'est inutile ou indifférent, chez Hoogh tu pourrais faire bouger un meuble ou changer des fleurs de place. C'est un très bon peintre, ce n'est pas un grand. »

Et c'est l'amour de la peinture qui est à l'origine du dernier voyage que j'ai entrepris avec Vitia, quelques mois avant sa mort. Nous avions entendu, de la bouche d'une de ses collègues interprètes, un éloge très convaincant de la petite ville d'Urbino, dans les Marches, et je venais d'achever la lecture du livre d'André Chastel sur la peinture italienne du temps de Piero della Francesca. Le mystère qui entoure son tableau intitulé *La Flagellation*, conservé dans le palais du duc de Montefeltre à Urbino, s'était encore épaissi, puis élargi, grâce aux recherches de Carlo Guinzburg. J'avais hâte de le sonder *de visu*. Mon mandat de trois ans étant arrivé à son terme, je venais de quitter la Haute Autorité de la communication audiovisuelle, où, par une étrange aberration, le président de la République avait choisi pour me succéder Gilbert Comte, que rien ne qualifiait pour cette charge. Vitia était déjà plus malade que nous ne l'imaginions, mais son désir de quitter Paris à la poursuite de la beauté n'en était que plus intense.

Nous décidons de faire ensemble un voyage Piero della Francesca, en voiture à travers l'Italie. L'Albergo Italia, seul hôtel situé au centre d'Urbino, est notre première escale. Marchant dans les rues escarpées de la ville, passant par l'atelier de Raphaël, dont chaque meuble, chaque miroir est pieusement conservé, nous atteignons la statue du prince des peintres qui domine un marché très animé, au sommet de la colline. Vitia est prise de soudains vertiges, que j'attribue à la chaleur ou à l'exaltation, alors qu'ils devraient nous alerter. Mais nous voulons tout voir et tout lire sur cette période incomparable de la haute Renaissance, où les Églises d'Occident et d'Orient ont failli se rejoindre et où les aristocrates italiens ont rivalisé dans le recueil d'œuvres de l'Antiquité et dans le mécénat des artistes de leur temps.

Les minces marches de marbre du palais ducal nous font glisser imperceptiblement vers le studiolo de marqueterie et les salles où sont exposées les œuvres de Piero et de son génial contemporain Uccello. Nous nous y arrêtons longuement. Je m'efforce de faire partager à Vitia la joie que le peintre a dû éprouver à voir prendre forme sous sa brosse ces nobles figures dont il connaissait les modèles, cette architecture aux fines perspectives et la scène cruelle qui s'y déroulait.

Notre périple nous emmène ensuite à Borgo San Sepolcro et à Arezzo, plongeant plus profondément à chaque pas dans l'univers ordonné et lumineux de notre peintre, débordant de gratitude à son égard pour la manière dont il comble notre attente.

Dans sa ville natale, Borgo, se trouve une *Résurrection du Christ* devant laquelle nous restons muets. Un jeune peintre français, un peu moins muet que nous, nous engage à ne manquer sous aucun prétexte la *Madone enceinte* de Piero dans la petite chapelle de Monterche.

Suivant son conseil, nous frappons le lendemain à la porte de la chapelle, qui nous est ouverte par un vieux gardien attentif. Derrière l'autel, ce thème fort rare est représenté avec une grâce parfaite : la Vierge, au ventre alourdi par l'enfant encore invisible, est entourée de deux anges infiniment suaves et discrets. Lorsque notre capacité d'absorption s'évanouit et que nous prenons congé, le gardien s'étonne : « Vous partez déjà ? Il y a quelques jours, un autre Français est venu ici et il est resté une heure devant cette fresque. » C'était notre peintre !

XIX

Un voyage autour du monde

Ma carrière diplomatique a été presque aussi atypique que ma déportation. je n'ai occupé aucun des postes classiques où se forment les futurs ambassadeurs. Comme secrétaire des Affaires étrangères, j'ai été détaché auprès du secrétaire général des Nations unies. Comme conseiller, j'ai fait pendant cinq ans fonction de directeur dans un ministère autre que les Affaires étrangères, l'Éducation nationale. Comme ministre plénipotentiaire, je me suis retrouvé administrateur adjoint du Programme des Nations unies pour le développement. Je suis resté à Paris vingt-quatre ans sur les quarante qui vont de mon entrée au ministère à ma retraite.

Et pourtant, j'ai l'impression d'avoir beaucoup voyagé, d'avoir peut-être trop souvent accepté des missions sans penser à ma femme et à mes enfants. Vitia voyageait de son côté. Sa profession d'interprète de conférences lui imposait des déplacements. Heureusement pour les enfants, il y avait ma belle-mère, éducatrice rigoureuse, que ses petits-enfants redoutaient et chérissaient à la fois. Et il y avait la merveilleuse gouvernante, la Vava, monument de certitudes morales et de loyauté.

Malgré les nombreux voyages que mes fonctions m'imposaient, je n'ai jamais été blasé. Aujourd'hui encore, j'aime l'instant où l'avion s'arrache du sol, le branle presque imperceptible du train en partance, l'arrivée au soir dans une ville inconnue que l'on se réjouit de découvrir au matin. J'aime survoler les blondes rousseurs du désert africain, la blancheur scintillante d'un massif alpin ou l'inquiétante éponge vert sombre d'une forêt équatoriale. Assis l'autre jour dans l'Eurostar, au cours des vingt minutes qu'il met à passer sous la Manche, le souvenir m'est venu d'un voyage assez particulier en 1963, inoubliable : c'était un tour du monde.

C'est René Maheu, directeur général de l'UNESCO, qui me demanda de faire équipe avec un Soviétique, un Britannique et un Américain pour rédiger un rapport sur les modes de présence de son organisation dans les pays bénéficiant de son aide. Nous en étions encore aux tâtonnements des grands programmes d'assistance technique aux pays en voie de développement. La concurrence était acharnée entre l'aide bilatérale et l'aide multilatérale, entre Nations unies, Banque mondiale, institutions spécialisées et organisations régionales. Chacun se méfiant des autres, la cohérence ne pouvait être imposée que par les États bénéficiaires eux-mêmes. Or, leur sous-développement institutionnel, parallèle au sous-développement économique, qui justifiait l'aide, les empêchait d'en assurer l'efficacité. Maheu, qui me considérait comme un ami, comptait sur moi pour plaider la cause de l'indépendance de l'UNESCO.

Dans la répartition des rôles entre les quatre « experts », j'avais tiré le gros lot : vérifier sur place l'efficacité des projets dont l'UNESCO avait la responsabilité. L'Américain devait faire une partie de ce voyage avec moi, le Britannique une autre, un diplomate ukrainien fin et jovial se réservant l'étude du siège et des pays industriels donateurs.

Je me revois dans le bureau de René Maheu (un grand charmeur, condisciple de Sartre et de Nizan à l'École normale, sans doute le meilleur et le plus ambitieux directeur général que l'UNESCO ait jamais eu), parlant des conditions matérielles de notre mission. Il fallait choisir un certain nombre de pays, en Asie, en Afrique et en Amérique latine. Combien ? Lesquels ? Nous convînmes que neuf feraient l'affaire : trois pour chaque continent. Le tout durerait cinq semaines. Me voici devant l'atlas. Trois pays d'Afrique où l'UNESCO est active : je choisis le Nigeria, le Soudan et l'Égypte. Trois pays en Asie : le Liban, le Pakistan et la Thaïlande. En Amérique, le Mexique, le Chili et le Brésil. Quel cadeau du destin pour un fervent des voyages et qui réussit à dormir dans les avions !

Nous avions passé l'été en Grèce avec les enfants et je les y avais quittés, tout bronzés, pour prendre à Londres l'avion pour Lagos. J'emportais avec moi l'image du berceau méditerranéen de l'humanité occidentale et je tombai sur l'apogée des contradictions de notre siècle : une immense agglomération où s'entassent des dépaysés de toute sorte, Africains très britanniques dans des bureaux climatisés, Africains en perte d'identité dans des immeubles homogénéisés, Yoroubas et Ibos s'épiant sans aménité loin de leurs terroirs, pris dans le tourbillon d'une circulation des êtres et des choses qui coupe le souffle. Chacun aspire à se livrer pour être accepté et à se protéger pour n'être pas laminé : la mégalopole.

Je connaissais déjà plusieurs Afriques, toutes francophones : Dakar, Abidjan, Brazzaville. Mais Lagos était, dès 1963, ce que ces autres villes allaient devenir vingt ans plus tard : un casse-tête auquel les plus courageux des dirigeants africains n'ont pas trouvé de réponse. Ce fut pour moi comme un rapide coup de sonde au cœur du problème que je n'ai cessé, depuis lors, de considérer comme l'un des plus cruciaux de notre fin de siècle : la ville plurimillionnaire, produit monstrueux de la consommation médiatisée et en même temps berceau des cultures du siècle prochain.

C'était l'une des rares périodes où le Nigeria jouissait d'un régime civil. Il n'avait pas encore subi le drame du Biafra et s'enorgueillissait du bon fonctionnement de la fédération, qui laissait aux provinces une large autonomie. Les projets éducatifs que nous devions évaluer étaient situés à Ibadan. Merveilleux contraste ! A la ville occidentalisée et défigurée par l'architecture moderne qu'était Lagos s'opposait ici une urbanisation africaine où, en dépit de la congestion due à une croissance rapide, l'espace gardait une respiration, une sorte de tendresse qui maintenait un lien entre la ville et la terre où elle s'implantait. Les projets eux-mêmes avaient les qualités et les défauts typiques de cette période de l'assistance technique multilatérale : ferveur des participants, qui y croyaient encore, cloisonnement entre les instances nationales responsables de chacun d'eux, manque total de cohérence entre un plan de développement national et les approches ponctuelles des partenaires bilatéraux ou multilatéraux jaloux de leurs influences respectives. Mon collègue anglais et moi le sentions, sans pouvoir encore en tirer d'autre conclusion qu'une mise en cause générale du fonctionnement de l'UNESCO, doublée d'un scepticisme sur la capacité du gouvernement à en tirer un réel profit.

Nous devions poursuivre notre route ensemble jusqu'à Khartoum. Il y retrouva, comme à Lagos, l'empreinte de la présence britannique et les Africains nous semblaient infiniment excusables de si mal gérer ce que l'UNESCO leur proposait de mettre en œuvre – écoles, universités, collèges techniques, instituts de recherche scientifique –, tant l'indépendance était encore récente et mal assurée.

Puis j'abordai seul des nations plus mûres où l'UNESCO apportait un soutien précieux à des institutions qui possédaient leurs traditions et sur lesquelles la « modernité » pouvait se greffer sans dommages : l'Égypte nassérienne, le Liban multiconfessionnel encore intact et tolérant, le Pakistan écartelé entre ses deux provinces.

Je garde le souvenir du contraste entre Dacca, où la pression de l'islam donnait aux foules la sombre dignité d'un monothéisme fervent, et Bangkok, dont l'atmosphère était empreinte des rires et des rythmes allègres, marques sensibles de l'influence chinoise, qui en faisaient un ensemble de pierres et d'eau scintillant et parfumé. En 1963, l'explosion urbaine était déjà en cours, mais restait contrôlée par la tradition. J'y avais fait un bref séjour huit ans auparavant, venant de Saigon. Cette fois, l'écho qui me parvenait du Vietnam était angoissant. Diem venait d'être lâché par les Américains et la gangrène de la guérilla vietcong n'était plus maîtrisable, marquant le début de la plus tragique aventure que les GI auront connue en ce demi-siècle.

Bangkok était le siège asiatique des Nations unies. Située au carrefour des nations émergentes du Pacifique Sud, on y mesurait le paradoxe né des ambitions théoriques des organisations du système et de leurs incohérences opérationnelles. Le mince concours que proposait l'UNESCO ne faisait pas le poids, face aux milliards de la Banque asiatique de développement, le partenaire régional le plus exigeant de la Banque mondiale. Il aurait fallu intégrer le bricolage des uns dans les perspectives mieux structurées des autres.

Je partageai ces réflexions désabusées avec mon collègue américain, qui m'avait rejoint en Thaïlande et avec qui je devais poursuivre mon périple *via* Tokyo et la Californie.

Arrivés à San Francisco, nous constatâmes, comme jadis Philéas Fogg, qu'ayant fait le tour de cette petite planète nous avions gagné un jour, que nous consacrâmes à nous promener dans cette ville élégante et cultivée, avec son quartier russe et sa ville chinoise, ses tours élancées et ce bel arc de pierre et de métal au-dessus de l'eau : le Golden Gate.

Puis, à nouveau seul, l'Amérique du Sud, Santiago, Concepción, Valdivia, Rio de Janeiro, Bahia, Mexico, de longues palabres dans deux langues que j'aimais entendre mais que je ne pratiquais pas, l'espagnol et le portugais, et, pour mettre un point d'orgue inattendu à ce tour de la terre, New York et l'assassinat du président Kennedy.

De retour à Paris, il nous restait à soumettre notre rapport à Maheu. Il concluait à l'urgente nécessité de considérer le développement comme un processus global au sein duquel il était essentiel de ne pas cloisonner ce qui était fait pour l'éducation, pour la santé, pour l'agriculture et pour la formation professionnelle. Il fallait donc faire travailler toutes les institutions internationales sous une autorité commune. C'était exactement l'inverse de ce que souhaitait le directeur général de l'UNESCO, victime, comme la plupart de ses collègues, de la paranoïa sectorielle des grands ambitieux. Il s'arrangea pour faire remiser notre rapport dans un placard.

Quant à moi, j'avais non seulement embrassé la planète, mais encore respiré en quarante jours les parfums des civilisations qui la peuplaient. Elles y apportaient chacune leur sérénité et leurs angoisses pour en faire, toutes ensemble et toutes différemment, notre Terre. Merci, René Maheu !

XX

L'Afrique (1)

Plus je vieillis, plus l'Afrique m'est nécessaire. J'ai mis du temps à la connaître, mais je l'ai tout de suite aimée. J'avais du respect pour mes collègues du ministère qui avaient fait leur formation à l'École coloniale, devenue après la guerre l'École de la France d'outre-mer. La décolonisation les avait obligés à se reconvertir. Ceux qui avaient choisi les Affaires étrangères souffraient d'y être accueillis avec plus de suspicion que d'enthousiasme. N'allaient-ils pas rendre l'avancement des autres plus difficile ? J'observais au contraire leur compétence et leur sérieux, que je ne trouvais pas toujours chez les jeunes énarques qui avaient été attirés dans la « carrière » par goût des fastes diplomatiques. Ceux-là évitaient d'être affectés en Afrique à des postes réputés marginaux. Comme ils avaient tort !

J'ai à peine effleuré l'Afrique coloniale. Le souvenir de mon premier contact avec le continent noir est flou. Il m'en reste la sensation d'une chaleur accablante à l'atterrissage d'un Constellation à l'aéroport de Douala, où nous avions fait escale en route pour Brazzaville. C'était en 1953. Je travaillais à la direction des Nations unies et nous étions heureux d'avoir obtenu que l'Organisation mondiale de la santé installe son bureau régional pour l'Afrique en terre française.

La climatisation n'existait pas encore, mais les cases étaient fraîches et aérées et l'accueil du gouverneur courtois.

La négociation se faisait entre les fonctionnaires internationaux et les autorités françaises, sans la moindre participation des Africains.

On s'occuperait de leur santé sans les consulter. De cela j'ai conscience aujourd'hui, mais en 1953 je ne songeais même pas à m'en étonner. Un artiste polonais, installé dans un quartier tranquille, dirigeait une école de peinture et j'ai ramené de ce premier voyage un petit tableau rouge et noir dû à un Congolais très imaginatif. J'en ai fait cadeau à mon fils cadet, aujourd'hui psychiatre, qui l'a accroché dans sa salle d'attente. Je suis sûr qu'il en émane une stimulation onirique.

Vingt et un ans plus tard, en mission auprès du gouvernement congolais, la juxtaposition des Blancs et des Noirs n'aura pas fondamentalement changé : les invités de l'ambassadeur de France, en sortant d'un cocktail en plein air, tomberont sur une fête africaine, et je me dirai que les Africains doivent observer la gestuelle du cocktail avec la même curiosité ébahie que les hôtes de l'ambassadeur leurs danses et leurs chants. Chacun sera encore le folklore de l'autre.

Mais, en 1953, j'étais assez jeune pour être troublé par les promeneuses congolaises marchant les seins découverts ou portant sur le dos un bébé dont les pieds nus ornaient les deux côtés de leur taille. J'admirais le grand fromager au bord du fleuve, sous lequel les vieux prenaient l'ombrage en regardant l'autre rive dominée par Léopoldville. Cette Afrique-là n'est plus qu'une réminiscence poétique.

Cinq ans plus tard, Roger Seydoux, directeur général des Relations culturelles, qui m'avait confié la direction du Service de coopération technique, me chargea d'une mission difficile à Conakry. Le référendum d'autodétermination des territoires français d'outre-mer venait de faire accéder l'Afrique française à un statut hybride : une indépendance limitée, dans le cadre d'une « communauté » manifestement inspirée du Commonwealth britannique. Le général de Gaulle avait convaincu tous les dirigeants africains, sauf un, de faire approuver par leurs peuples cette formule. Elle ne se maintiendrait que deux ans et déboucherait sur leur accession à l'indépendance formelle et sur leur admission dans l'Organisation des nations unies. Le seul qui était partisan du non était Sékou Touré. Ce jeune syndicaliste, brillant orateur, était populaire auprès de la gauche française. Ceux qui, comme moi, n'avaient pas applaudi au retour du général de Gaulle au pouvoir n'étaient pas fâchés de la résistance que la Guinée avait opposée à la France. Au Club Jean-Moulin, nous jugions sévèrement la façon hargneuse dont le Général avait rompu avec Sékou Touré. Roger Seydoux avait obtenu non sans mal qu'un envoyé explorât avec les autorités guinéennes les formes que pourrait prendre une coopération technique dans des domaines d'intérêt commun.

Je découvris Conakry avec plaisir. C'était, au printemps 1959, une jolie capitale coloniale à l'architecture désuète, aux rues fleuries, avec de beaux palmiers, des jacarandas et des flamboyants. Mais les Français n'y flânaient plus depuis la rupture d'octobre et le regard de l'entourage présidentiel sur l'envoyé de Paris était dépourvu d'aménité.

Sékou Touré lui-même m'avait cependant reçu, sans trop me faire attendre, dans les salles spacieuses et bien aérées du palais présidentiel. Pour autant que je m'en souvienne, l'entretien était censé éclairer les raisons du choix que la Guinée avait fait de l'indépendance, raisons que Paris avait si mal comprises. L'Afrique, disait-il, ne trouverait les voies de son développement qu'en s'appuyant sur ses propres forces. L'aide de l'ancienne métropole l'engluerait dans un système économique et politique qui ne lui convenait pas. Il fallait suivre l'exemple de Nkrumah. Sékou Touré s'exprimait avec beaucoup de clarté, dans une langue très mélodieuse. Je n'essayai pas de le contredire, me bornant à évoquer certains secteurs où, pour quelques années encore, la présence d'une expertise française pourrait être bénéfique : l'Institut Pasteur de Kindia, la production d'alumine de Boké, le concours d'universitaires, d'ingénieurs. Pourrions-nous convenir d'un texte qui préciserait les conditions juridiques d'une telle présence ? Sur ce point, après m'avoir invité à visiter ces deux sites, il m'adressa au ministre de l'Économie, Ismaël Touré, son frère.

A Boké, je tombai sur un ancien du cabinet Mendès France, Marchandise, qui dirigeait un chantier déjà considérable, où la bauxite, exceptionnellement abondante et pure, devenait alumine.

L'entreprise Pechiney avait négocié son maintien sans aucune intervention du gouvernement français et se gardait d'en solliciter. L'implantation était impressionnante, ultra-moderne, les « cases » en aluminium destinées à l'encadrement scintillaient au soleil. Marchandise m'assura qu'elles isolaient leurs habitants de la chaleur. Il était bien conscient de la précarité de l'entreprise. Sékou Touré connaissait l'incompétence des cadres guinéens. Il fallait en profiter.

Même chose à Kindia. L'Institut Pasteur y élevait des serpents dont le venin était précieux : des reptiles redoutables, surtout les plus minces et les plus verts. A les voir se tortiller dans les grands bacs en terre, on sentait que leur morsure ne pardonnerait pas. Les chercheurs ne se plaignaient pas trop. Préciser leur statut ? Sans doute, mais en préservant autant que possible leur liberté de travail. Pour le moment, cela marchait.

Mon entretien avec le frère ministre ne me laissa aucun doute sur l'état d'esprit du gouvernement guinéen. On ne signerait rien avec la France.

Quelques mois plus tard, j'accompagnai André Boulloche à Dakar, pour l'inauguration de l'université dont Lucien Paye était le recteur et Léopold Sédar Senghor le « protecteur ». A cette cérémonie étroitement copiée sur les rites français – Senghor voulait une université française de plein exercice, avec des diplômes équivalant exactement à ceux de la métropole – on voyait plus de Français que d'Africains. Je perçus tout de suite ce que l'université de Dakar avait d'ambigu. Les étudiants qu'elle formerait deviendraient inévitablement une élite coupée de la masse, attirée par tout sauf la gestion des vrais problèmes de leur pays. La lecture du beau roman d'Hamidou Kane, dont le titre, *L'Aventure ambiguë*, renvoie au grand texte de Michel Leiris, *L'Afrique fantôme*, m'ouvrit les yeux sur ce que devrait être la coopération : une maïeutique permettant à l'Afrique de définir démocratiquement son chemin et de n'accepter de ses partenaires du Nord que ce qui ne l'en écarterait pas.

J'avais pour complice dans cette conception, qu'il s'agissait d'imposer au moins autant à l'administration française qu'aux ministres africains de l'éducation, mon ami de Saigon Jean-Pierre Dannaud, devenu directeur au ministère de la Coopération. Ensemble, nous avons parcouru le continent africain entre 1959 et 1964, années de jeunesse des États devenus indépendants. Ensemble, nous prêchions la coupure du cordon ombilical. Plus facile à dire qu'à faire. Je nous revois dans le bureau désormais climatisé d'un de ces ministres, formés pour la plupart à l'École normale William-Ponty, au Sénégal, et qui tendent spontanément – quel enseignant n'est pas enclin à le faire – à pérenniser le système dont ils sont issus. Le ministre est impressionné par la visite de ces deux « normaliens » devant lesquels il voudra faire montre de sa culture classique. Ils lui recommandent de développer, au bénéfice de ses jeunes compatriotes, une pédagogie nouvelle, moins axée sur le verbe et davantage sur l'action, de promouvoir l'enseignement technique et professionnel, trop négligé par l'administration coloniale, afin de former les cadres moyens des entreprises de son pays. Il nous laisse dire en opinant du chef, soupçonnant instinctivement, avec la méfiance tellement légitime du Noir à l'égard du Blanc, que nous cherchons à confiner son pays dans un rôle subalterne pour mieux en garder le contrôle.

L'important pour lui est que l'inspecteur d'académie que nous lui avons présenté soit bien un « vrai » agrégé, aussi gradé que celui qu'a obtenu l'État voisin.

Il y a, dans ces voyages, des plaisirs et des inquiétudes. Plaisir de l'accord avec Dannaud sur les objectifs à atteindre dans cette phase aurorale des indépendances africaines ; plaisir de la rencontre, à chaque étape, avec des maîtres et des écoliers africains ; plaisir des incursions, loin des capitales côtières, dans les terres rouges de latérite poussiéreuse du Sahel, sur des chemins toujours parcourus par les longues files alertes et patientes de femmes et d'hommes porteurs de charges colorées. Mais aussi inquiétude devant les carences héritées de la colonisation : une scolarisation à la française pour une mince frange des jeunes, happés par la fonction publique, sortis de leurs villages, coupés de leurs racines, mais que leur clan va parasiter dès qu'ils auront un poste ; et, pour le plus grand nombre, des classes de cent élèves ânonnant des phrases mal comprises au grand désespoir d'instituteurs débordés, dont la patience et la bonne volonté ne compensent pas l'incompétence et le manque de moyens pédagogiques.

C'est l'époque où l'UNESCO prêche pour une scolarisation accélérée, favorisant beaucoup trop le quantitatif au détriment de la qualité. La mission confiée à nos inspecteurs d'académie est ambiguë et harassante. Plusieurs s'en tirent avec talent.

Je pense à Marcel Vitte, que j'ai emmené avec moi au Gabon, un des pays où le taux de scolarisation est lc plus élevé, mais où le niveau des connaissances acquises par les élèves est le plus faible. Un jeune ministre nous parle de ses projets de réforme, pour lesquels il a besoin de notre soutien auprès de son président, qui le soupçonne de non-conformisme. Il nous emmène en avion à Lambaréné. Le survol du Gabon à basse altitude est une expérience violente : cette forêt équatoriale aspire le regard comme un immense entonnoir vert sombre et mortel. Le Dr Schweitzer nous attend aux portes de son vaste campement, où les malades circulent et s'affairent sous l'œil paternel de ce vieillard encore solide à la belle chevelure argentée. Il se dit curieux de rencontrer un admirateur de son jeune parent Jean-Paul Sartre. Il fait étalage de sa simplicité de vie, de son africanité assez narcissique. Il n'est pas rassuré par l'accession des terres africaines à leur nouveau statut, qu'il sent source de gabegie. Il est déjà le porte-parole de sa propre histoire, de son passé de pionnier. Il n'y a même plus de piano dans sa case.

C'est au Cameroun que nous rencontrons, Dannaud et moi, les interlocuteurs les plus intéressants : le ministre de l'Éducation Eteki, très politique, diplômé de l'École nationale de la France d'outre-mer, et son directeur général, Michel Doo Kingué, qui fera une grande carrière internationale et sera, dix ans plus tard, mon collègue au Programme des Nations unies pour le développement. Ils sont les premiers à comprendre que l'université de Yaoundé doit se différencier radicalement des universités françaises, ne pas rechercher l'équivalence de ses diplômes avec ceux de la France, de manière à former des élites qui resteront en Afrique et orienteront leurs étudiants africains vers un destin proprement camerounais.

Entre l'Afrique des premières années de l'indépendance et celle que j'allais retrouver dix ans plus tard, le fossé était énorme. C'est aujourd'hui, avec ce regard en arrière, que je m'en rends vraiment compte. Une espérance a été déçue, une énergie gaspillée. Les « pères de l'indépendance », les Ahidjo, les Houphouët, les Hamani Diori, les Tsiranana, ont joué la carte de l'autoritarisme, des partis uniques, des compromissions avec l'argent. Notre politique d'aide n'a eu d'autre objectif que le maintien d'une tutelle financière, certes coûteuse pour le contribuable français, mais dont la charge est compensée par un acquiescement à la notion de « pré carré » qui donnerait à la France une dimension internationale accrue. Le résultat a été l'appauvrissement des populations africaines, au moins aussi gravement exploitées par les dirigeants africains qu'elles l'avaient été par les administrateurs coloniaux. Elles ont été maintenues en servitude grâce à l'appui que l'ancienne puissance tutélaire apportait à leurs nouveaux maîtres.

Quand me suis-je aperçu de cette dérive ? Quand ai-je commencé à regarder l'Afrique avec le mélange d'affection et d'appréhension que j'éprouve pour elle aujourd'hui ? L'expérience algérienne m'y a peut-être aidé. Il me semblait justement que, à la sortie d'une guerre longue et meurtrière, le gouvernement algérien des années soixante avait donné l'exemple inverse, celui d'une rupture radicale avec le modèle français. Lui avait vraiment « viré sa cuti ». Les gouvernements de l'Afrique subsaharienne ne l'avaient pas fait. Ainsi mon jugement sur la politique africaine de la France se faisait de plus en plus sévère en même temps que grandissait ma méfiance à l'égard des chefs d'État africains.

Je n'étais pas le seul à porter ces jugements. Mon premier ambassadeur à Alger, Georges Gorse, avait été chargé à la fin des années soixante d'un rapport sur la politique de coopération de la France, qui en dénonçait les faiblesses et les absurdités. Dans mes fonctions d'administrateur adjoint du Programme des Nations unies pour le développement, j'avais pu comparer les effets de l'aide multilatérale et ceux de la coopération bilatérale française. Après tout, chacune abordait des domaines complexes, la rencontre de civilisations différentes dont la solidarité n'avait rien d'évident.

Il était important de ne pas se laisser décourager par les premiers échecs, mais d'en tirer les leçons.

C'est pourquoi, lorsque l'élection de 1974 amena à l'Élysée Valéry Giscard d'Estaing et au ministère de la Coopération Pierre Abelin, je fis ce que je n'ai fait qu'une fois dans ma vie : offrir ma collaboration à un ministre de droite.

Pierre Abelin était pour moi non un ami mais une figure récurrente et respectée des étapes les plus constructives de ma carrière. Il avait succédé à Pierre Mendès France comme président de la délégation française au Conseil économique et social des Nations unies. Je n'étais pas étranger, quatre ans plus tard, au choix que le ministère avait fait de lui pour présider la Commission de la coopération technique internationale, où il avait su mobiliser à ses côtés des chefs d'entreprise comme Demonque et Dagallier. Mais je savais aussi que notre tentative, au Club Jean-Moulin, de faire de Gaston Defferre le « M. X » rival du général de Gaulle avait échoué par sa faute. Il avait, au dernier moment, refusé à Defferre le soutien du MRP. En outre, il portait une part de la responsabilité que j'attribuais à son parti dans la chute du gouvernement Mendès France. C'est dire que mon opinion sur lui était équivoque. Mais je le croyais capable de me laisser exercer, dans le nouveau domaine dans lequel il s'aventurait, l'influence de quelqu'un qui s'y connaissait peut-être mieux que lui.

Mon calcul n'était pas faux. Non seulement Pierre Abelin m'accueillit avec beaucoup de cordialité, mais encore, s'étant déjà engagé à confier la direction de son cabinet à Robert Toulemon, un ancien du club moins engagé politiquement que moi, il me proposa de travailler avec lui comme chargé de mission.

Cette nouvelle aventure ne dura que deux ans et se termina à mon désavantage. Mais elle eut pour moi une importance capitale. D'emblée, il s'agissait d'opérer une réorientation de la politique africaine de la France, en tentant de prendre nos distances par rapport aux habitudes des présidences gaullistes, avec lesquelles Valéry Giscard d'Estaing nous semblait décidé à rompre. Il n'avait pas gardé Jacques Foccart à l'Élysée. Nous ne savions rien de son successeur, Journiac. Notre ministre comptait bien prendre autorité sur la nouvelle politique en se fondant sur la confiance de l'Élysée. Il demandait à l'équipe qu'il mettait en place de lui faire des propositions novatrices.

Ce qui caractérisait cette équipe, c'était sa vocation à réformer une administration qui avait jusque-là survécu à tous ses ministres sans perdre des habitudes héritées de la période coloniale. On nous demandait en somme de décoloniser le ministère de la Coopération, de l'ouvrir à d'autres régions du monde que l'Afrique, de tirer les leçons des échecs du développement africain, d'entamer une collaboration plus confiante avec nos partenaires européens, de faire toute leur place aux organisations non gouvernementales, aux entreprises, aux universités, mais surtout de mieux nous assurer des besoins véritables de nos partenaires et d'accroître ainsi leur responsabilité sur la conduite de leurs affaires.

Il est juste de reconnaître que nous avons échoué et qu'au départ de Pierre Abelin, au début de 1976, et lors de son remplacement par Jean de Lipkowski, qui se hâta de prendre le contre-pied des idées de son prédécesseur, c'est l'administration qui l'emportait, l'Élysée qui reprenait les habitudes de Jacques Foccart et le « pré carré », avec les privilèges qu'y préservaient les traditionnels exploiteurs français de l'Afrique, qui retrouvait sa place sur l'échiquier français.

Mais nous pensions que cette première année du septennat de Giscard d'Estaing verrait des changements profonds dans la politique extérieure de la France. Le ministère de la Coopération mettait en chantier une grande réforme. Débarrassé des chefs de service de son prédécesseur, Abelin avait pris Jean Audibert comme directeur de la planification et de la politique, un homme dont le cabinet partageait les vues novatrices. Allions-nous, cette fois, être à la hauteur de l'ambition qu'Apollinaire exprime dans le quatrième vers de « La jolie rousse », le poème qui contient la plus pathétique formulation de sa personnalité : « Ayant su quelquefois imposer ses idées » ?

L'essentiel pour nous était de comprendre les raisons de ce que nous analysions comme un échec : quatorze ans après leur accession à l'indépendance, les pays d'Afrique francophone subtropicale n'avaient pas entamé une politique de développement « auto-entretenu » (c'était le vocabulaire de l'époque ; aujourd'hui, on dit « durable » ou « soutenable »). Les régimes présidentiels prêtaient le flanc à la gabegie et à la corruption. Le système éducatif ne s'était pas suffisamment démarqué des traditions coloniales et ne formait pas les cadres techniques et administratifs capables de prendre la relève des coopérants français. Mais surtout, nous voulions briser la complicité entre les dirigeants africains et leurs partenaires des grandes entreprises françaises, complicité qui détournait de leur destination les crédits consacrés à l'aide, aggravait l'endettement des jeunes États et retardait le moment où leurs cadres assumeraient eux-mêmes la responsabilité de leur développement.

Cette complicité a été dénoncée et ses effets lamentables soulignés par un homme qui porte en lui à un point particulièrement élevé les valeurs auxquelles je suis le plus sensible : la compétence jointe à la modestie, la lucidité dans le combat contre l'injustice, l'engagement au service des causes les plus humaines, la générosité dans les rapports personnels, je parle d'André Postel-Vinay. Cet inspecteur des finances, qui avait rejoint la France combattante à Londres en 1942, devait occuper pendant trente ans le poste d'administrateur du Fonds d'investissement pour le développement économique et social, rebaptisé dans les années cinquante Caisse centrale de coopération économique, un des mandats les plus longs jamais assumés par un haut fonctionnaire. Il y acquit, pour les problèmes de l'Afrique comme pour ceux de l'immigration, une compréhension dont aucun gouvernement de la IVe ou de la Ve République n'a vraiment su tirer parti. Pourquoi ? Sans doute manquait-il de la souplesse et du goût du compromis sans lesquels il ne se fait pas de grande carrière dans notre pays. Le seul poste ministériel qu'il ait accepté – ayant pensé comme moi que le septennat inauguré en 1974 par Valéry Giscard d'Estaing autorisait des espoirs de réforme –, celui de secrétaire d'État à l'Immigration, il en a démissionné au bout de quelques semaines pour n'avoir pas obtenu le minimum de ressources sans lesquelles il ne pensait pas pouvoir être efficace. Sa femme, Anise, rescapée miraculeuse du camp de Ravensbrück, mit son inlassable énergie au service de l'association France Terre d'Asile et apporta, avec Geneviève

Anthonioz, Germaine Tillon et Lucie Aubrac, la preuve irréfutable de la supériorité des femmes dans l'engagement au service de la dignité humaine.

Au cours des deux années que dura la présence de Pierre Abelin à la tête du ministère, notre équipe consacra l'essentiel de son temps à réunir les données concrètes permettant d'y voir clair et de proposer, dans un rapport qui porterait son nom, les réformes que, comme André Postel-Vinay, nous jugions indispensables.

A cet effet, nous proposâmes au ministre de monter une série de missions sur le terrain, baptisées « missions de dialogue ». Elles seraient composées non de vétérans de l'administration, mais d'hommes capables de jeter sur elle un regard critique.

Dirigées pour la plupart par Robert Toulemon ou moi, quelques-unes par Jean Audibert, ces missions devaient se rendre dans les dix-huit pays signataires de la convention de Yaoundé, les ex-territoires d'outre-mer parvenus à l'indépendance. M'incombèrent le Sénégal, le Burkina Faso (qui s'appelait encore Haute-Volta), le Niger, le Mali, la Mauritanie, le Bénin (à l'époque Dahomey) et le Tchad. La composition de mon équipe variait en fonction des disponibilités de chacun, mais je faisais l'impossible pour avoir avec moi un inspecteur général des finances, Jacques de Chalendar, un professeur de droit d'Aix-en-Provence, Maurice Flory, et un juriste originaire de Cognac, Paul Sabourin, chargé de tenir la plume pour ce qui devait être le produit ultime de toute l'aventure : le rapport Abelin.

Comme dans toute entreprise qui se veut novatrice, il y avait chez nous un mélange de candeur et de roublardise. Nous parviendrions à démontrer que le système fonctionnait mal, qu'il avait besoin d'être profondément réformé, mais sans avoir l'air de critiquer ses acteurs, en leur permettant simplement de dire ce qu'ils avaient sur le cœur. C'était évidemment miser sur l'effet de surprise qu'aurait notre attitude dans le dialogue et prendre à rebours ceux qui nous assuraient que les responsables africains étaient soit trop courtois, soit trop intéressés au *statu quo* pour se laisser engager dans une critique constructive du fonctionnement de l'aide française.

Or, l'expérience a prouvé que nous avions raison – soit que le moment fût venu, dans les esprits, d'une remise en question, soit que les membres de nos missions aient su pratiquer cette maïeutique. Partout où je voyageais avec lui, Jacques de Chalendar y était, à mes yeux, passé maître. Cet homme grand, un peu voûté et dont le visage mobile exprimait une vraie bonté savait passer très vite outre aux échanges polis, lorsque nous étions assis autour d'une table avec quelques ministres ou directeurs africains, et poser les deux ou trois questions pertinentes qui faisaient se délier les langues et percer les rancunes ou les frustrations. Alors le dialogue devenait utile et les suggestions des uns et des autres se rejoignaient en un faisceau cohérent.

Mon rôle était surtout de préserver l'esprit de l'équipe, de ne pas laisser s'installer la lassitude ou le découragement lorsque nous découvrions l'étendue des dysfonctionnements ou que nos collègues des ambassades nous mettaient en garde contre la valeur des réflexions de nos interlocuteurs africains. Je retrouvais quelques-uns d'entre eux, rencontrés du temps de la direction de la coopération à l'Éducation nationale et avec lesquels s'étaient nouées des relations de confiance ; d'autres, avec lesquels j'avais travaillé dans le cadre du PNUD. J'étais frappé par le peu de contacts qui s'établissaient dans chaque capitale africaine entre les différents bailleurs de fonds. La Banque mondiale jouait en solo, le PNUD se méfiait des anciennes métropoles, la France faisait tout pour préserver une « chasse gardée » et s'arrangeait pour que les activités financées par Bruxelles soient confiées à des acteurs français.

Il me semblait urgent d'inciter les responsables africains à se doter des instances nécessaires pour mettre de l'ordre dans les filières par lesquelles leurs partenaires bilatéraux ou multilatéraux intervenaient dans leur développement.

A l'issue de ces missions, j'étais profondément imprégné par l'Afrique. J'avais goûté les qualités très particulières de son hospitalité, de sa convivialité, de sa fantaisie, l'intelligence imaginative de certains de ses dirigeants, parmi lesquels je fais une place particulière à Abdou Diouf. Il n'était encore que Premier ministre lorsque nous étions passés à Dakar. Le président Senghor nous avait reçus et tenu le langage le plus conservateur sur le plan culturel, le plus traditionnel sur le plan économique, le plus élevé sur le plan moral. Et puis Abdou Diouf nous avait écoutés et, du haut de sa silhouette inoubliable, nous avait dit ce qu'il attendait de la France avec une clarté et une dignité remarquables. Que n'avons-nous su, durant ces années où tout était encore malléable, où les cartes étaient encore entre leurs mains, soutenir l'action des jeunes hauts fonctionnaires africains issus du terrain, comme ces directeurs de l'Agriculture, de l'Élevage, des Travaux publics du Mali, du Niger, du Tchad, ces jeunes ministres de la Santé de Mauritanie ou du Dahomey, ce directeur du Budget de Haute-Volta, qui, chacun selon son tempérament, semblaient heureux de construire avec nous une Afrique libérée de ses pesanteurs et de ses inerties !

Vingt ans plus tard, il faut bien reconnaître que l'avènement de cette construction, si nécessaire et si enthousiasmante, reste encore à l'état de projet.

Parallèlement à nos missions sur le terrain s'étaient organisées à Paris des concertations avec les nombreux acteurs de la coopération franco-africaine, auxquels nous demandions de réfléchir avec nous à des questions déjà plusieurs fois examinées et débattues lors de la rédaction des deux grands rapports qui avaient précédé le nôtre : le rapport Jeanneney, en 1963, et le rapport Gorse, en 1970. Leurs rédacteurs avaient été deux de mes amis : Simon Nora pour le premier, Yves Roland-Billecart pour le second. Leurs recommandations avaient été inspirées par les mêmes préoccupations : dégager la France d'un partenariat exclusif avec l'Afrique et l'y associer à ses alliés européens ; alléger le dispositif des coopérants trop nombreux et procéder rapidement à la formation des cadres africains susceptibles d'en assurer la relève ; rechercher le développement des forces productives et mettre un terme aux économies de rente ; faire toute leur place aux organisations non gouvernementales, dont il s'agissait d'accroître la cohérence et le professionnalisme, sans les mettre pour autant sous la coupe de l'État.

Qu'avions-nous à dire de plus au terme de notre enquête ? D'abord, qu'aucune de ces recommandations n'avait été suivie d'effet et que leur pertinence pourtant restait entière. Ensuite, que les pays de l'Afrique subsaharienne ne pouvaient plus être dissociés de leur environnement et que la coopération de la France, forte de l'expérience acquise, devait être offerte à d'autres partenaires, non seulement au Maghreb et au Proche-Orient, aux pays africains non francophones, mais aussi à l'Asie et à l'Amérique latine. Enfin, que si une grande administration politique – qui ne pouvait être que les Affaires étrangères – devait être chargée de négocier les orientations à donner à cette coopération, son exécution devait être confiée à une agence gérée de manière souple et fonctionnelle, comme l'étaient celles qui, pour les gouvernements américain, suédois, canadien et autres, s'acquittaient de la même mission.

Or, chaque fois qu'un gouvernement avait voulu intégrer l'administration de la coopération au Quai d'Orsay, comme l'avait tenté Michel Jobert en 1973 et comme le ferait Claude Cheysson en 1981, la résistance des services était trop vive et la « fusion » n'opérait pas.

A l'âge de cinquante-sept ans, je me croyais assez fort pour vaincre des résistances que j'attribuais plus à la méconnaissance des vraies données du problème qu'à la défense d'intérêts administratifs ou financiers. La confiance de Pierre Abelin me donnait du courage et la cohésion de l'équipe qui travaillait avec moi, la ferveur du rédacteur du rapport, Paul Sabourin, me faisaient bien augurer du succès. Ce fut donc une très grande déception de constater, après mon départ du ministère consécutif à l'affaire Claustre, que le rapport Abelin n'eut pas un meilleur sort que les deux précédents. Et cela aurait dû me faire comprendre qu'il en irait de même pour le rapport que je devais remettre quinze ans plus tard, sur le même sujet, à Michel Rocard.

XXI

L'affaire Claustre

Je viens de relire l'ouvrage exhaustif et émouvant que Pierre Claustre a publié douze ans après la libération de sa femme Françoise, qui fut l'otage d'Hissène Habré du 21 avril 1974 au 1er février 1977. Avant d'en venir au rôle assez pitoyable que j'ai joué dans ce qui, en 1975, était devenu une affaire qui agitait les médias et le monde politique, j'en rappelle brièvement la genèse. Il est probable, en effet, que cet épisode a sombré pour beaucoup dans l'oubli, tant sa principale protagoniste fit preuve à son retour en France d'une remarquable discrétion.

Née dans une famille luxembourgeoise, Françoise Treinen travaille au Tchad depuis 1964. Archéologue, elle fait des recherches sur les peuples préislamiques du désert. Elle rencontre Pierre Claustre, arrivé au Tchad en 1969. Ancien élève de l'École nationale de la France d'outre-mer, il dirige la mission pour la réforme administrative, une sorte d'entreprise de travaux publics au bénéfice des populations rurales dans les régions du nord et de l'est du Tchad, affectées par la rébellion. Pierre tombe éperdument amoureux de Françoise, la conquiert et l'épouse.

Le 2 avril 1974, Pompidou meurt. La France est en pleine campagne électorale lorsque, le 20 avril, Françoise Claustre rejoint un collègue allemand, le Dr Staewen, à Bardaï, une palmeraie du Nord, où il lui a signalé des tombes préislamiques. Elle est accompagnée d'un jeune collaborateur de son mari, Marc Combe. Les rebelles de la 2e armée du Nord, commandés par Hissène Habré, ont décidé de s'emparer de Bardaï. Leur coup de force réussit, mais, dans la bataille, la femme du Dr Staewen est tuée et trois otages sont capturés : l'Allemand et les deux Français.

La négociation s'engage mal. Le nouvel ambassadeur de France, jugeant que Françoise Claustre a été gravement imprudente et agacé par les interventions incessantes de son mari, pratique l'attentisme. Il espère que les rebelles comprendront qu'ils doivent tempérer leurs exigences. La réaction des Allemands est tout autre. Un négociateur apporte la rançon demandée pour la libération du Dr Staewen et celui-ci quittera le Tchad le 13 juin. Françoise Claustre et Marc Combe restent seuls. Les exigences d'Hissène Habré vont se faire plus difficiles à satisfaire : outre une rançon de 20 millions de francs et la publication par les médias d'un manifeste politique, il réclame la libération de trente-deux prisonniers politiques que Félix Tombalbaye, qui gouverne le Tchad depuis quatorze ans, ne voudra pas relâcher.

La situation s'aggrave après que la France a désigné un négociateur qui avait travaillé au Tchad dans les services de renseignements et de répression, le commandant Galopin. Ayant pris contact avec Habré en juillet, il est retenu prisonnier par les rebelles. Une année va s'écouler sans que les négociations aboutissent. Mais aussi sans que les autorités françaises fassent suffisamment pression sur Tombalbaye pour obtenir les libérations réclamées par Habré. Ce n'est qu'en avril 1975 que l'affaire rebondit. Coup sur coup, les rebelles exécutent Galopin, et les adversaires de Tombalbaye assassinent le président qui est remplacé à la tête de l'État par un des prisonniers politiques dont Habré a exigé la libération, le général Malloum.

C'est Pierre Claustre, dont il est facile d'imaginer l'angoisse, qui va trouver le moyen de reprendre la négociation sur de nouvelles bases. Profitant de la confiance que lui fait Hissène Habré, il emmène au Tchad un grand journaliste, Thierry Desjardins, un brillant photographe, Raymond Depardon, et une amie du président Giscard d'Estaing, Marie-Laure de Decker, pour un reportage sur la rébellion et le seul otage qui reste aux mains des rebelles, Marc Combe ayant réussi à s'échapper.

Françoise, qui a jusqu'alors admirablement tenu le coup, va s'effondrer face à ces nouveaux visiteurs, et les images de son désarroi et de sa colère contre les autorités françaises qui ne font rien pour lui venir en aide vont crever les écrans de télévision.

Pierre Abelin, que j'avais accompagné au Tchad avant l'assassinat de Tombalbaye et qui avait plaidé auprès de lui pour la libération des prisonniers politiques réclamée par Habré mais sans obtenir satisfaction, est cette fois profondément perturbé. Le choix de Galopin, auquel il avait consenti, s'est révélé catastrophique. Son proche collaborateur, Puissant, qui a rencontré plusieurs fois Habré sans parvenir à le convaincre de renoncer à certaines de ses exigences, a perdu sa crédibilité. Il a encouragé Pierre Claustre à servir d'intermédiaire entre Habré et des marchands d'armes, pour transformer la rançon versée par les Allemands en mitrailleuses. Le mari éploré va s'engager dans une aventure rocambolesque, mais qui devra être tenue strictement secrète à l'égard des autorités tchadiennes.

C'est alors que je suggère à mon ministre de me confier la reprise de la négociation. Pour m'informer sur le Tibesti et les ethnies qui le composent, je lis le remarquable livre de Chapelle sur les Toubous, la tribu d'Habré ou plutôt de son *alter ego*, Goukouni, le fils du dernier chef religieux de la tribu. Car Habré est en réalité gorane, ce qui diminue un peu son autorité sur les rebelles et l'oblige à être plus exigeant vis-à-vis de la France.

Pierre Abelin, qui me considère comme un vrai diplomate, accepte mon offre et je me prépare à cette nouvelle mission. Elle va m'accaparer de mai à août 1975, les mois pendant lesquels il faut aussi mener à terme le rapport Abelin, qui doit ouvrir de nouvelles perspectives à la coopération franco-africaine. Mes voyages à N'Djamena et à Bardaï seront les plus brefs possible, et plus furtifs encore mes quelques contacts avec Pierre Claustre, dont je devine les activités clandestines plus que je ne les connais. Je m'informe aussi sur la personnalité du chef des rebelles. Celui qui deviendra en 1979 le président du Tchad a fait ses études à Alger et en France. Étudiant à Paris, il a eu comme professeur Georges Vedel, l'un des piliers du Club Jean-Moulin. Celui-ci me promet de profiter d'une interview sur Radio-France à propos de l'affaire Claustre pour faire l'éloge du nouveau négociateur, me présentant comme crédible et influent. Nous espérons qu'Habré aura écouté ce soir-là.

Arrivé à N'Djamena, je me présente au général Malloum. Mes instructions sont claires : obtenir la libération de Françoise Claustre en échange de 4 millions de francs, de vivres et d'équipements de diverses sortes destinés aux populations sous le contrôle des forces armées du Nord. Reste l'exigence inacceptable d'Habré : des armes. De cela il ne peut naturellement être question.

Un peu enivré par mon aventure, je monte une première fois dans le Tibesti ; survol en Transall d'un désert particulièrement pittoresque, avec d'énormes cuvettes à fond blanc et des roches rouges sous un ciel profond ; traversée du « caillou » en Land Rover au côté d'un chauffeur étonné de véhiculer un diplomate qui lui récite des vers de Baudelaire ; accueil par des « combattants » qui brandissent leurs kalachnikovs. Sur le lieu du rendez-vous, un tapis étendu sous un arbre isolé sera le siège des négociations.

Les deux premières rencontres servent de prélude : j'expose mes instructions et insiste pour parler avec le chef. Ses jeunes séides ne me cachent pas que mes propositions sont insuffisantes. Ils s'étonnent que je sois venu sans attaché-case et sans documents. Dès la deuxième rencontre, j'en ai un sous le bras, d'un beau cuir noir avec une fermeture à code. Mon insistance finit par l'emporter. Rendez-vous est pris avec les chefs des forces armées du Nord, Hissène Habré et Goukouni. Le 14 juillet 1975, j'embarque en Transall pour Bardaï, c'est la troisième fois. La Land Rover me conduit à Zoui, lieu du rendez-vous. Autour du tapis les combattants et leurs chefs prennent place et la discussion s'engage.

C'est ici que l'histoire se complique. Je sais qu'Habré réclame des armes, fût-ce en faible quantité, pour prouver sa valeur aux yeux de ses compagnons. Lui, le Gorane, obtiendra cela pour les Toubous. Je sais aussi que Pierre Claustre a frété un DC-4 et fait affaire avec des marchands d'armes pour charger des mitrailleuses au Ghana et venir les déposer à Yebi-bou, la piste qui sert aux rebelles avec lesquels il n'a cessé de garder le contact. Je sais enfin que l'amie de Valéry Giscard d'Estaing et ses deux compagnons sont au quartier général des rebelles près de Yebi-bou et que le DC-4 aura pour mission officielle de les ramener en France. Mais je n'oublie pas que *Paris-Match* vient de publier un malencontreux entrefilet sur un DC-4 parti du Luxembourg pour apporter des armes aux rebelles tchadiens. D'où est venue cette fuite ? Je ne le saurai jamais.

Avec toutes ces données en tête, comment aborder la négociation ? Ce que j'ai appris sur Hissène Habré, notamment par Thierry Desjardins qui l'a interviewé au printemps, m'incite à lui parler d'abord de ses propres ambitions. Le meurtre de Galopin est un handicap sérieux : on ne tue pas un négociateur. Mais Habré a des partisans à N'Djamena et la nouvelle situation politique, après la mort de Tombalbaye, devrait lui permettre de jouer un rôle important dans le gouvernement du général Malloum, qui lui doit sa libération. Naturellement, cela passe par un dénouement honorable de la prise d'otages, acte hautement condamnable et dont, à l'époque, la technique ne s'est pas encore généralisée.

Les combattants assis en cercle autour du tapis nous écoutent. Celui que j'identifie comme Goukouni fait face à Habré et l'observe sans participer au dialogue. Habré laisse entendre que Galopin a été victime de sa roublardise mais ne prend pas l'exécution à son compte. Lui aussi veut en finir. Il ne réclame que la juste reconnaissance de la cause qu'il incarne. Il a besoin d'argent, d'équipements et d'armes. La population du Tibesti doit être nourrie. La France a tort de se laisser manœuvrer par un gouvernement corrompu.

Dans sa djellaba blanche, qui tranche sur les uniformes brun et gris des combattants, il a l'allure d'un intellectuel plus que d'un guerrier. Il s'explique avec précision et mesure dans un français nuancé. Le dialogue prend forme. Mais il faut en venir aux propositions. Il n'est pas question que le gouvernement français lui fasse parvenir des armes. Cependant, le reste de ses demandes sera satisfait : la rançon, les vivres, les véhicules, les équipements radio. Ce sont des contreparties coûteuses pour la libération d'une femme dont il doit reconnaître la totale innocence et dont le maintien en détention ne peut que le gêner dans sa démarche politique.

Habré s'éloigne un instant et Goukouni le rejoint. Lorsqu'ils reviennent, mes espoirs s'évanouissent. Sans les armes que l'un des négociateurs précédents lui a promises, il gardera l'otage et, s'il le faut, l'exécutera à son tour.

Au lieu de le prendre à part, je commets ma première erreur. Devant les combattants réunis, je donne les informations additionnelles que je possède. Cette nuit, les armes acquises par Pierre Claustre ont été déposées au quartier général des rebelles. Cette partie des conditions posées est donc remplie grâce à l'aide discrète des autorités françaises. Il pourra s'en assurer dès son retour à Yebi-bou.

La négociation change immédiatement de ton. Habré paraît soulagé et nous parlons des conditions concrètes de la libération de Françoise et de l'acheminement de la rançon. Quand l'échange peut-il avoir lieu ? Tout dépend de la rapidité avec laquelle les chefs rebelles pourront regagner leur base. Pour faire vite, il leur faudrait une Land Rover. Là, je commets ma deuxième erreur. Sachant qu'il y a une Land Rover supplémentaire à Bardaï, je prends sur moi de l'attribuer à Habré en acompte sur le lot de véhicules promis en échange de l'otage. Ce geste améliore singulièrement le climat.

L'accord est conclu : prochain rendez-vous le 24 juillet, par radio pour confirmer l'échange de l'otage contre la rançon le 1er août. Nous nous séparons sur une poignée de main assez digne. Dès mon retour à N'Djamena, je commets ma troisième erreur. Je reçois des journalistes et le représentant de l'AFP et j'annonce qu'un accord a été conclu et que l'otage sera libérée le 1er août. Aux collaborateurs du général Malloum je rends compte de mes conversations en omettant volontairement de mentionner les armes. Leur scepticisme ne me surprend pas. Mais je compte sur le secret qui doit entourer l'opération du DC-4.

Je savoure, bien imprudemment, les félicitations de l'ambassadeur et je regagne Paris sans connaître le dénouement catastrophique de l'opération montée par Pierre Claustre. Non seulement le DC-4 n'a déposé que des mitraillettes sans munitions, mais au lieu d'aller chercher le complément promis par une deuxième rotation au Ghana, une panne de moteur l'a obligé à faire escale à Dirkou, au Niger voisin, dont le gouvernement a mis sous séquestre l'avion et le matériel du photographe et n'a laissé partir que les trois journalistes, qui sont rentrés à Paris furieux : ils n'ont rien pu ramener de leur reportage sur la rébellion.

Plus grave encore : en fouillant le DC-4 on y trouve la preuve de son chargement en armes, confirmant l'entrefilet de *Match* qui a déjà mis la puce à l'oreille au gouvernement tchadien. Encore pourrrais-je passer pour candide si les services secrets tchadiens n'avaient pas infiltré la rébellion : leur agent ne tarde pas à rendre compte de mon entrevue à Zoui et de l'aveu que j'y ai fait : j'étais au courant de l'opération montée par Pierre Claustre avec le concours des autorités françaises.

Aux yeux du gouvernement tchadien, je suis un traître. Par-dessus le marché, j'ai cédé aux rebelles une précieuse Land Rover sans rien obtenir en échange. Aux yeux d'Habré, qui découvre bien vite que les armes qui lui ont été livrées sont inutilisables, notre accord est caduc. Quant à Pierre Claustre, il est désespéré.

Vue de Paris, l'affaire restait obscure. Habré avait promis de reprendre contact le 24 juillet. Le ferait-il ? L'avion avait du moins sorti les trois journalistes du désert. Peut-être la négociation pourrait-elle reprendre. On décida de me renvoyer à N'Djamena pour y guetter la possibilité de renouer le dialogue. Après tout, Habré pouvait encore me faire confiance et on ignorait que Malloum était au courant de mes propos imprudents concernant le DC-4.

Ce fut un séjour très étrange dans le pavillon attenant à la résidence de l'ambassadeur de France. Vitia, très sensible à mon désarroi, voulut m'accompagner et découvrir ainsi le Tchad. Le climat était lourd : les autorités tchadiennes refusaient de nous recevoir. L'ambassadeur voyait en moi un complice de son « ennemi » Pierre Claustre. Habré ne se manifestait pas. Les jours passaient, inutiles. Contre toute vraisemblance, je pensais qu'Habré avait gardé un souvenir positif de notre dialogue et chercherait à le renouer. Vitia trouvait l'atmosphère de la résidence étouffante. Le 1er août vint et passa. Une visite à N'Djamena d'un proche collaborateur du président de la République ne parvint pas à convaincre Malloum de me renvoyer à Bardaï. J'étais devenu *persona non grata* et le ton montait entre Malloum et la France.

De retour à Paris, je retrouve mon ministre désolé, amical mais lourd de reproches contenus : comment ai-je pu ne pas me méfier, trop parler, trop vite ? Lorsqu'il reçoit l'ordre de l'Élysée de m'écarter de mon poste au ministère, Pierre Abelin ne peut qu'obtempérer.

Giscard a été catégorique : je ne veux plus voir Hessel à la Coopération. J'avais échoué, compromis les relations entre le Tchad et la France.

Mes collègues du ministère trouvaient qu'on me faisait payer cher ma maladresse. Pierre Abelin me fit rencontrer Paul Dijoud, le secrétaire d'État chargé des travailleurs immigrés. Celui-ci me proposa la présidence de l'Office national pour la promotion culturelle des immigrés, dont il venait de faire adopter les statuts par le gouvernement. Le ministère des Affaires étrangères fut trop heureux de consentir à mon détachement et j'abordai une nouvelle phase d'activités non sans une pointe de dépit.

Je ne pouvais pas non plus refouler l'image de Françoise Claustre et de son mari, dont je savais qu'il l'avait rejointe au moment où Habré annonçait son exécution pour le 23 septembre 1975. J'avais vu sa mère, Mme Treinen, que le président de la République avait reçue et qui espérait l'avoir persuadé d'agir vite. Je restais convaincu qu'en rencontrant à nouveau Habré je parviendrais à le dissuader de commettre un tel acte. Mais Giscard préféra charger un sympathique préfet, qui avait eu jadis Habré comme stagiaire, de se rendre à Yebi-bou porteur d'une rançon importante, ce qui sauva temporairement Françoise. Malheureusement, le préfet Morel n'avait pas été autorisé à me voir, Pierre Claustre était aux mains des rebelles. C'est donc en toute ignorance de cause qu'il discuta avec Habré. Le président des forces armées du Nord accepta la rançon mais, prétextant que je lui avais promis des armes, refusa de libérer l'otage. Françoise et Pierre restèrent donc au Tibesti encore dix-huit mois, tandis que les rebelles hésitaient entre la poursuite des combats et un rapprochement avec Kadhafi.

Ce n'est qu'à la fin de 1976 qu'une négociation put être engagée par l'intermédiaire de Guy Georgy, ambassadeur de France à Tripoli, et que Goukouni, qui s'était séparé d'Habré, décida de libérer les époux. Lorsqu'ils me rendirent visite à Paris, en mars 1977, j'eus la surprise de constater qu'ils ne me témoignaient que de l'amitié. J'admire encore aujourd'hui leur courage et leur discrétion.

Naturellement, lorsque Habré devint successivement Premier ministre, puis président du gouvernement tchadien, de nombreux collègues me demandèrent quel homme il était. Que pouvais-je dire ? Les deux heures passées avec lui en plein désert me donnaient peu de lumières sur sa personnalité. Et pourtant elles avaient joué un tel rôle dans ma vie que j'extrapolais hardiment et brossais de lui un tableau minutieux et décisif. Ainsi joue la mémoire. Ce qu'elle préfère refouler s'estompe rapidement. Peut-être en va-t-il ainsi de ce récit de l'affaire Claustre fait vingt ans plus tard.

Parmi mes interlocuteurs à propos de cette affaire, je fais une place particulière à Laurent Marti, délégué du Comité international de la Croix-Rouge, qui, avant d'entreprendre avec un courage exceptionnel une série de missions périlleuses au Tchad, prit contact avec moi à mon retour de N'Djamena. Que fallait-il penser des rebelles ? Comment expliquer la politique de la France au Tchad ? Nors rapports furent tout de suite très cordiaux et ne se sont jamais interrompus. Dans sa chaleureuse maison campagnarde aux environs de Genève, nous avons eu des discussions passionnées. Ayant mené à bien le grand projet auquel il s'était consacré tout au long des années quatre-vingt – construire et animer un musée de la Croix-Rouge, et du Croissant rouge au bas d'une butte face au palais des Nations –, il m'y convia à faire une conférence sur l'expérience des camps de concentration. Le lieu, qui porte les témoignages les plus émouvants des horreurs de toutes les guerres et de l'action inlassable du CICR, s'y prêtait particulièrement : le comité avait-il manqué à sa mission en se laissant berner par les nazis et ne dévoilant pas les exactions meurtrières des camps ? Isabelle Vichniac, dans son livre sur le CICR, s'était posé la question et nous en parlions avec Marti très librement. Que fallait-il en conclure ? Que les institutions, même les plus valables, sont faillibles ? Qu'Henri Dunant lui-même, fondateur admirable de la Croix-Rouge, avait fini sa vie dans la misère et qu'il n'y avait donc pas de place sur terre pour la justice ? Ma conviction, jusqu'ici inébranlable, que notre espèce ne soulève que les problèmes qu'elle est en mesure de résoudre et que tout ce qui nous indigne nous met sur la voie d'un monde moins inacceptable, contrait celle de Laurent Marti. Il voyait l'aventure humaine comme une course à l'abîme ou plutôt une marche ferme et résolue vers un dénouement inéluctable : la disparition de notre espèce, relayée sans doute par d'autres espèces auxquelles le mouvement continu de la nature réservait la prochaine place. Marti n'en était d'ailleurs nullement fâché. Il trouvait plutôt qu'il était temps que notre cycle s'achevât, ayant déjà produit pas mal de catastrophes. Je savais que ses prises de position ne l'avaient jamais écarté d'un engagement sans réserve dans l'action humanitaire. Mais il mettait une telle bonne humeur à démontrer sa thèse que je sentais que, à lui opposer notre responsabilité d'humains différents des autres composantes du monde naturel, je perdais mon temps. J'aurais dû simplement l'inciter à lire le livre d'Edgar Morin *Terre-Patrie*, qui me semble contenir l'analyse la plus complète des missions auxquelles nous ne devons ni ne pouvons nous soustraire.

XXII

L'immigration

Immigré moi-même, le sort des travailleurs immigrés ne pouvait que m'intéresser. J'acceptai donc avec gratitude l'offre de Paul Dijoud, dont l'énergie et la vision m'avaient tout de suite conquis. Mais je n'en fus pas moins attristé du « débarquement » de Pierre Abelin, auquel succéda en 1976 Jean de Lipkowski. Lors de sa prise de fonctions, je lui écrivis un mot personnel (nous nous connaissions depuis trente ans) pour lui demander d'apporter à la mise en œuvre du rapport Abelin plus d'énergie que son prédécesseur. Il commit l'indélicatesse de montrer ma lettre à Pierre Abelin, qui fut bien naturellement froissé de ce qui apparaissait comme une critique à son égard et il m'en voulut. J'avais une fois encore fait trop confiance.

L'Office national pour la promotion culturelle des immigrés disposait d'un siège sur le boulevard de Grenelle, d'un secrétariat d'une vingtaine de personnes et d'un budget modeste qui devait lui permettre d'aider les différentes communautés étrangères entre lesquelles se répartissaient les quatre millions de travailleurs immigrés à garder contact avec leurs cultures d'origine. L'objectif recherché était donc aux antipodes de l'assimilation. Le séjour des travailleurs immigrés en France ne devait être qu'une phase de leur vie, préparant le retour dans leurs pays d'origine, lestés de connaissances acquises et d'épargne constituée. Mais, en même temps, leur présence sur notre sol devait faire connaître et apprécier à leurs voisins français les qualités et les productions culturelles des régions où ils avaient grandi avant de venir travailler chez nous.

Cette façon de poser le problème correspondait aux années de croissance, aux « trente glorieuses », qui touchaient à leur fin. Les flux migratoires induits par les entreprises françaises, insuffisamment modernisées pour se passer d'effectifs abondants de travailleurs peu qualifiés, amenaient sur notre sol non plus seulement les Italiens, les Espagnols, les Polonais d'avant-guerre, mais, en nombre croissant, des Portugais, des Maghrébins et des Africains du Sahel. Ils venaient seuls, logeaient dans les foyers de la Sonacotra hâtivement aménagés à leur intention, passaient les vacances dans leurs familles, auxquelles ils faisaient d'ailleurs parvenir une fraction importante de leur salaire, et guettaient le moment où, ayant accumulé un petit pécule, ils rentreraient définitivement dans leurs pays, laissant leurs postes de travail à la génération suivante.

Ce système n'avait pas fait que du bien à l'économie française. Il avait retardé la modernisation de nos entreprises, déshabitué les jeunes Français à occuper des postes à faible qualification et donné des pays d'émigration une image négative, les travailleurs non qualifiés se mêlant d'ailleurs peu à la population française et restant souvent, enfermés et mal logés, dans ce qui ressemblait à des ghettos.

Au milieu des années soixante-dix, cette situation allait être profondément transformée. La noria assez commode des flux et des reflux allait être suspendue, la montée du chômage amenant les autorités françaises à réglementer beaucoup plus strictement l'appel à de nouveaux travailleurs. En revanche, ceux qui restaient allaient perdre le désir de regagner leurs pays, profiter des mesures prises pour faciliter le regroupement familial et rechercher une promotion économique et sociale en France même.

L'immigration cesse alors d'être une immigration de travailleurs pour devenir une immigration de peuplement. C'est sous cette nouvelle forme, avec ses problèmes très différents et à ce jour fort mal résolus, que je devais retrouver la question de l'immigration au Plan en 1985, puis à nouveau en 1990, comme membre du Haut Conseil pour l'intégration – une création de Michel Rocard.

En 1976, nous récusions aussi bien l'intégration que l'assimilation : nous recherchions l'insertion. Que recouvrent ces termes aux définitions ambiguës ? Faire de tous les étrangers vivant en France, et surtout de leurs enfants, des Français comme les autres, en les libérant de leur héritage différentiel et de leurs idiomes d'origine, c'est à quoi convient le terme « assimilation ». La France coloniale et la France jacobine l'ont longtemps pratiquée.

Donner aux étrangers qui séjournent temporairement en France à la fois l'accès à la culture française et le moyen de maintenir, individuellement et collectivement, leurs liens avec leur patrie, sa langue, ses traditions, ses coutumes, ses arts et ses lettres, de manière à ce qu'à leur retour ils ne soient ni dépaysés ni aliénés, c'est ce qu'on désigne par le terme « insertion ». L'intégration, elle, se propose d'accélérer leur pleine participation à une société où eux-mêmes et leurs enfants vont désormais mener leur vie, tout en reconnaissant les valeurs dont ils sont les dépositaires et qui peuvent enrichir, par leur diversité même, une société française qui n'a jamais été et ne sera jamais strictement homogène.

L'Office cherchait à favoriser l'insertion ainsi définie et, pour y parvenir, à profiter de l'appui des ambassades des pays d'origine. Un diplomate trouvait là sa justification. Si le Maghreb et le Portugal étaient nos principaux interlocuteurs, nous gardions aussi le contact avec l'Italie et l'Espagne, la Pologne et la Yougoslavie. Mais l'apport le plus pittoresque nous venait du Sénégal, du Mali et du Cameroun. Musique, danse, théâtre d'Afrique. Conteurs de Turquie aussi. Nos bases logistiques étaient les maisons de la culture, les théâtres de quartier, les centres culturels islamiques proches des mosquées.

Pour mobiliser le monde du spectacle et des médias au service de notre entreprise, Paul Dijoud avait obtenu de Silvia Monfort qu'elle accepte la vice-présidence de l'Office. Je prenais grand plaisir à faire rencontrer à cette femme belle, généreuse et intelligente non seulement les ambassadeurs des pays d'origine, mais encore les responsables des troupes musicales, théâtrales, chorégraphiques des communautés immigrées. Elle me fit connaître Peter Brook, qui savait mieux que nous tirer parti du réservoir de talents que représentait l'immigration. Il y eut des tournées de certaines de ces troupes dans les grandes villes de France, où se révélait la ferveur avec laquelle la population française accueillait toute manifestation des cultures étrangères, sans l'ombre d'un rejet raciste ou xénophobe.

Le racisme et la xénophobie, j'en ai acquis la conviction au long de ces années, ne visent les étrangers que s'ils sont marginaux, misérables, mêlés à un sous-prolétariat où d'ailleurs on ne les distingue pas des Français. Alors, oui, ce sont eux les boucs émissaires des effets de la dégradation sociale dont ils sont les victimes.

Mon rôle de président servait surtout de couverture internationale à la prodigieuse activité de notre secrétaire général, Yvon Gouggenheim. Très vite, une grande intimité s'était établie entre nous. Il sentait que je lui faisais totalement confiance, ayant été subjugué par son regard étincelant et sa générosité. Il avait ma caution pour les acrobaties administratives grâce auxquelles l'Office réalisait toute une gamme de projets, comme pour le recrutement de ses jeunes collaboratrices, algériennes, françaises, italiennes ou turques, cortège fantasque et dévoué. Entré dans le cercle de sa famille, j'appris qu'il avait été, tout jeune, tenté par la milice, qu'il avait été arrêté et emprisonné à la Libération et qu'à sa sortie de prison il avait été recruté par l'abbé Pierre, auprès de qui il s'était formé. Il restait une trace de ce passé douloureux, dont il ne parlait jamais, dans son immense compassion pour les marginalisés et sa joie lorsque l'expression artistique les élevait au-dessus de leur misère.

Des nombreuses activités qu'il faisait naître je me souviens surtout de celle qui devait mettre une heure hebdomadaire de télévision à la disposition de l'Office pour faire savourer aux immigrés, mais aussi aux Français, les caractéristiques des pays d'origine, tout en informant les premiers sur leurs droits et leurs obligations. Cette émission, qui s'appelait *Mosaïque* et dont la direction avait été confiée durant les premières années à un réalisateur algérien de talent, s'imposa en dépit des contradictions internes qu'elle a toujours eu du mal à surmonter : trop de pays à présenter de manière à intéresser à la fois leurs propres ressortissants, ceux des autres pays d'origine et les téléspectateurs français. Tous les samedis, si je me souviens bien, nous scrutions les taux d'écoute et passions l'émission elle-même au crible de nos critiques.

Ce fut le plus audacieux et le dernier des projets dus à l'imagination fertile de Gouggenheim. Le cancer dont il était atteint se propagea brusquement et, en l'espace de quelques semaines, l'enleva à nous comme foudroyé. Le choc est resté en moi jusqu'à ce jour : il avait été téméraire. Il fallut toute la sereine sagesse de Jacques Roze, qui avait été mon collègue à l'ambassade de France à Alger, pour mettre sur de nouveaux rails l'association qui devait hériter de l'Office.

Paul Dijoud, qui nous avait apporté un appui indéfectible, quitta le ministère à la fin de 1976 et fut remplacé par Lionel Stoleru. Je tentai en vain de convaincre le nouveau ministre de la justesse des vues de son prédécesseur. L'aventure prit fin l'année suivante : les fonctions de l'Office devaient être reprises par une association, l'ADRI, dont l'ambition se limitait à informer le public sur les problèmes administratifs et culturels que pose la présence en France de quatre millions d'étrangers.

Je quittai Stoleru sans trop de regrets. Je devais le retrouver douze ans plus tard comme ministre du Plan dans le cabinet de Michel Rocard. C'est lui qui présenta à la presse, en faisant grand cas de sa pertinence, le rapport dont cette administration m'avait chargé en 1985 et que le gouvernement de Jacques Chirac avait gardé sous le coude. Stoleru lui avait donné ce titre ambitieux : *Immigrations* [au pluriel] : *le devoir d'insertion*. En quelques années, les problèmes de l'immigration, auxquels je n'ai jamais cessé de m'intéresser, étaient devenus un enjeu politique important.

Me voici de nouveau libre et toujours aussi peu apprécié du président de la République, donc interdit d'affectation à une ambassade qui aurait correspondu à mon ancienneté dans la carrière. Nous commencions à penser, Vitia et moi, que le septennat de Giscard s'achèverait sans que le Quai me confiât un nouveau poste et que j'aurais alors l'âge de prendre ma retraite. Nous avions d'ailleurs, en prévision de cette échéance, cherché assez longuement une maison pour nos « vieux jours » avec d'autant moins de soucis matériels que Vitia exerçait avec un talent unanimement reconnu le métier épuisant mais fort lucratif d'interprète de conférences. Elle avait en outre publié son premier roman, *Le Temps des parents*, au Mercure de France et les éloges de la critique, tout spécialement de Simone de Beauvoir, l'incitaient à récidiver. Notre recherche visait par priorité la Bretagne, dont Vitia appréciait le climat. Moi, je poussais plutôt vers le sud. Enfin notre choix se porta sur une vieille maison dans un village proche d'Uzès, d'où la vue sur les collines et les vignobles qui bordent la garrigue nous parut irrésistible. Acquise en 1975, agrémentée deux ans plus tard d'une modeste piscine, elle est le lieu où j'écris ces lignes.

En 1977, nous nous y serions volontiers retirés, laissant toute espérance de nouvelle mission diplomatique, si n'avait eu lieu de manière inattendue une rencontre avec Hélène Ahrweiler, qui me proposa de la seconder dans ses efforts pour développer les relations internationales de l'université Paris-I dont elle venait de prendre la présidence. Me voilà tout heureux, dans un sympathique bureau au cœur de la faculté de droit, place du Panthéon. Cela me rappelait bien mes années à la Direction de la coopération du ministère de l'Éducation nationale, mais les tâches étaient beaucoup moins bureaucratiques. Hélène Ahrweiler avait une personnalité à la fois attachante et dominatrice, et nos relations furent rapidement confiantes. Je sentais sa force, et dans ses relations avec les universités étrangères disposées à des échanges avec Paris je tâchais d'y mêler un peu de souplesse.

Cette nouvelle aventure dura six mois et me replongea dans un monde que je croyais avoir abandonné pour toujours. Du temps de mon passage au ministère de l'Éducation nationale, j'avais travaillé avec des recteurs, des directeurs de l'enseignement supérieur, mais j'avais eu peu de contacts avec les « vrais » universitaires, ceux qui consacrent toute une vie à un thème précis dont ils explorent patiemment les moindres nuances. Aurais-je pu faire comme eux ? Je m'étais posé la question à Alger, où André Mandouze mettait la dernière main à sa thèse sur saint Augustin. Je le vois encore aujourd'hui, dans son cabinet de travail, submergé par le produit des dernières années de ses recherches, fiches et notes, références cent fois recoupées, volumes répertoriés, citations vérifiées. De ce labyrinthe de feuilles dont il semblait maîtriser l'assemblage naissait une œuvre qui resterait inscrite dans la longue trame de l'histoire des idées. A côté de sa méticuleuse plongée, mes activités de diplomate me semblaient bien superficielles, leur effet sur le réel bien éphémère. Auprès d'Hélène Ahrweiler, j'éprouvais un sentiment très différent. Il m'apparaissait que les universitaires sont, au moins autant que les diplomates, enfermés dans une sorte de bulle faite de reconnaissance mutuelle de valeurs hautement symboliques que le devenir du monde extérieur n'atteint pas. Du moins les diplomates sont-ils parfois confrontés aux malheurs des temps, voire à des conflits dramatiques, qui ne les touchent certes qu'indirectement mais dont leur conscience ne peut pas facilement se décharger.

Les universitaires échappent sans doute à ce défi. Leurs passions feutrées, qui peuvent être violentes, jouent sur le registre de la collégialité. Moins heurté que le nôtre, le temps de la recherche est moins angoissant. J'étais plongé à leur contact comme dans un bain de sérénité. Et pourtant, ils connaissent le fond des choses, pour avoir pris le temps d'y pénétrer. N'étais-je pas toujours resté à la surface, et ce que j'appelais le monde était-il autre chose que le reflet météorologique changeant de vérités plus profondes ?

Je n'eus pas le temps de méditer sur ces constats mélancoliques. Le secrétaire général de l'Élysée, Claude Brossolette, était le fils de Pierre, qui avait été mon chef au BCRA à Londres. Il avait remarqué ma mise en disponibilité prolongée et avait trouvé qu'il fallait y mettre un terme. On me proposa donc, à la fin du printemps 1977, le poste d'ambassadeur auprès des Nations unies à Genève.

XXIII

Ambassadeur à Genève

Le poste de représentant permanent de la France auprès des Nations unies à Genève, que j'ai occupé de 1977 à 1981, est considéré dans la « carrière » comme une fonction modeste, très audessous de celle d'ambassadeur de la France auprès des Nations unies à New York, dont le titulaire siège au Conseil de sécurité, avec ce privilège des membres permanents qu'on appelle improprement le « droit de veto ». Mais c'est à Genève que l'on peut se faire l'idée la plus juste du système des Nations unies. Cette architecture imposante, élaborée morceau par morceau sans véritable plan d'ensemble, au gré des défis et de leur perception par les États membres de l'Organisation, est mal connue et encore plus mal appréciée par la plupart des observateurs, du Nord comme du Sud. L'attention se concentre sur le seul organe peu démocratique, celui qui est chargé du maintien de la paix et du règlement pacifique des différends, et où les cinq « grandes puissances », désignées comme telles au sortir de la Seconde Guerre mondiale, ont gardé jusqu'à ce jour le monopole des décisions les plus importantes.

Ce n'est pas méconnaître le rôle majeur du Conseil de sécurité que de souligner le travail continu, permanent, essentiel effectué par les innombrables instances qui sont chargées des questions économiques, sociales, culturelles, techniques, humanitaires, dont aucune ne peut plus être efficacement traitée aujourd'hui sans référence à son contexte mondial. Or, c'est à Genève que certains des principaux piliers de cette architecture complexe ont leur siège ou tiennent leurs sessions. De décennie en décennie, la part que l'organisation consacre, dans ses travaux, aux problèmes du développement s'est constamment accrue, même si les résultats obtenus sont restés très en deçà des attentes des bénéficiaires.

A cinquante-neuf ans, j'avais accumulé l'expérience des obstacles que la communauté internationale rencontrait dans son travail. J'avais éprouvé les contraintes imposées à la coopération bilatérale et l'insuffisance des moyens dont disposaient les institutions multilatérales. Mais j'avais aussi conscience des remarquables progrès déjà accomplis et de la variété des instruments disponibles. C'est à Genève que siégeait le Conseil économique et social, qui avait perdu beaucoup de son efficacité avec l'accroissement du nombre de ses membres. Mais c'est à Genève aussi que la Conférence des Nations unies sur le commerce et le développement, forum entre le Nord et le Sud, avait son secrétariat. Tout comme la Commission économique pour l'Europe, forum entre l'Est et l'Ouest, et la Commission des droits de l'homme, berceau de la culture humaniste du prochain siècle. La présence conjointe, sur les rives du Léman, de l'Organisation internationale du travail, de l'Organisation mondiale de la santé, du Comité international de la Croix-Rouge, du Haut-Commissariat pour les réfugiés, de l'Accord général sur les tarifs douaniers et le commerce, le GATT, devenu en 1995 l'Organisation mondiale du commerce, sans compter l'Union internationale des télécommunications, l'Organisation météorologique mondiale et l'Organisation mondiale de la propriété intellectuelle, cette présence ouvrait le champ le plus vaste à toutes les formes de coopération pour le développement.

Aucun poste ne répondait mieux à mon attente. Les quatre années et demie passées à Genève sont indubitablement celles où j'ai eu le plus clairement le sentiment d'être à ma place. Celles aussi où le couple très uni que nous formions, Vitia et moi, a le mieux joué son rôle.

Mon prédécesseur, Jean Fernand-Laurent, était un camarade de promotion, de cette promotion qui était passée directement de la guerre à la diplomatie par un concours spécial, le dernier avant la création de l'École nationale d'administration. Cela nous conférait un vague prestige, par lequel nous cherchions à compenser l'absence de cette formation juridique et économique dont les élèves de l'ENA ont bénéficié et dont ils sont fiers.

Fernand-Laurent avait établi sa résidence dans un charmant village du canton de Vaud, à une trentaine de kilomètres de Genève, où sa femme et leurs deux filles adoptives attendaient patiemment tous les soirs son retour, mais un site un peu éloigné pour y recevoir ses collègues. Il s'en était bien accommodé, mais ne nous en cacha pas les inconvénients. Par une chance exceptionnelle, la première maison que l'une de ses collaboratrices avait repérée et qui nous fut offerte remplissait toutes les conditions que nous pouvions souhaiter. Cette maison, modeste de taille, était entourée d'un jardin de ville regorgeant de roses, qui ajoutait encore à son charme particulier. Elle est aujourd'hui intégrée à la ville, mais elle a gardé intacte son architecture du milieu du XVIIIe siècle.

La propriétaire appartenait à une vieille famille vaudoise. La locataire dont nous prenions la suite était une créature mystérieuse qui avait fait régner dans la maison un clair-obscur de tentures et de miroirs dont il fallait faire abstraction à la première visite pour comprendre les vraies proportions du lieu. La maison de la route de Malagnou, à deux pas du musée de l'Horlogerie, devait rester la résidence des ambassadeurs de France de 1977 à 1992 et tous mes successeurs en vanteraient les attraits. Vitia et moi, je crois, n'avons jamais habité demeure plus agréable.

Jean Fernand-Laurent m'avait mis au courant des caractéristiques du poste, des qualités de ses collaborateurs, de la gestion des frais de représentation et accessoirement des institutions auprès desquelles j'allais être accrédité, mais il m'avait surtout donné en héritage son enfant chéri, la troupe des Ormeaux, à qui je devais lui promettre d'apporter les soins les plus attentifs.

Les bureaux de la mission permanente, ce que dans le jargon de la diplomatie on appelle la Chancellerie, par opposition à la Résidence, étaient installés du bon côté du lac, sur la même rive que le palais des Nations, dans la villa des Ormeaux, une assez vaste demeure surplombant le lac, entourée de cèdres magnifiques. La pelouse, qui semblait aller jusqu'à la rive, était régulièrement tondue par des moutons que nous envoyait la ville de Genève, notre propriétaire.

La troupe, qui tenait son nom de la villa des Ormeaux, avait été créée par Jean Fernand-Laurent et Colette de Stoutz. Cette charmante vieille dame, fille de l'écrivain Gonzague de Reynold et veuve d'un diplomate suisse, personnifiait cette fine fleur de la culture classique française qu'on ne trouve qu'en Suisse romande. Elle possédait du reste une technique de la direction d'acteurs de niveau professionnel. Sa voix impérieuse et son regard d'acier lui conféraient une autorité d'autant plus surprenante que sa silhouette était mince et fragile.

Mon rôle, m'expliqua Fernand-Laurent, serait de soutenir Colette et les quelques acteurs amateurs recrutés dans le corps diplomatique, mais aussi dans la bonne société genevoise. Cette troupe de théâtre visait, principalement, à faire se rencontrer ces deux sociétés, la genevoise et l'internationale, qui n'avaient que trop tendance soit à s'ignorer, soit à se calomnier mutuellement.

Genève a été ma première et ma dernière ambassade. J'avais été plusieurs fois chargé d'affaires à Alger. Ce n'est pas du tout la même chose. Le « chef de poste » est au centre d'un large faisceau de responsabilités et il lui appartient d'en jouer selon son tempérament. Il peut se concentrer sur l'aspect gestionnaire, ce qui le fait bien voir du Département, ou sur l'aspect mondain, ce qui le fait apprécier de ses collègues ambassadeurs. Il peut, à Genève, donner priorité à l'une ou l'autre des nombreuses institutions et organisations auprès desquelles il représente la France. Il peut garder le contact avec les fonctionnaires internationaux, objectif évident pour moi qui avais été plusieurs fois l'un des leurs. De ceux que j'avais connus trente ans plus tôt à New York il ne restait que quelques-uns : l'un d'eux avait fait carrière au Bureau international du travail, dont il était devenu directeur général. Francis Blanchard était pour moi un excellent initiateur aux problèmes des relations internes au système des Nations unies, dont la complexité est bien plus palpable à Genève qu'à New York. Sa femme, Marie-Claire, était la « star » de la troupe des Ormeaux. Entre elle et Colette de Stoutz s'était noué un dialogue qui nous faisait rire : Colette prétendait que Marie-Claire n'apprenait pas son rôle mais reconnaissait qu'elle inventait avec beaucoup de talent ; ce dont Marie-Claire se défendait, convaincue que ce qu'elle disait était le véritable texte de la pièce.

J'avais pris au sérieux la mission dont Jean-Fernand Laurent m'avait chargé et à laquelle Vitia s'était associée avec beaucoup d'intelligence et d'amusement. Pour le choix des œuvres, Colette et elle n'avaient pas toujours la même sensibilité, mais l'accord se faisait sur Diderot et Musset. Vitia résistait à Labiche, qui tentait Colette, laquelle résistait à Tourgueniev, qui tentait Vitia. Moi-même, avec ma passion pour la récitation poétique, j'intervenais lorsque la troupe était en panne entre deux pièces et nous organisions alors une soirée où chacun déclamait des vers dans sa langue. Un collègue soviétique habituellement fort réservé eut ainsi l'occasion de nous faire pleurer sur un poème d'Alexander Blok, « L'inconnue » (*Niezkakomka*), qui lui permit de donner libre cours à son authentique sensibilité russe.

Ces soirées se déroulaient dans la grande salle de réunion de la villa des Ormeaux et donnaient lieu non seulement à de nombreuses répétitions, mais encore à la mise en place de décors et de coulisses qui mettaient un agréable désordre dans les locaux de la mission. C'était un domaine où Vitia, qui ne voulut jamais monter sur la scène, excellait. A l'heure convenue pour la représentation, les voitures des invités encombraient les voies d'accès à la mission et l'on s'extasiait sur les transformations apportées à la salle, où les cent sièges étaient vite occupés par un mélange de diplomates et de personnalités genevoises férues de culture.

Colette de Stoutz et l'ambassadeur présentaient le spectacle, et la soirée s'achevait par un buffet rustique préparé dans mon bureau ou, si le temps le permettait, sur l'herbe avec vue sur le lac. Nos grands succès furent *Est-il bon ? Est-il méchant ?*, de Diderot, et *On ne badine pas avec l'amour*. Si la pièce de Musset permit à l'ambassadeur du Royaume-Uni de faire applaudir sa parfaite maîtrise de la langue française et son sens de l'humour, celle de Diderot eut des effets plus insidieux. Le beau diplomate espagnol qui répondait au nom glorieux d'Alvarez de Toledo y assuma le rôle principal, celui d'un philosophe libertin dont l'ingéniosité fait fi de la morale mais parvient à résoudre les problèmes de tous les cœurs. Il est donc amené à courtiser et à être courtisé. Nous nous étions persuadés que l'épouse de l'acteur, elle-même ravissante et possessive, le supportait mal et qu'elle n'eut de cesse, une fois la pièce jouée et fort applaudie, d'obtenir son affectation à l'ambassade d'Espagne à Washington.

Inutile de dire que je n'avais guère le temps moi-même de m'occuper de ces questions frivoles. J'étais pris par les innombrables réunions qui se succédaient à Genève tout au long de l'année, auxquelles s'ajoutaient les rencontres spéciales de haut niveau, qui impliquaient la venue de Paris d'un ministre, voire du Premier ministre ou du président de la République, pour traiter des questions du désarmement, des réfugiés du Sud-Est asiatique ou du droit humanitaire. Les institutions spécialisées ayant leur siège à Genève étaient en général suivies par des spécialistes, mais leurs organes délibérants rencontraient inévitablement des problèmes politiques, qui exigeaient l'intervention de la mission diplomatique.

Ma participation aux performances de la troupe des Ormeaux se limitait aux paroles de bienvenue. Il m'en coûtait de ne pas monter sur la scène. Néanmoins, s'agissant des soirées poétiques, je ne me refusais pas le plaisir de réciter un poème de Rimbaud. Et, dans la comédie de Diderot, on me confia le rôle crucial du valet qui, dans l'une des premières scènes, prononce ces mots décisifs : « Monsieur, il y a là une dame qui vous demande. » Enfin, l'apogée de ma carrière théâtrale fut le rôle d'un curé ivre dans *On ne badine pas avec l'amour*.

Mais le travail considérable de recruter les acteurs, de prévoir des débats entre eux et avec notre infatigable animatrice, de réparer les bourdes des uns et de vaincre les timidités des autres incombait à Vitia.

Sur le plan professionnel, ma tâche était facilitée par le fait que j'avais été, de 1969 à 1971, directeur des Nations unies et des organisations internationales au ministère et que mon principal interlocuteur à Paris était donc un de mes successeurs à ce poste. Les télégrammes et les dépêches que j'écrivais, c'étaient ceux que j'avais reçus six ans auparavant. Le travail interne des institutions m'était familier, même si le contexte s'était modifié depuis mon dernier poste international en 1972.

L'évolution la plus prévisible était l'accroissement rapide du nombre des États membres. Le vaste processus de décolonisation qui, dès les années cinquante, avait entamé les Empires britannique, français et néerlandais, s'était accéléré après la conférence de Bandoeng et la naissance du mouvement des non-alignés. La pression qui s'exerçait au sein de l'organisation mondiale avait multiplié les indépendances en Afrique, dans les Caraïbes, dans le Pacifique et l'océan Indien. Le gel des relations Est-Ouest par la guerre froide donnait aux relations Nord-Sud la priorité au sein des Nations unies.

Les pays d'Asie, d'Afrique et d'Amérique latine avaient fait cause commune lors de la première conférence des Nations unies sur le commerce et le développement, réunie à Genève en 1964. Les groupes A (afro-asiatique) et C (latino-américain) avaient fusionné et pris pour sigle le chiffre 77, puisque tel était leur nombre. Les pays en développement avaient conservé ce sigle, bien que quarante nouveaux États eussent rejoint, au cours des années qui avaient suivi, le « groupe des 77 ». L'absence d'homogénéité au sein d'une formation aussi large, qui allait du Mexique au Népal et de l'Indonésie à la Barbade, rendait la négociation avec les autres groupes, raison d'être de la CNUCED, extraordinairement acrobatique. Les pays développés en tiraient argument pour préserver leurs acquis et remettre de session en session l'adoption de textes qui auraient remédié aux déséquilibres de l'économie mondiale. Ils se répartissaient entre le groupe B, où siégeaient les puissances occidentales, et le groupe D, qui comprenait, sous la ferme tutelle de l'URSS, les pays à économie planifiée d'État. Restait en position marginale la Chine continentale, qui n'avait repris qu'en 1973 sa place dans l'Organisation et celle de membre permanent du Conseil de sécurité, occupées jusqu'à cette date par les héritiers taïwanais du maréchal Tchang Kaï-chek.

Une autre modification du contexte était intervenue depuis mon départ du PNUD. Le système monétaire international avait été mis à mal par le décrochage du dollar de sa parité avec l'or. Cette décision, prise durant l'été 1971 par Richard Nixon, avait été rendue inévitable par la méfiance des partenaires des États-Unis, en premier lieu le général de Gaulle, à l'égard des réserves de Fort Knox, laminées par les frais causés par la guerre du Vietnam. Elle devait avoir des conséquences dont, en 1977, nous commencions seulement à mesurer l'étendue. La plus évidente fut la première crise pétrolière, la plus insidieuse les graves fluctuations entraînées par la prolifération des pétrodollars et l'endettement monumental des pays du Sud. Tout l'équilibre savamment construit en 1944 à Bretton Woods, qui avait assuré pendant trente ans le fonctionnement satisfaisant des échanges commerciaux et monétaires, permis de tirer profit du plan Marshall sans inflation excessive, soutenu les politiques de plein-emploi des nations industrielles et laissé entrevoir aux pays du Sud des transferts de liquidités répondant à leurs besoins, était compromis. Les banques nationales ne contrôlaient plus les flux financiers chahutés par les taux de change et les freins mis aux spéculations les plus aventureuses n'avaient plus de prise sur les marchés. Seul le déficit croissant de la balance des paiements des États-Unis absorbait des chocs de moins en moins maîtrisables.

De ce désordre les producteurs de matières premières avaient été d'abord les profiteurs, puis très vite les victimes. Chacun tâtonnait à la recherche d'une nouvelle donne qui assurerait aux puissances industrielles l'accès aux sources d'énergie qui leur était indispensable et aux pays en développement les financements nécessaires à la progression de leur pouvoir d'achat.

La conférence convoquée en 1974 par le président Giscard d'Estaing avait tenté de troquer la stabilisation des prix du pétrole et des matières premières contre un programme pluri-annuel de transferts financiers et technologiques du Nord vers le Sud. Son échec n'avait pas fait disparaître l'espoir de rétablir par d'autres voies un partenariat confiant entre pays développés et pays en développement. A quoi servaient les Nations unies, sinon précisément à entretenir cet espoir, à profiter de toute évolution favorable pour en relancer les perspectives ? Et l'une de ces évolutions était la fin de la guerre du Vietnam. Sortant de cette longue période au cours de laquelle ils avaient ligué contre eux toute la jeunesse du monde, y compris la leur, les États-Unis pourraient retrouver un rôle de grand partenaire généreux des nations émergentes, celui-là même qui leur avait valu, avec les succès du plan Marshall, l'admiration des peuples et l'acceptation de leur *leadership*. L'accession de Jimmy Carter à la Maison-Blanche avait fait naître bien des espoirs. Ce défenseur proclamé des droits de l'homme convaincrait-il les hauts fonctionnaires du Département d'État de mettre un terme à leur méfiance à l'égard d'une Organisation dont ils avaient été les architectes mais où ils rencontraient désormais l'hostilité de la majorité des États membres, stimulés par l'URSS, qui s'en servait comme d'une tribune pour dénoncer l'impérialisme américain ? Ce serait la bonne nouvelle que chacun guettait.

Un troisième aspect du contexte nouveau où se situait mon travail diplomatique à Genève était l'élargissement de la Communauté européenne, passée déjà de six à neuf membres, et qui allait atteindre, au cours de ces quatre années, le chiffre douze. Pour moi, c'était l'acheminement vers l'objectif politique principal depuis mon retour de Buchenwald : la constitution d'une fédération européenne mettant l'énorme potentiel des sociétés occidentales, enfin réconciliées dans leur diversité féconde, au service d'une grande ambition planétaire. Le moteur de cette ambition ne serait plus la soif de puissance, mais la soif de justice, plus l'hégémonie géographique ou idéologique, mais le respect des droits de chaque être humain à occuper sa place dans un ensemble aussi cosmiquement épanoui que possible.

Une quatrième composante récente du contexte était l'acte final de la conférence d'Helsinki. Certes, les relations Est-Ouest n'avaient pas perdu leur raideur, mais grâce à Willy Brandt la coexistence pacifique avait fait des progrès considérables. Les adversaires ne comptaient plus, pour affirmer leur supériorité, sur l'usage de leur arsenal d'armes les plus destructrices. La laborieuse négociation de la Conférence sur la sécurité et la coopération en Europe avait abouti à des arrangements assez ambigus, dans les interstices desquels les hommes de bonne volonté pouvaient faire entendre leur voix. Avions-nous été dupés par Brejnev ou avions-nous introduit le ver de la liberté, rongeur redoutable, dans le fruit acide du stalinisme ? Il était trop tôt pour en juger.

C'est dans ce contexte que j'abordai ma mission, consacrant l'essentiel de mon temps aux problèmes du développement. Avec l'aide d'André Leroux, un jeune diplomate particulièrement habile – peut-être parce que son handicap d'hémophile redoublait son courage et son ingéniosité –, je tentai d'exercer une influence personnelle sur les délibérations de la CNUCED, dont le secrétaire général était alors un économiste srilankais : Gamani Corea.

Ce vaste appareil de négociation permanente entre le Nord et le Sud comprend une conférence, qui se réunit tous les quatre ans, en général à l'invitation d'une capitale d'Asie, d'Afrique ou d'Amérique latine, un conseil, dont les sessions se tiennent à Genève et auquel des commissions multiples à compétences techniques adressent leurs rapports, et un secrétariat permanent, dirigé par un homme du Sud.

Les fondements de l'appareil avaient été établis par son premier secrétaire général, Raul Prebisch, économiste argentin de renom, qui, après avoir rassemblé autour de ses thèses les Latino-Américains et les Asiatiques, y avait rallié les Africains à mesure qu'ils accédaient à l'indépendance. Soutenu par André Philip lors de la première CNUCED, à Genève en 1964, puis à New Delhi en 1968, il avait constitué un front solide pour dénoncer l'hégémonie des sociétés multinationales et appeler les États du Sud à contrer l'idéologie libérale de l'École de Chicago, en pratiquant une politique économique volontariste. Je l'avais retrouvé vieilli mais toujours aussi combatif, à Santiago du Chili, en 1972, soutenant Salvador Allende contre les manœuvres d'ITT. Aucun échec ne minait sa conviction.

Le deuxième secrétaire général de la CNUCED, Manuel Perez-Guerrero, avait été mon collègue à New York durant les premières années des Nations unies. Lorsque le président Truman, au point IV de son programme de politique étrangère, avait lancé l'idée d'une assistance technique aux pays sous-développés, promettant d'y consacrer des ressources importantes et exhortant les Nations unies à s'en faire les champions, le secrétaire général, Trygve Lie, avait confié à ce jeune économiste vénézuélien la direction du programme multilatéral. J'avais eu avec Henri Laugier et lui des discussions passionnantes sur la portée et les limites des transferts de technologies d'un environnement culturel à un autre. Le sous-développement était un concept neuf, qui ne figurait pas dans la charte des Nations unies. Pourrait-on le combattre en permettant aux peuples qui en étaient affectés de combler leur retard sur le seul plan technique, celui de l'expertise et de la formation ? Fallait-il y consacrer d'importantes ressources financières, de l'ordre de 1 % du PNB des pays riches ?

Nous étions décidés à nous faire les protagonistes de cette politique. Nous étions jeunes et confiants.

En succédant à Prebisch, en 1970, Manuel Perez-Guerrero tenta de remplacer la confrontation par une coopération plus amiable, à laquelle la crise pétrolière porta un brusque coup d'arrêt. Rentré au Venezuela, où il occupait un poste ministériel important, il revint à Paris en 1974 pour coprésider, avec un ministre canadien, la conférence convoquée par Giscard d'Estaing. Nous avions déploré ensemble l'obstination symétrique et fatale des pays exportateurs de pétrole et des États-Unis, l'un des nombreux exemples d'occasions manquées pour faire franchir une étape à la communauté mondiale.

Lorsque Gamani Corea le remplace, la confrontation est à nouveau plus vive et l'on cherche en vain des domaines où les points de vue du Nord et du Sud pourraient se rejoindre. La première crise pétrolière a fait long feu. Elle a surtout endetté le tiers-monde et rendu plus âpre la compétition entre pays industrialisés. Du haut de son indéniable compétence d'économiste, Corea, le premier Asiatique à occuper ce poste, jette un regard désabusé et un peu attristé sur ces ambassadeurs qui viennent lui faire part de leurs *desiderata*. Aussi bien ceux des 77, qui ne comprennent rien à leurs propres problèmes, que ceux des Occidentaux, qui prétendent s'y connaître, alors que leur formation de diplomates fait d'eux, aux yeux de Corea, des analphabètes.

Il comprend le rôle que la France pourrait jouer et me sait gré des efforts que je fais, appuyé plus ou moins mollement par Paris, pour donner de mon pays l'image d'une nation attachée à la défense des droits de l'homme et soucieuse d'un partage plus équitable des ressources de la planète. Que de fois nous avons évoqué, dans son superbe bureau du palais des Nations, le mont Blanc surgissant parfois dans le ciel au-dessus du lac, les formulations possibles d'un texte ou les paragraphes d'une résolution autour desquels pourrait émerger un consensus !

Ma mémoire, bercée par ce paysage, flattée par les éloges dont mon action était entourée, habille d'un halo de lumière la silhouette de bien des collègues avec lesquels j'ai partagé, au fil des années, les travaux et les jours. Certains sont devenus et sont restés les symboles de cette belle solidarité qui rassemble les continents.

Je donnerai la première place à l'ambassadeur Alioune Sene, qui était arrivé de Dakar en même temps que moi de Paris. Après avoir été ministre de la Culture du Sénégal, il représentait désormais son pays, non seulement auprès des Nations unies à Genève, mais encore auprès de la Confédération helvétique à Berne. Sa silhouette imposante, presque caricaturalement africaine, son lumineux sourire et la courtoisie de son parler ne laissaient apparaître que progressivement la subtilité de ses talents de diplomate. Nous partageâmes rapidement la conviction que, s'il était joué avec intelligence et candeur, le jeu des Nations unies pouvait contribuer de façon décisive à la solution des grands problèmes de notre temps. Encore fallait-il arriver à formuler les valeurs sur lesquelles l'accord pouvait se faire et dénoncer sans faiblesse les intérêts retranchés des uns et la méfiance nerveuse des autres, qui empêchaient la mise en œuvre effective de cet accord.

Alioune Sene avait une grande influence sur le groupe africain. C'était numériquement le plus important, mais aussi le plus difficile à coordonner, tant ses composantes étaient hétérogènes. S'y trouvaient certains des États les plus pauvres du monde, pour qui l'entretien d'une mission permanente à Genève posait des problèmes financiers. Du vote du groupe africain dépendait souvent l'adoption de textes qui marqueraient un progrès dans la coopération internationale. Tout comme je souffrais des réticences et des obstructions des États de mon groupe, il se désolait des revendications excessives du sien et nous échangions nos regrets avant de chercher ensemble à relancer la négociation. Sene est resté dix-sept ans en poste à Genève. Il y a acquis autorité et sagesse. Son épouse, dont le charme et la chaleur m'avaient d'emblée pris le cœur, lui donnait un équilibre qu'aucun échec n'entamait. Et pourtant, que d'occasions gâchées durant les années de son mandat par le manque de vision des grandes puissances, tandis que l'Afrique s'enfonçait dans la paupérisation, la marginalisation et les violences !

Nous n'étions dupes ni l'un ni l'autre des discours que nous prononcions. Les années passaient sans que s'amorçât la véritable négociation, celle qui aurait pu jeter les bases d'un « nouvel ordre économique mondial ». La formule avait été lancée en 1973, à Alger, au sommet des non-alignés. L'Assemblée générale des Nations unies l'avait à son tour adoptée, pour en faire l'horizon des « décennies du développement » proclamées à quatre reprises. Elle faisait horreur aux États-Unis, qui jugeaient l'ordre actuel satisfaisant. Les Européens feignaient d'y souscrire mais, faute d'une vision plus courageuse, n'osaient se démarquer de leur grand allié.

Nos efforts communs pour mobiliser les francophones au service d'une stratégie plus efficace entre le Nord et le Sud me rapprochèrent encore d'Alioune Sene. Le groupe ainsi constitué ne se contentait pas de protester, d'ailleurs sans beaucoup de succès, contre la suprématie de la langue anglaise dans tous les travaux du système, il cherchait aussi l'affirmation de valeurs communes : l'aspiration à un monde moins inique, plus soucieux de la dignité de chacun, capable de procurer à toutes les sociétés qui s'y côtoient les ressources nécessaires à leur épanouissement, un monde plus humaniste.

Si sympathiques qu'aient été ces rencontres, si sincères qu'aient été nos délibérations, l'expérience de Genève me persuada que, même en mobilisant toutes les ressources de son aire linguistique, la France n'était pas de taille à peser sur les destinées du monde si elle ne conjuguait pas ses forces avec celles des autres démocraties européennes réunies en une union de nature fédérale. Mais c'est aussi à Genève que j'ai pu mesurer combien cet objectif serait difficile à atteindre.

Difficile, mais pas impossible. Je constatais, par exemple, que sur bien des problèmes particuliers qui surgissaient dans l'ordre du jour de chacune des nombreuses sessions d'organes internationaux, il suffisait que la délégation française avance une proposition constructive pour que les membres de la Communauté européenne acceptent de la soutenir. Or, lorsqu'ils se mettaient d'accord sur un texte, ils parvenaient en général à rallier les autres Occidentaux. Leur poids était déjà prépondérant et un accord devenait possible, à condition que le représentant des États-Unis ne fût pas ligoté par des instructions trop strictes, comme celles qui émanaient dans les années quatre-vingt du secrétaire d'État adjoint John Bolton, ennemi juré des Nations unies.

A cet égard, j'eus la chance de passer à Genève les années Carter. L'impulsion donnée par ce jeune président, imbu des valeurs du New Deal, celles qui ont fait des États-Unis le phare des années trente et quarante, nous a permis d'apporter un peu de tonus aux délibérations des Nations unies sur le développement et sur les droits de l'homme. Mais l'élan s'est brisé avec l'élection de Ronald Reagan.

Parmi mes collègues asiatiques, j'en retiens un dont l'amitié m'a particulièrement touché, l'ambassadeur Marker du Pakistan. Il arriva à Genève au moment où la longue et passionnante négociation sur la mise en place d'un Fonds commun pour les produits de base avait déjà franchi ses premières étapes. Le groupe des 77 lui confia la présidence de l'un des comités chargés de trouver la solution au problème du statut spécifique de cette nouvelle institution. J'étais devenu, après le départ d'un diplomate britannique très compétent et très prudent, le coordinateur du groupe des nations industrialisées pour cette négociation. J'avais donc de bonnes raisons de m'intéresser à la personne et aux conceptions de l'ambassadeur Marker. Je découvris un homme de grande culture, descendant d'une famille parsie dévouée depuis plusieurs générations au service du pays, accompagné d'une épouse qui, déjà gravement malade, devait mourir peu après son arrivée parmi nous. Avec quelle dignité il vécut ce drame, avec quel naturel il contracta peu après un nouveau mariage, c'est pour moi un souvenir qui m'a certainement marqué plus profondément que je ne l'ai éprouvé à l'époque. Marker occupa quelques années plus tard le poste d'ambassadeur du Pakistan à Paris, où nos relations devaient trouver un deuxième élan. C'est le propre de la vie des diplomates de voir se succéder à travers les années des amitiés éphémères et des reprises inattendues. De Marker j'ai appris bien des choses sur l'islam, sur la profondeur des traditions de l'Asie et de leur résistance à une civilisation occidentale qui paraît bien arrogante et parfois enfermée entre ses œillères.

Pour ainsi dire à l'opposé de cette sérénité me revient en mémoire la bouillante allégresse de l'ambassadeur de la Jamaïque Tony Hill. Lui aussi joua un rôle important dans les débats sur les matières premières. Ses discours enflammés agaçaient mes collègues occidentaux, mais nous comprîmes vite que, après avoir dénoncé impitoyablement les thèses des pays industrialisés, il chercherait en coulisse des compromis acceptables. Il m'initia aux problèmes des Caraïbes, région du monde où les mélanges de populations, de cultures, de religions sont peut-être les plus inextricables, terres aux peuplements les plus métissés, d'où émane une poésie stridente et désespérée. Tony Hill exprimait tout cela, mais en y mêlant une étonnante confiance dans la puissance du verbe, qui l'éloignait de toute morbidité.

Évoquant mes années à Genève, je navigue entre les personnes et les idées. Beaucoup plus de personnes que d'idées. Du moins les idées étaient-elles vécues au jour le jour, dans le débat sur des textes où la forme primait souvent sur le sens : projets de résolution en langage codé, engagements rédigés de manière à ne pas trop engager, affirmation de principes qui devaient présider à l'action des gouvernements sans les empêcher de poursuivre leurs intérêts propres.

Je m'étais pris à ce jeu un peu absurde et je me sentais satisfait, sinon fier, lorsque la CNUCED, la Commission des droits de l'homme, le comité exécutif du Haut-Commissariat pour les réfugiés ou la Commission économique pour l'Europe prenaient une décision qui mettait fin à un débat parfois laborieux dans ce qui m'apparaissait comme le bon sens : moins de méfiance mutuelle, de meilleures perspectives pour la coopération, plus de vigilance sur le respect des droits de la personne humaine.

Quinze ans ont passé depuis la longue négociation sur le Fonds commun des produits de base, qui, après avoir pendant trois années occupé mes jours et bien souvent mes nuits, accoucha en 1980 d'un traité mort-né. La dépendance de la majorité des pays du tiers-monde à l'égard du commerce de ces matières premières, qui constituait leur principale sinon leur unique source de devises, était une évidence. Il fallait éviter que ce commerce soit monopolisé par les consommateurs, ces pays riches qui avaient tout intérêt à maintenir les prix au niveau le plus bas. Leur tranquillité avait été secouée par l'explosion des prix du pétrole consécutive à l'action énergique des producteurs, groupés dans l'OPEP. La conférence de Paris, convoquée par Giscard d'Estaing en 1974, avait échoué dans la recherche d'un nouvel équilibre. Deux ans plus tard, lors de la quatrième Conférence des Nations unies sur le commerce et le développement, tenue à Nairobi, le principe d'un nouveau mécanisme ingénieux destiné à stabiliser les prix des matières premières à un niveau rémunérateur avait été accepté au cours d'une mémorable séance de nuit où le ministre français des Affaires étrangères, Jean François-Poncet, avait joué un rôle déterminant. Ce mécanisme avait reçu le nom de Fonds commun pour les produits de base et la CNUCED avait été chargée d'en négocier les modalités. C'était, lorsque j'arrivai à Genève, l'une des négociations qui mobilisaient la communauté internationale. Elle exigeait des sacrifices de la part des partisans inconditionnels de l'économie de marché, puisqu'il s'agissait d'exercer une action volontariste sur des prix définis jusque-là par l'offre et la demande. Belle matière à controverse, où la proclamation de grands principes dissimule mal un scepticisme solide sur les résultats. Mais l'Occident s'était engagé, il ne pouvait pas revenir sur ses promesses.

Faire négocier cent quarante États sur les éléments d'un futur traité exige toute une mécanique. Chaque groupe désigne un porte-parole, chargé de recueillir l'accord des porte-parole des sous-groupes qui le composent. Au très remarquable ambassadeur d'Indonésie, Ali Alatas, qui allait devenir, quelques années plus tard, ministre des Affaires étrangères de son pays, revint la tâche presque impossible de négocier au nom des 77, donc de recueillir les points de vue souvent divergents des groupes africain, latino-américain et asiatique. Je fus, pour ma part, chargé de négocier avec lui au nom des Occidentaux, c'est-à-dire d'opérer la conciliation entre les Neuf de la Communauté, les autres Européens, dont les Scandinaves, les Américains, les Canadiens, les Australiens, les Néo-Zélandais et le Japon. Mission *a priori* plus aisée et qui me fit concevoir pour Alatas une estime croissante à mesure que je percevais les difficultés de mon propre exercice. Il fallait aussi tenir compte des deux autres groupes, la Chine et les pays de l'Est. Mais leurs porte-parole se bornaient à nous regarder débattre et à marquer les points. Ils croyaient que le traité ne les concernerait pas. En quoi ils se trompaient, puisque sa mise en vigueur a été due en fin de compte, ironie de l'histoire, à sa ratification par l'URSS.

En dehors des séances souvent nocturnes où nous dénoncions, Alatas et moi, nos mutuelles obstinations en termes véhéments, nous nous retrouvions avec Vitia et June pour des dîners où, délaissant pour quelques heures les cours des matières premières, nous évoquions les quartiers de Paris et les gratte-ciel de New York. Notre amitié devait se nourrir du fait qu'en dépit de toutes les contradictions la négociation finit par aboutir et le traité fut signé en 1980.

Ce résultat n'aurait pu être obtenu si les États-Unis n'avaient pas été représentés pendant les deux années décisives par William Van den Heuvel, ami personnel des Kennedy, qui avait participé activement à la campagne présidentielle de Jimmy Carter. Lors de son arrivée à ce poste, il avait fait les plus expresses réserves sur la viabilité du Fonds commun, en quoi il avait vu juste. Pour l'entrée en vigueur du traité, il ne fallait pas seulement qu'il soit ratifié par une majorité d'États mais que le capital nécessaire soit réuni, ce qui exigeait la ratification par les principaux contributeurs. Sans la ratification des États-Unis, dont il savait qu'elle avait peu de chances d'intervenir, le traité n'entrerait en vigueur que si, hypothèse tout à fait invraisemblable, il était ratifié par l'URSS. Ce fut le cas en 1984 à la surprise générale, mais le nouveau-né manquait de substance.

Du moins, Van den Heuvel, impressionné par la vigueur avec laquelle je menais la négociation, veilla-t-il à ce que sa délégation, où siégeaient de brillants diplomates comme Robert Hormats et Richard Holbrooke, futur négociateur de la paix bosniaque, ne fissent pas obstruction à ses progrès. Il comprenait mon souci de ne pas permettre à l'Occident de revenir sur ses promesses. « Si jamais un fonds commun est créé, me disait-il avec humour, il faudra qu'il y ait votre statue devant le portail. »

La négociation s'interrompit le temps que dura la cinquième Conférence des Nations unies sur le commerce et le développement, réunie à Manille durant l'été 1979. Toutes les équipes de Genève se retrouvèrent alors dans la capitale du président Marcos. Imelda et lui nous reçurent en grande pompe au palais de Malacanal. Ce devait être l'apogée du mandat de Gamani Corea, qui militait pour que s'engage la fameuse « négociation globale » où serait remis en chantier tout l'appareil multilatéral destiné au développement du tiers-monde, appareil dont l'architecture polymorphe et incohérente semblait incapable d'acheminer la communauté internationale vers un ordre plus juste.

La pression des pays pétroliers était encore forte et avait donné lieu au deuxième choc pétrolier, qui, une fois de plus, mettait en question les flux monétaires internationaux et l'équilibre des institutions de Bretton Woods. Jimmy Carter et son conseiller diplomatique Zbigniew Brzezinski se voulaient à l'écoute des besoins des pays du Sud. La Communauté européenne, en voie d'élargissement, était présidée par la France. Celle-ci, comme bien souvent, négociait dans l'ambiguïté. D'un côté, nous nous rapprochions de pays désireux de faire droit aux revendications légitimes de leurs partenaires du Sud ou, du moins, d'établir avec les moins radicaux d'entre eux un dialogue constructif ; de l'autre, nous étions liés par notre solidarité avec les membres les plus frileux de la Communauté européenne, le Royaume-Uni et l'Allemagne, inquiets de tout ce qui pouvait effaroucher les Américains. A l'intérieur même de la délégation française, il fallait arbitrer entre les sceptiques et les convaincus.

Tant par ses fastes et ses grandes espérances que par ses blocages et ses déconvenues, la conférence de Manille reste un moment fort de mon engagement dans la diplomatie multilatérale. J'y ai senti mieux que jamais l'étendue de ses contraintes et les raisons de ses échecs. J'y ai puisé une bonne part de mes convictions concernant les nouveaux départs nécessaires pour sortir de l'impasse.

J'avais décidé d'emmener Vitia avec moi et de nous offrir une escale de pur tourisme sur le chemin. Nous passâmes donc quelques jours au Népal. Mais même à Katmandou les sommets scintillants de l'Himalaya et les subtilités de l'architecture sacrée ne nous protégeaient pas d'un sentiment de détresse et d'horreur devant le souffle meurtrier des hordes occidentales et l'invasion du Coca-Cola. L'authenticité d'une culture qui confinait les marchands dans le rôle de serviteurs était attaquée de l'extérieur et de l'intérieur par les tentations corruptrices de la société de consommation.

Seul, j'évitais de me laisser décourager par ces constats. Avec Vitia, je subissais la contagion de sa lucidité. Ce fut aussi le cas à Manille. La juxtaposition d'une misère très colorée et d'une richesse très grise, le luxe insolent des dépenses de prestige et l'indifférence à l'égard des foules indigentes ne pouvaient laisser personne insensible. Emmenés en excursion à la base américaine de Baggio, nous éprouvâmes tous deux la présence oppressante de l'armée américaine, comme si MacArthur était encore là.

Dans les vastes couloirs du palais des Congrès se croisaient mes collègues de naguère et d'aujourd'hui, du Nord et du Sud, avec qui j'avais bâti maints châteaux en Espagne. Les uns terminaient leur carrière, d'autres allaient occuper des postes prestigieux. Le Suisse Arthur Dunkel devait prendre le poste de secrétaire général du GATT; le Britannique Peter Marshall serait le secrétaire général adjoint du Commonwealth; l'Algérien Idriss Jazairy devint le premier président du Fonds international de développement agricole. A Manille, nous étions une bande de copains pas toujours très disciplinés, mais décidés à faire avancer non seulement notre carrière mais aussi la négociation.

Le soir, à l'hôtel, fenêtres ouvertes sur les superbes couchers de soleil de la baie de Manille, je parlais à Vitia des pénibles progrès de nos débats et elle me racontait les rencontres qu'elle avait faites dans les rues surencombrées de la ville, égayées par les minibus chamarrés et les baraques foraines.

En ma qualité de chef de la délégation française, la France assurant ce semestre-là la présidence de la Communauté européenne, je passais beaucoup d'heures à mettre les Neuf d'accord, puis à présenter en leur nom nos propositions aux autres membres du groupe des pays occidentaux. Nous préparions le terrain pour la venue des ministres, qui marquerait le point fort de la conférence et sa conclusion. C'est René Monory qui représenta la France et le comte Lambsdorf la RFA. Les ministres n'avaient pas grand-chose de plus à dire que les ambassadeurs, mais ils le disaient avec plus d'hypocrisie et, comme pour se convaincre qu'ils y croyaient, ne ménageaient pas leurs compliments à Marcos et à Gamani Corea. Mon ministre, dont j'appréciais la simplicité et l'écoute, ne se faisait pas d'illusions sur les progrès que la conférence ferait faire au commerce et au développement. Du moins souhaitait-il la relance de la négociation sur le Fonds commun et ce fut à peu près le seul résultat obtenu à Manille.

Nous nous mîmes donc au travail dès le retour à Genève et, avec l'aide de Van den Heuvel, je pus faire aboutir la négociation avec Ali Alatas, à la satisfaction résignée des partenaires. Les progrès décisifs s'obtenaient en général vers minuit, lorsque les membres de la commission préparatoire avaient les paupières lourdes. Je me souviens d'une de ces nuits où la commission était présidée par un ministre du Bangladesh qui pratiquait l'art des suspensions de séance pour permettre aux groupes et sous-groupes de se concerter. Jugeant que l'accord, cette nuit-là, semblait acquis, je vins le trouver vers 1 heure du matin pour le presser de reprendre la réunion. Il regarda sa montre et avec beaucoup de sagesse me dit qu'il attendrait 3 heures du matin. Il avait vu juste.

La conclusion du traité sur le Fonds commun, je la vécus davantage comme une épreuve sportive où j'avais mené mon équipe à la victoire que comme une étape importante sur la voie du développement. Comme c'est souvent le cas dans la vie internationale, le problème que nous nous étions proposé de résoudre avait déjà perdu une bonne part de sa pertinence. Même si nos efforts n'avaient pas été frustrés par le nombre insuffisant des ratifications, même si le Fonds était entré en vigueur en 1980, il n'aurait pas disposé des sommes nécessaires pour peser sur les cours des matières premières, et ces cours n'auraient pas, même stabilisés à un niveau rémunérateur, résolu les problèmes fondamentaux des pays producteurs.

Mais, au cours de la négociation, des liens s'étaient noués et des évidences s'étaient fait sentir, qui serviraient de base à la prochaine étape de la coopération internationale. De nouveaux espoirs préluderaient à de nouvelles déceptions, qui elles-mêmes feraient naître de nouvelles approches. J'apprenais à accepter ce mouvement lent des concepts et des réalités, où les mots et les choses, les textes et les actes reflètent dans leur enchaînement laborieux les profondes mais imperceptibles transformations du monde.

Bien d'autres débats ont occupé, au cours des quatre années et demie que j'ai passées à Genève, la mission permanente dont j'avais la charge. Impossible d'en évoquer le détail. Je pioche au hasard quelques exemples. Une négociation à la CNUCED sur la dette, problème déjà crucial en 1978 et qui l'est devenu de plus en plus au cours des quinze années suivantes. Problème encore mal résolu aujourd'hui, malgré les annulations et les rééchelonnements qui ne vont jamais jusqu'à la racine du mal. Cette année-là, les 77 insistaient pour que la CNUCED obtienne un droit de regard sur les négociations entre créanciers et débiteurs, traitées avec beaucoup de discrétion par le Club de Paris [1]. Le directeur adjoint du Trésor avait été expédié à Genève pour mener cette négociation. C'est ainsi que je fis la connaissance de Michel Camdessus, qui devait

1. S'y retrouvent les représentants des emprunteurs et des bailleurs de fonds pour opérer les rééchelonnements nécessaires.

devenir quelques années plus tard directeur général du Fonds monétaire international. J'eus beaucoup de plaisir à le voir plonger dans le tourbillon de Genève, s'y familiariser avec l'état d'esprit des pays en développement et en sortir couvert d'éloges et réconforté par cette brève négociation.

C'est aussi en 1979 qu'une mission intéressante fut confiée à une jeune conseillère d'État, Nicole Questiaux, qui siégeait à la Sous-Commission des droits de l'homme et qui devint pour Vitia et moi une amie très fidèle. Alors qu'à la commission elle-même nous étions représentés par un professeur de droit fort réactionnaire, que la mission voyait agir avec peu de sympathie, le travail de Nicole Questiaux la classa tout de suite dans la catégorie des novateurs. Les Nations unies, ces années-là, abordaient encore la protection et la promotion des droits de l'homme avec beaucoup de précautions. Les cibles de la majorité des États membres étaient l'Afrique du Sud et Israël. Ce qui se passait au Chili sous Pinochet, en Argentine sous la dictature militaire, dans les États totalitaires de l'Est et du Sud échappait encore à toute investigation sérieuse. Ce fut tout le mérite de la sous-commission d'élaborer patiemment des procédures, des mécanismes, des enquêtes et des rapports qui prenaient appui sur l'action persévérante des grandes organisations non gouvernementales de défense des droits de l'homme, notamment Amnesty International. Elles ont de plus en plus vigoureusement soumis tous les États violateurs de ces droits à l'examen critique de la communauté internationale. Nicole Questiaux a joué dans ce processus un rôle crucial et ses percées me remplissaient de fierté : on a quelquefois, pas toujours, le patriotisme heureux.

C'est avec la même Nicole Questiaux que j'ai réussi un petit complot visant à mettre le gouvernement devant le fait accompli d'une nomination qui devait s'avérer bénéfique pour le prestige international de la France : celle d'un jeune magistrat, Louis Joinet, que Nicole appréciait pour son courage et sa combativité, mais que son orientation à gauche ne désignait pas à la faveur de Matignon. Profitant d'un moment propice pour simuler l'accord du département, je le fis nommer comme substitut à Nicole Questiaux avant que d'autres instances gouvernementales ne soient consultées. Il devait jouer au cours des quinze années suivantes un rôle décisif dans la protection internationale des droits de l'homme. Ce sont de ces petites embrouilles dont on reste longtemps fier.

J'étais à Genève depuis quatre ans lorsque François Mitterrand, qui avait échoué contre de Gaulle en 1965 et contre Valéry Giscard d'Estaing en 1974, présenta pour la troisième fois sa candidature à la présidence de la République. Il écartait par là celle de Michel Rocard, dont les réactions courageuses après l'échec des socialistes aux législatives de 1978 avaient fait une première fois un candidat potentiel. De Genève nous suivions la campagne avec passion. Si grand était mon désir de voir arriver cette « alternance », qui était pour moi la vraie preuve d'un régime démocratique, que je prédisais la victoire de la gauche à mes collègues des Nations unies. Ceux-ci me prenaient pour un rêveur. Jusqu'au bout, la réélection de Valéry Giscard d'Estaing leur parut acquise.

J'avais reçu Giscard quelques mois plus tôt. Le Haut-Commissariat pour les réfugiés, où l'ancien Premier ministre danois Poul Hartling avait succédé au prince Sadruddin Aga Khan, avait attribué un prix au président de la République française et un autre au président du Botswana. La cérémonie de remise de ces prix rassembla les deux hommes dans une salle du palais où se pressaient les caméras. Je m'étais demandé quel accueil me ferait Giscard et s'il se souviendrait de ma disgrâce après l'affaire Claustre. Il se montra aimable et discret et regagna Paris après une brève visite au Comité international de la Croix-Rouge. Il était accompagné d'un jeune diplomate affecté à l'Élysée, Jean-David Levitte, que j'avais rencontré quelques années plus tôt à New York, où il travaillait à la mission permanente. J'avais été, dès cette première rencontre, impressionné par son intelligence et sa disponibilité. Ce deuxième contact confirma mon impression. Il devait, huit ans plus tard, prendre le poste d'ambassadeur auprès des Nations unies à Genève et résider route de Malagnou. Et il devait obtenir ma nomination comme président de la délégation française à la Commission des droits de l'homme. Il est depuis 1995 le conseiller diplomatique de Jacques Chirac.

Encore un mot de la maison de Malagnou. La télévision de la Suisse romande se proposait de faire un « sujet » sur un représentant permanent auprès des Nations unies à Genève. Le choix se porta sur l'ambassadeur de France. Comme je présidais cette année-là le comité exécutif du Haut-Commissariat pour les réfugiés, le tournage se concentra d'abord sur la grande salle du nouveau palais où siégeait cet organe. Mais il fallait faire partager aux téléspectateurs la vie privée de l'intéressé. Nous nous mîmes en devoir d'organiser un dîner route de Malagnou et d'avertir nos invités qu'il y aurait des caméras, ce qui les amusa beaucoup. Vitia avait préparé un dessert de couleur rouge qui crevait l'écran et on obligea le chauffeur de l'ambassadeur d'Italie à répéter trois fois la manœuvre du départ dans l'allée latérale de la résidence, les caméras n'ayant pas réussi les deux premières prises de vue.

Ce n'était ni la première ni la dernière fois que je me voyais dans un film. A l'âge de douze ans, je crois, une amie photographe de ma mère, qui tournait un film sur les quais de Paris, lui avait suggéré de me faire jouer le rôle d'un jeune garçon qui a perdu son petit frère et part à sa recherche le long des berges. A l'âge de soixante-seize ans, une équipe de jeunes cinéastes berlinois me persuada d'être le personnage principal d'un documentaire intitulé *Der Diplomat* et qui évoquait mes aventures et mes rencontres. Je me suis donc vu sur un écran de cinéma à plusieurs âges de ma vie, remuant et parlant, courant et discutant. C'est une expérience qui dissocie plus nettement qu'aucune autre le corps du moi. Le corps devient cet objet un peu gauche dont on se sert pour remplir les fonctions de la vie. On le regarde faire avec un mélange de gêne et de sympathie.

Quand j'étais enfant, ma mère m'avait demandé un jour, pour tester ma modestie : « Tu te crois beau ? » Ce n'était, bien entendu, que pure provocation ! Mais je me souviens de ma réponse : « Non, mais je me trouve sympathique. »

Plus récemment, peut-être à l'occasion du film allemand, j'ai constaté que j'éprouve à l'égard de mon corps une très vive gratitude : il ne m'a jamais laissé tomber. Pourtant, je ne l'ai pas entouré de beaucoup de soins. Pas de sport ou de gymnastique, jamais de chapeau, même par temps de pluie, une hygiène très ordinaire. Un seul atout peut-être : prenant le contre-pied d'Helen, j'ai totalement échappé au tabac.

XXIV

La gauche au pouvoir

Le décès de François Mitterrand devrait être pour tous ceux qui ont vécu intensément l'arrivée de la gauche au pouvoir une incitation à réfléchir à ce qu'ils en attendaient et à ce qui a été obtenu. Vais-je pouvoir me livrer à cet exercice avec moins de parti pris apologétique ou polémique, une plus juste mise en perspective que tant d'auteurs pressés de faire des bilans pour démontrer leur lucidité ?

Commençons par énumérer, puisqu'il s'agit ici de souvenirs personnels, tous les privilèges que m'a valu cette modification dans le gouvernement de la France. Elle a fait d'un diplomate assez étroitement spécialisé dans la coopération multilatérale, arrivé à deux ans de la retraite, un ambassadeur de France, un délégué interministériel, un membre de deux instances administratives de premier plan – la Haute Autorité de la communication audiovisuelle, puis le Haut Conseil pour l'intégration –, le représentant de la France à l'un des sommets internationaux les plus prestigieux : la conférence mondiale des Nations unies sur les droits de l'homme. Elle m'a élevé au grade de commandeur de la Légion d'honneur et de grand officier de l'ordre national du Mérite. On voit que, personnellement, je lui dois beaucoup.

Je n'ai pas l'intention d'entrer dans le détail de la manière dont je me suis acquitté de ces charges. Je voudrais seulement me souvenir des épisodes les plus marquants pour moi de ces deux septennats au cours desquels j'ai perdu tour à tour ma mère et ma femme, me suis remarié, ai vu ma fille accéder au statut de maître de conférence de l'Université et mes deux fils s'établir à Paris, l'un comme cardiologue, l'autre comme psychiatre, pendant que grandissaient sept petits-enfants.

Il y a d'abord le 18 juin 1981. Tout comme j'ai le souvenir très précis du 25 août 1944 et de la montée des Champs-Élysées par le général de Gaulle, alors que j'étais ce jour-là à Buchenwald, je suis sûr d'avoir vécu la cérémonie du Panthéon : je vois la rue Soufflot et François Mitterrand, trois roses à la main... Et, cependant, j'étais à Genève, à préparer la conférence des Nations unies sur les PMA [1] que le gouvernement de Raymond Barre avait invitée à se tenir à Paris.

Souvenir de joie, d'excitation ; naissance d'une nouvelle espérance ; certitude que désormais tout devenait possible. Mais aussi souvenir d'une angoisse : comment cette France gouvernée par une alliance entre socialistes et communistes serait-elle accueillie par ses partenaires occidentaux, par Ronald Reagan et Margaret Thatcher ? Assistions-nous à l'une de ces brèves flambées où la gauche révolutionnaire se hisse au pouvoir pour en être vite chassée par la réaction plus profondément ancrée dans la société française ? Même le Front populaire, fleuron de l'histoire politique de ma jeunesse, n'avait duré que deux ans.

J'avais été quelque peu rassuré par une conversation avec Philippe de Seynes, trois mois auparavant, à qui j'avais dit mes inquiétudes sur le *Programme commun de gouvernement* convenu entre le PS et le PCF. « Mais non, m'avait-il dit, c'est un texte étonnamment modéré. Il n'a rien de révolutionnaire. J'y vois le ralliement des communistes à l'économie de marché. » N'empêche que les réactions des milieux patronaux avaient été véhémentes : il fallait fuir cette terre désormais maudite.

C'était il y a quinze ans. Nous nous sommes habitués, depuis,

1. Le sigle PMA désigne les pays les plus pauvres de la planète, les « pays les moins avancés », auxquels les Nations unies se sont engagées en 1972 à apporter des formes spécifiques d'assistance technique et financière. Parmi les quarante États qui figurent dans ce groupe, la majorité est située en Afrique subsaharienne, dans cette Afrique que René Dumont avait déclarée « mal partie ».

à une attitude plus sereine à l'égard des anciens protagonistes de la dictature du prolétariat. Comme leur langage s'est adouci ! Finie l'attente du grand soir. En 1981, la présence de trois ministres communistes dans le gouvernement de Pierre Mauroy, d'ailleurs tous excellents, faisait frissonner. Mitterrand saurait-il gérer l'alliance ?

Pour le président élu nous avions, Vitia et moi, un mélange d'admiration et de suspicion. Sa campagne avait été menée avec panache. Du temps où je l'avais côtoyé comme ministre de l'Intérieur de Pierre Mendès France il me restait une grande confiance dans son habileté, une vive considération pour sa femme, une haute idée de sa culture et la certitude de son goût du pouvoir. Plus qu'aucun autre politicien de gauche, il avait la stature d'un homme d'État et saurait éviter les écueils dont j'étais bien certain que sa route serait semée.

Je me doutais aussi que le changement intervenu aurait des effets sur ma carrière. Parmi mes amis journalistes de Genève, la valeureuse Isabelle Vichniac, correspondante du *Monde*, avait la première laissé entendre que Claude Cheysson penserait à moi pour le poste le plus prestigieux de la diplomatie, celui de secrétaire général du Quai d'Orsay. Je me sentais bien incapable d'assumer cette charge à laquelle ma carrière ne m'avait pas préparé. Mais il y avait tant de folles vibrations dans l'air de cet été 1981 que lorsque le ministre me convoqua à Paris pour un entretien, j'eus un moment de vertige.

Non. Cheysson ne voulait pas de moi comme secrétaire général. Il allait faire appel pour ce poste à Francis Gutmann, qui avait été un temps mon jeune collègue à la direction des Nations unies et présidait aux destinées de Gaz de France. Il serait moins un diplomate qu'un administrateur, ce dont le ministère avait le plus grand besoin. A moi Claude Cheysson réservait une surprise : l'élévation à la dignité d'ambassadeur de France. Ça n'a l'air de rien, mais pour un Berlinois devenu français à l'âge de vingt ans, c'est assez formidable. Suprême symbole de ma francité qui me resterait attaché jusqu'à la mort. D'autant plus immérité, d'autant plus savoureux que mon parcours au ministère avait été peu orthodoxe : aucune grande ambassade, pléthore de multilatéralisme.

J'avais depuis notre collaboration dans l'entourage de Pierre

Mendès France une réelle affection pour Claude Cheysson et j'accueillis avec empressement la proposition qu'il me faisait de venir travailler avec lui à Paris et de le soutenir dans la réforme de la politique française d'aide au développement. C'était ma spécialité depuis vingt ans. J'avais beaucoup d'idées sur le sujet. Peut-être trop.

La réforme, me semblait-il, devait être profonde. Nos relations avec nos partenaires africains nécessitaient une remise à plat. Les structures ministérielles qui faisaient une place à part au « pré carré » et favorisaient un mélange suspect entre copinage politique et souci du développement devaient être modifiées. Il fallait déterrer le rapport Abelin, s'inspirer des thèses du Parti socialiste exposées dès les années soixante-dix par Lionel Jospin dans son livre *La France et le Tiers-Monde.*

Les tentatives antérieures avaient achoppé sur la prédominance du « domaine réservé » de l'Élysée, inauguré par le général de Gaulle et qui avait malencontreusement survécu à l'évolution de l'Afrique grâce aux réseaux de Jacques Foccart, dont, pour sûr, Mitterrand allait nous débarrasser.

La France était, en 1981, la dernière des anciennes métropoles coloniales à faire dans ses relations extérieures une place à part à ses anciennes colonies, comme si elle n'en admettait pas tout à fait l'accession à l'indépendance. Les financements d'ailleurs substantiels, excessifs, qui leur étaient destinés ne servaient pas seulement à leur développement. Ils suivaient en réalité un circuit fermé dont les populations de ces anciens territoires d'outre-mer bénéficiaient moins que le réseau des entreprises françaises installées en Afrique. Il était grand temps de sortir de ce cercle vicieux, de faire comme l'Angleterre ou les Pays-Bas : mettre en place auprès du ministre des Affaires étrangères une instance à vocation mondiale, non pas une administration ministérielle spécifique, mais une agence d'aide au développement. Son rôle, clairement défini, n'aurait pas pour ambition de maintenir ici ou là une vaine influence politique privilégiée, mais de faire de la France le partenaire efficace des efforts de développement de toutes les régions de la planète dont l'accession à de plus hauts niveaux de vie par une mise en valeur de leurs ressources naturelles et humaines était la condition évidente d'un meilleur équilibre de l'économie mondiale.

Ces idées simples, je ne doutais pas de pouvoir les faire partager à un gouvernement dont les postes clés étaient détenus par des amis : Claude Cheysson aux Relations extérieures (cette nouvelle appellation du ministère des Affaires étrangères ne signifiait-elle pas l'amorce d'une grande réforme ?), Jacques Delors aux Finances, Michel Rocard au Plan. S'y ajoutait au poste le plus important pour moi Jean-Pierre Cot, ministre délégué, auprès duquel j'étais accouru de Genève pour le mettre au courant de l'état d'avancement de la conférence sur les PMA. Dès mes premiers contacts avec lui et avec la chaleureuse équipe qui l'entourait, j'ai été séduit, conforté.

Jean-Pierre Cot préside la conférence, qui débute en juin 1981, et me charge de conduire la délégation française. Il s'agit d'obtenir pour ces laissés-pour-compte de l'économie mondiale des engagements fermes de la communauté internationale, sous la forme d'un véritable contrat : leurs gouvernements adopteront des programmes clairement axés sur la satisfaction des besoins essentiels de la population dans les domaines de la santé, de l'éducation, de l'emploi et de la participation démocratique de toutes les composantes du pays, notamment des femmes. De leur côté, les gouvernements des pays industrialisés leur garantiront une aide fixée en pourcentage de leur PNB, donc évoluant au même rythme que leur propre croissance.

Ces termes, élaborés à Genève tout au long des sessions de la commission préparatoire, font l'objet de marchandages laborieux dans les salles de l'UNESCO où se tient la conférence. A quelques heures de la fin de la session, faisant la preuve de sa qualité de négociateur à la fois ferme et convaincant, Jean-Pierre Cot obtient le consentement crucial de la dernière délégation à céder à ses instances, celle des États-Unis. La conférence aura donné l'occasion à François Mitterrand, dès son ouverture, d'exposer ses conceptions des relations Nord-Sud, qu'il tentera en vain de faire partager à ses homologues quelques mois plus tard, au sommet de Cancún. Elle aura permis à Jacques Delors, ministre de l'Économie et des

Finances, de prononcer un discours très engagé et très applaudi. Elle aura imposé Jean-Pierre Cot comme l'homme politique français que les vrais amis des pays en développement attendaient pour rompre avec la langue de bois et ouvrir de nouvelles perspectives.

La conférence achevée, je reçois le titre de délégué interministériel pour la coopération et l'aide au développement et Pierre Mauroy me trouve un bureau dans une annexe du ministère de la Communication, 35, rue Saint-Dominique, à deux pas de Matignon. J'obtiens la mise à ma disposition de quatre collaborateurs détachés des Finances, du Plan, du Quai et de l'Équipement et j'attaque en premier lieu la restructuration ministérielle. Il me faudrait pour la mener à bien un directeur général des relations culturelles compréhensif ou du moins raisonnable. Mitterrand nomme un exalté qui fait capoter nos projets.

Ce fut un premier signe. Il ne suffit pas d'avoir des amis au gouvernement. Il faut tenir compte de l'Élysée, qui, sous la Ve République, impose ses protégés.

J'en eus un deuxième exemple dès le début de 1982. Cheysson m'envoya à Mayotte, cette petite île de l'océan Indien, qui appartient géographiquement à l'archipel des Comores mais dont la population, pour échapper à l'hégémonie des dirigeants de Moroni, avait voté non au référendum sur l'indépendance de la République comorienne. La gauche était traditionnellement favorable à la décolonisation et aurait souhaité se débarrasser du fardeau que représentait la gestion, comme partie de la République, d'une population de 25 000 âmes à 10 000 kilomètres de la France. Je fis donc le voyage de Dzouadzi, capitale de Mayotte, puis de Moroni, capitale des Comores, puis de Saint-Denis de la Réunion. J'en revins porteur d'un jugement très sévère sur les politiciens de Mayotte, notamment Jean-François Hory [1], qui tenaient à leur « fromage » et prétextaient l'hostilité entre les habitants de Mayotte et ceux des autres îles de l'archipel pour plaider pour un *statu quo* absurde et qui nous était reproché par la communauté internationale. J'avais apprécié au contraire l'accueil du préfet de la Réunion, Michel

1. Député de Mayotte, devenu en 1993 président de Radical.

Levallois, et la malice ouverte, lors de la négociation, du président comorien Abdallah. Dans mon rapport je défendais la thèse d'un désengagement, conjugué avec un accord de défense, qui protégerait les habitants de Mayotte contre la dégradation de leur niveau de vie, comme contre d'éventuelles vexations du président comorien.

Mes propositions n'eurent pas plus de chances que ma réforme du ministère et Mayotte est restée française.

J'aurais aimé accompagner Cot en Afrique, où chacun de ses voyages suscitait des espoirs, qui seraient trop vite déçus. Mais je n'en avais pas le loisir, accaparé par la préparation du Conseil restreint de juillet 1982, dont j'espérais qu'il entérinerait les propositions novatrices de ma délégation.

A l'exception des quelques mois du gouvernement Mendès France, je n'avais jamais fait partie de l'entourage d'un Premier ministre. Celui de Pierre Mauroy m'était naturellement très sympathique. L'orientation à gauche du cabinet me faisait lui attribuer des mérites qu'il n'avait pas toujours. Du moins y trouvait-on une volonté de changement et une fraternité de combat. Robert Lion était un ancien du Club Jean-Moulin, Jean Peyrelevade était le gendre d'un de mes amis de longue date. J'avais fréquenté Bernard Garcia, au sein de la section CFDT du ministère, dont j'avais été dix ans plus tôt un des fondateurs. J'avais introduit Louis Joinet aux Nations unies trois ans auparavant. Ces figures amies que je côtoyais à Matignon me donnaient confiance. Et j'appréciais la discrète efficacité de Marceau Long dans son rôle délicat de secrétaire général des deux gouvernements successifs.

Face aux grandes questions économiques et sociales qui occupèrent le gouvernement durant cette première année de la gauche au pouvoir, la place réservée à la politique étrangère, si l'on fait exception de la construction européenne, était modeste. J'intervenais rarement dans les réunions du cabinet, mais j'écoutais beaucoup. Grande leçon de fonctionnement de la démocratie française sous la Ve République : c'est l'exécutif qui tient le haut du pavé. Que peut-on faire « avaler » au Parlement ? A quel rythme et dans quel ordre ? Entre le Premier ministre, le secrétaire général du gouvernement et le président de la République se mijote l'ordre du jour de l'Assemblée. Longs préparatifs pour faire faire un pas en avant au législateur. Pas n'importe lequel. Sur l'aide au développement, qui intéresse pourtant nombre de députés, le gouvernement n'est pas prêt. Mijotons encore un peu.

Notre texte propose un petit nombre de réformes de structure et un engagement budgétaire pluri-annuel, première percée avant l'offensive suivante. Il ne devrait donc pas trop effaroucher. Il passe le cap d'un comité interministériel présidé par Pierre Mauroy. Le Premier ministre me fait confiance, m'encourage. Je lui en sais gré. Dès notre premier contact, j'avais apprécié la personnalité de Pierre Mauroy. C'était en 1963, au conseil d'administration de l'Office franco-allemand de la jeunesse, dont nous étions membres tous les deux, aux côtés de Joseph Rovan, passionné d'entente franco-allemande, proche ami d'Eugen Kogon, mon sauveur de Buchenwald. Mauroy était le plus « politique » de notre Conseil. J'ai toujours vu en lui le plus socialiste des socialistes, de culture profondément populaire, capable de roublardise, mais jamais de déloyauté, ni à l'égard des camarades ni à l'égard des idéaux. J'ai eu du chagrin lorsque, quelques années plus tard, il céda Matignon à Laurent Fabius, dont je sentais moins la fibre socialiste.

Franchie l'étape du comité interministériel, il s'agit d'aborder le Conseil restreint, présidé par François Mitterrand, qui confirmera ou non nos propositions. C'est le seul auquel j'assisterai jamais et j'en observerai le déroulement avec une confiance excessive dans la force de mes arguments. La salle du palais de l'Élysée est impressionnante. Les ministres intéressés sont là en personne, alors qu'à Matignon ils sont représentés par leurs directeurs de cabinet. Prendre la parole est un exercice périlleux. Je parle trop longtemps. Les ministres sont plus brefs, peut-être moins convaincus. Le président tranche : on retiendra mes orientations, mais ni les réformes de structure ni la pluri-annualité budgétaire. C'est l'échec. Quelques sourires aimables et une poignée de main. Tout s'est passé en douceur.

Je réunis mon équipe, qui s'indigne. Quel lâchage ! A quoi servons-nous ? Je prends le contre-pied. Nous avons été maladroits.

La prochaine fois, nous devrons opérer autrement. J'étais sûr, je le suis encore aujourd'hui, qu'une réforme profonde de la politique française à l'égard des pays en développement est nécessaire et qu'elle finira par s'imposer. Mais, en 1982, il n'y aurait pas de prochaine fois. L'automne verrait la démission de Jean-Pierre Cot et la fin du mandat du délégué interministériel qui, de sa propre volonté, quitterait son poste pour un autre.

François Mitterrand n'a pas modifié sensiblement la politique africaine de la France. En revanche, il a été vraiment novateur dans le domaine des médias, radio et télévision, en les sortant du carcan gouvernemental, conforme à notre tradition jacobine, où la Vᵉ République les avait enfermés.

Assurer à l'audiovisuel une réelle indépendance, ouvrir l'espace hertzien aux radios privées en mettant fin au monopole de la Radiodiffusion nationale, ce sont des décisions qui marquent désormais le paysage politique français et sur le principe desquels aucun gouvernement n'est revenu.

L'acte fondateur de cette nouvelle politique a été la création de la Haute Autorité de la communication audiovisuelle, dont je fus pendant trois ans l'un des membres. Je devais cette nomination surprenante (rien dans mon expérience antérieure ne m'y avait préparé) à un jeune diplomate, Bernard Miyet, qui avait été mon collaborateur à Genève et que Georges Fillioud, ministre de la Communication et proche de Mitterrand, avait chargé de diriger son cabinet. Les neuf « sages » qui composeraient la Haute Autorité devaient être ainsi désignés : trois par le président de la République, trois par le président de l'Assemblée et trois par le président du Sénat. Miyet s'était mis en tête que j'avais ma place dans cet aréopage et m'avait posé la question dès le printemps : accepterais-je ? Bien sûr, avais-je répondu, croyant à une plaisanterie.

Mais Fillioud avait proposé mon nom et Mitterrand avait suggéré à Mermaz de me désigner. Lorsque le moment fut venu de publier le décret présidentiel, on s'aperçut que je n'avais pas été consulté officiellement. De toute urgence il fallait s'assurer de mon accord. Je ne me trouvais pas à Paris au jour dit, mais en route pour notre maison du Gard. Par quelle intuition Georges Fillioud pensa-t-il à me faire appeler au Sofitel de Lyon, par quel hasard avions-nous choisi cet hôtel beaucoup trop luxueux pour y faire étape ? Doigt du destin !

Le ministre décide de me donner rendez-vous tôt le matin à l'aéroport de Lyon-Bron où un avion du GLAM doit le déposer. Me voilà face à Fillioud. Il m'explique ce que sera la Haute Autorité et me cite les noms de mes futurs collègues. Je n'en connais que trois, dont deux ne m'enthousiasment guère. Je n'ai jamais rencontré Michèle Cotta, désignée par Mitterrand pour nous présider.

Pris au dépourvu, mes questions se bousculent : siégerons-nous épisodiquement ou en permanence ? Pourrai-je conserver mon poste de délégué interministériel ? A ces questions les réponses sont évasives. Fillioud n'est précis que sur un seul point : la Haute Autorité est renouvelable par tiers tous les trois ans, je serai nommé pour trois ans, jusqu'en 1985, l'année de mes soixante-huit ans. Je me laisse convaincre. D'ailleurs il est impossible de dire non au président de la République.

Lorsque, quinze jours plus tard, la Haute Autorité est solennellement inaugurée par François Mitterrand, je tente de lui parler de ma succession à la délégation interministérielle. Difficile. Il passe de l'un à l'autre, tout sourire. « Puis-je suggérer le nom de Paul-Marc Henry ? » Il reste évasif. J'ai mauvaise conscience vis-à-vis de l'équipe qui a cru en moi.

Six semaines plus tard, Jean-Pierre Cot est « démissionné » et remplacé par Christian Nucci, mettant fin à ce qui aurait pu être une grande aventure pour la France.

La nouvelle phase de mon activité publique constitue une rupture et un défi. Je comprends vite qu'il s'agit d'une mission à plein temps. La Haute Autorité va s'investir sur tous les fronts. Notre présidente, Michèle Cotta, décidée à ne pas être l'otage du soutien que lui apporte Mitterrand, ne manque aucune occasion d'afficher son indépendance, au risque d'indisposer Fillioud.

Dès la première décision à prendre, la nomination des présidents des trois chaînes et de Radio-France, j'admire son ingéniosité à susciter le consensus, à trouver l'équilibre entre les « sages » nommés par la gauche, par Mitterrand et par Mermaz, et ceux nommés par Alain Poher. Exercice difficile, tant les personnalités qui composent cette instance sont fortes et contrastées. Il y a le romancier Paul Guimard, un proche du président de la République. Son humour éclaire nos débats. Mais n'est-il pas l'œil de l'Élysée ? Gabriel de Broglie représente les intérêts de l'opposition de droite. Il est à l'affût de toute « dérive gouvernementale » qui ferait perdre sa crédibilité à la présidente. Il la met en garde sournoisement. Il a l'oreille de Jean Autin, ancien président de l'établissement public central du secteur, Télédiffusion de France, dont nous dépendons pour notre logistique. Autin est le plus compétent d'entre nous sur le plan technique et se méfie des jeux et des ris de Guimard. Mais tous s'inclinent devant le charme de la présidente, et le climat de la maison est joyeux et serein.

Quant à moi, je retrouve avec plaisir Marc Paillet, un ancien du Club Jean-Moulin, plus bavard qu'éloquent, mais doué d'une excellente plume qu'il met au service de nos meilleurs textes. Je découvre notre sympathique syndicaliste, Marcel Huart, intarissable sur l'histoire de l'ORTF, la grande maison mise à mal par Alain Peyrefitte, sur les grèves de 1968 et toutes les luttes dont il a été le champion. Nous partageons la même conception de la démocratie et du socialisme et il m'en apprend plus que les autres sur le fonctionnement des structures et les rivalités corporatistes de ce monde des médias dont j'ignore tout.

L'homme que je découvre avec une curiosité particulière, c'est notre communiste – union de la gauche oblige –, le réalisateur et écrivain Daniel Karlin. Il est le gendre de Pierre Moinot, dont le rapport a servi de base à la réorganisation des années soixante-dix. Est-il resté communiste ? C'est une question qu'on ne pose pas. Une chose est sûre : il ne prend pas ses instructions place du Colonel-Fabien. C'est un esprit libre, audacieux. Il a du talent. Il plaît à Michèle Cotta. Il est aussi pour moi un initiateur : il a une connaissance très concrète des relations internes aux chaînes de télévision, des intrigues et des chapelles. Chacune de ses interventions est fondée sur une expérience pratique.

Le neuvième sage, Bernard Gandrey-Réty, proche d'Alain

Poher, mais très indépendant politiquement, ne m'a jamais ménagé son concours. Sa bonne volonté compensait largement pour moi l'absence de talent que lui reprochaient ses autres collègues.

A la question : « Que faire de l'ambassadeur ? » la présidente avait d'abord répondu en m'associant aux relations internationales de la Haute Autorité. J'avais ainsi accompagné Michèle Cotta à Londres où nous souhaitions confronter notre mission avec celle du Conseil des gouverneurs de la BBC. Cette institution est pour les médias occidentaux l'équivalent de ce qu'est le Parlement de Westminster pour les démocraties. L'accueil qui nous fut réservé me toucha d'autant plus que j'avais en mémoire le rôle que la BBC avait joué dans mon travail à l'état-major de la France combattante. C'est la BBC qui nous prêtait ses ondes pour passer les « messages personnels » parfois énigmatiques, parfois poétiques, comme « Melpomène se parfume à l'héliotrope », qui indiquaient aux réseaux de la Résistance la date exacte d'une opération aérienne.

Mais c'est à une autre tâche que je devais consacrer le plus clair de mon temps au long des trois années passées au 100, avenue Raymond-Poincaré, siège de la Haute Autorité : la répartition des fréquences et des puissances entre les radios privées désormais autorisées à se faire entendre.

Pour mettre en œuvre la décision la plus novatrice que le président de la République avait prise, il fallait partager un « espace hertzien » limité entre un nombre de candidats à cette nouvelle liberté d'expression cinq à dix fois supérieur, selon les régions, aux places disponibles. Mes collègues ayant sans doute jugé que cet exercice convenait à un diplomate, ils m'en avaient aimablement confié la charge.

Mon principal souci était que cette nouvelle liberté serve à l'expression de ceux qui n'avaient accès ni à la radio publique ni aux autres médias, ceux que l'on désigne par le terme « minorités » : les habitants des quartiers défavorisés, les immigrés de toutes origines, les fidèles de toutes confessions, les éléments les plus divers du tissu social des villes et des campagnes. Ceux-là avaient besoin de fréquences et d'aide. Ils devaient pouvoir émarger à un fonds qui serait prélevé sur les ressources des radios commerciales, assurées d'une écoute populaire et autorisées, à notre grand regret, à vendre des espaces publicitaires.

Nous eûmes plus de déboires que de succès, mais, à la fin de notre première année de travail, un millier de radios privées (nous refusions de les appeler « libres », arguant que les radios publiques l'étaient, grâce à nous, tout autant) étaient en mesure d'émettre et de fidéliser un très large public.

Me souvenant des années passées à l'Office national pour la promotion culturelle des immigrés, ma plus grande satisfaction fut de soutenir les radios animées, un peu partout en France, par diverses composantes de l'immigration. Ces espaces expérimentaux, où Maghrébins, Antillais, Portugais, Camerounais, Béninois, Zaïrois apprenaient à travailler ensemble, contribuaient avec d'autres à dessiner un nouveau paysage radiophonique, non sans influence sur l'évolution de la société civile.

Encore eût-il fallu que nous soyons en mesure de mettre un frein à l'irrésistible expansion des radios commerciales, qui, au mépris de toute déontologie, empiétaient sur la place attribuée aux radios associatives. J'ai bien peur qu'une fois de plus une liberté précieuse n'ait du mal à s'affirmer contre la goinfrerie de l'argent.

Une des principales raisons d'être de la Haute Autorité était d'assurer un minimum d'équité dans la répartition des temps d'antenne entre les formations politiques, particulièrement au cours des campagnes électorales. Je garde le souvenir de celle qui prépara les élections européennes de 1984. J'étais allé en Corse contrôler l'émission consacrée à la liste du Front national et j'avais senti le souffle empesté de la morgue de Jean-Marie Le Pen. La liste qui avait mes faveurs les plus amicales était celle du grand mathématicien Henri Cartan, la seule à parler explicitement d'une Europe fédérale et à en souligner l'évidente nécessité. Cartan militait à l'époque avec Vitia et Laurent Schwartz pour la libération d'Andreï Sakharov. Mais l'adjectif « fédéral » faisait peur et la liste Cartan obtint 0,2 % des votes.

Ma troisième et dernière année à la Haute Autorité fut l'une des plus mélancoliques de ma vie. Elle vit mourir Pierre Mendès

France et s'aggraver brusquement la maladie de Vitia, à qui les médecins diagnostiquèrent un cancer du pancréas. Nous la crûmes perdue. Elle fut sauvée par un remarquable cancérologue. Mais ce n'était qu'un sursis. Je suis par tempérament incapable de croire à ce que je suis incapable d'accepter. Je me persuadai donc qu'elle était guérie et ne me préparai pas à la perdre.

Quelques semaines après l'expiration de mon mandat, le président de la République accepta de me remettre lui-même les insignes de grand officier de l'ordre du Mérite. Peut-être voulait-il ainsi me faire oublier la surprise qu'il venait de me « ménager » en désignant Gilbert Comte pour me succéder à la Haute Autorité. Ce journaliste est en effet la seule personne avec qui j'aie eu, dans ma carrière, un vrai accrochage. Au cours d'une conférence de presse tenue en 1974 au ministère de la Coopération, il m'avait publiquement et personnellement insulté. Son passage à la Haute Autorité ne dura que quelques mois. Dès l'automne 1986, le gouvernement Chirac mettait un terme à cette institution sans lui donner vraiment un successeur. Dommage !

De ma promotion dans l'ordre du Mérite il me reste une série de photos qui nous montrent, le président et moi, échangeant poignées de main et sourires. Certes, elles évoquent pour moi un moment d'émotion personnelle, mais aussi l'un de ces extraordinaires exercices de virtuosité qui se renouvelaient à chaque remise de décorations par François Mitterrand. Je revois la scène comme si elle s'était déroulée hier. Nous sommes ce jour-là six récipiendaires, alignés en rang d'oignons par ordre d'ancienneté. Devant nous, le président de la République. Dans ses mains, pas la moindre note. Chacun de nous, à tour de rôle, va s'entendre adresser un discours d'éloge, formulé dans une langue superbe et qui témoigne d'une incroyable précision dans la connaissance des données biographiques de chacun des récipiendaires. Louis Joxe vient d'être fait grand-croix de la Légion d'honneur. A présent, c'est mon tour. J'entends alors François Mitterrand dire sur moi des choses dont je n'aurais pas imaginé qu'il pût les connaître ni les sentir. Il ponctue ses phrases de regards presque tendres qui me bouleversent, me font venir les larmes aux yeux. Mais c'est déjà fini, au tour du suivant…

La remise des décorations terminées, je m'approchai du président et tentai de lui parler d'une affaire qui me tenait à cœur. Il était sur le point de nommer un nouveau directeur général des relations culturelles au Quai d'Orsay. J'avais un candidat à lui proposer, dont j'étais convaincu qu'il saurait donner à ce poste si important sa véritable dimension. François Mitterrand m'écouta assez froidement. Je compris que son choix était fait : le mauvais. Sans doute jugeait-il ma démarche déplacée. Je n'ai plus jamais senti le courant passer entre nous.

A ces cérémonies chacun invitait ses proches. Il y avait donc ce jour-là, regroupés à quelques pas derrière moi au milieu d'une vaste assemblée, Vitia, nos trois enfants, Michèle Cotta, Hélène Ahrweiler et un petit groupe d'amis. Il y avait aussi mon petit-fils Simon, âgé de douze ans, dont une jambe s'ornait d'un superbe plâtre, « gagné » à la suite d'un accident de ski. Ayant reconnu Roger Hanin dans l'assemblée, il lui demanda d'inscrire un autographe sur son plâtre. Dans l'excitation de l'heure, je ne m'aperçus pas que Vitia souffrait et qu'elle avait hâte de rentrer à la maison. Tout à coup, je compris qu'elle perdait pied. Elle devait mourir trois mois plus tard.

Que n'ai-je, en quittant la Haute Autorité, à l'automne 1985, refusé toute autre occupation pour me consacrer entièrement à Vitia et l'aider à affronter cette ultime épreuve ! Jusqu'aux dernières heures de sa vie, elle a gardé une entière confiance dans sa guérison. Je n'ai su moi-même qu'elle était condamnée que trois semaines avant sa mort. Au cours de ces semaines, les élections législatives allaient, en donnant la majorité aux partis de droite, conduire pour la seconde fois Jacques Chirac à l'hôtel Matignon. Les soins intensifs dont Vitia était entourée faisaient d'elle comme une enfant à mes yeux, une enfant avec laquelle je pouvais jouer et rire. Ainsi prenait fin une union que j'avais crue protégée du temps : depuis longtemps j'étais trop sûr de ce qui nous faisait un et j'avais abusé de cette certitude pour faire place dans ma vie à trop d'autres choses. A l'acceptation de trop de missions et de trop d'engagements et à la poursuite, secrète, d'un autre amour.

XXV

Michel Rocard (1)

En 1985, trois mois avant la mort de Vitia, Stanley Hoffmann, président du Center for European Studies de l'université Harvard, me proposa de rédiger pour sa revue un article sur la France de Mitterrand et le tiers-monde. Il m'invita à venir le présenter à Harvard, au cours d'une rencontre à laquelle participerait Michel Rocard. De ce dernier je gardais le souvenir de nos conversations au Club Jean-Moulin, de son amitié pour Mendès France, qu'il avait persuadé d'adhérer au PSU, de sa réaction intelligente après l'échec de la gauche aux législatives de 1978, de la détermination avec laquelle, en 1981, il s'était porté candidat à l'élection présidentielle avant François Mitterrand. La clarté de ses prises de position me plaisait. Je lui attribuais une ambition politique plus sérieuse, plus réfléchie et moins égocentrique que celle de la plupart de nos hommes politiques, dans la même ligne que celle qui animait Pierre Mendès France. Je lui parlais comme à quelqu'un pour qui je serais content de m'engager.

Quelques semaines plus tard, je reçois de lui une lettre très amicale, dans laquelle il me demande de présider un réseau de clubs de réflexion destiné à appuyer sa candidature à la présidence de la République, au terme du mandat de François Mitterrand. Me sentant trop vieux et trop éloigné de la vie politique, je décline son offre

Sa riposte est rapide, presque brutale. En quelques phrases, il réfute mes arguments et décide que je ne peux refuser. La vivacité du ton me surprend et bouscule mes réserves. J'accepte donc et deviens « rocardien ».

Cela consiste d'abord à lire les écrits du futur candidat, à démêler les particularités de son courant au sein du Parti socialiste, puis à réunir, autour d'un certain nombre de valeurs et d'orientations affublées du qualificatif de « deuxième gauche », des hommes et des femmes sensibles à la pensée et à la personne du maire de Conflans-Sainte-Honorine. Ni trop marxistes, ni trop laxistes, ni trop mitterrandiens. Ainsi vont se rassembler, à Paris d'abord, puis dans une cinquantaine de villes de province, des socialistes et d'autres citoyens de gauche qui se méfient du parti. Ils s'intéressent aux nouveaux défis que présentent le chômage, l'aide au tiers-monde, la construction d'une Europe sociale et aussi, concrètement, la gestion de leur ville dans le contexte de la décentralisation toute récente, les problèmes de l'immigration et de l'exclusion, les questions les plus pratiques et les plus immédiates. Ils estiment que l'urgence de ces problèmes est prise en compte dans le « parler vrai » de Michel Rocard.

Instruit par l'expérience du Club Jean-Moulin, resté trop parisien, je pousse à l'essaimage le plus large possible hors de la capitale, mais aussi à la concertation avec d'autres lieux de réflexion analogues, notamment avec le club Échange et Projets, lancé en 1973 par Jacques Delors et dont j'ai été membre fondateur.

Ce rôle de coordinateur et d'animateur, je le partage avec Bernard Poignant, futur maire de Quimper et rocardien convaincu. A lui la mise en route des clubs de province, la gestion du réseau, le lancement des publications, bref, les tâches les plus lourdes et les moins gratifiantes ; à moi la constitution d'un groupe de réflexion composé de personnalités amies de Michel Rocard, prêtes à se concerter sur les problèmes de la France et du monde, à en débattre entre elles et avec le candidat, mais aussi à répondre aux demandes des clubs Convaincre de Paris et d'ailleurs, qui cherchent des animateurs compétents pour leurs réunions.

Comment avons-nous, Michel Rocard et moi, opéré le choix des membres de ce Comité de réflexion et d'orientation des clubs Convaincre qui a tenu ses premières réunions au printemps 1986 ? Je revois des listes de noms, les uns soulignés, les autres biffés. La plupart d'entre eux me sont familiers – des camarades de combats anciens –, d'autres me sont inconnus et je découvre leurs mérites. Certains acceptent puis se dérobent, d'autres refusent puis se ravisent. Comme toujours, il y a le noyau dur, qui y croit, qui en veut, guère plus de quinze, mais de bon niveau. Il y a là des amis personnels de longue date, comme André Mandouze et Étienne Bauer, des anciens du Club Jean-Moulin, comme Alain Touraine et Jean Saint-Geours, des « penseurs » comme Edgar Morin et des hommes d'action comme Bertrand Schwartz. Je les revois, assis autour d'une longue table au quartier général des clubs Convaincre, boulevard Saint-Germain, chacun le reflet d'une phase de mon passé. Lorsque Michel Rocard assiste à nos réunions, nous cherchons le ton juste : franchise amicale, parfois sévère. Lui prend des notes, se justifie, expose ses projets de campagne. Le courant ne passe pas toujours. Je le sens plus à l'aise dans le cercle de ses proches collaborateurs, auquel il m'associe de temps en temps et où sont évoqués les problèmes quotidiens de la vie politique. Restant entre nous, nous nous interrogeons sur le rôle qui doit être le nôtre. Les femmes et les hommes qui composent ce comité, dont aucun n'a d'ambitions personnelles ou politiques, me deviendront chers, je me sentirai coupable lorsqu'ils seront déçus.

Il me semble que nous attendions beaucoup de Michel Rocard, mais plus encore d'une évolution des mœurs politiques et de ce que, reprenant un terme dont il s'est servi dans toutes ses campagnes, nous appelions la « société civile ». Dès nos premières rencontres, nous avons fait un constat commun : les gouvernements socialistes qui s'étaient succédé sous la présidence de François Mitterrand n'avaient pas réussi à concilier les impératifs de l'économie de marché et les missions essentielles d'un État démocratique, capable de mobiliser ses citoyens et de les associer aux décisions qui les concernent, pilotant fermement le pays en lui proposant, sous une forme compréhensible et sans démagogie, des objectifs économiques, sociaux et politiques qui répondent aux défis de cette fin de siècle.

Quels étaient selon nous ces défis ? Clairement, la mise en commun des ressources de toutes les démocraties européennes, non seulement dans les domaines commercial, agricole, industriel et monétaire, mais encore dans ceux de la défense et de la politique étrangère. Le domaine des relations avec le Sud et l'Est constituait notamment un point de passage obligé pour ne pas rester otages des dérives d'un capitalisme à l'américaine, créateur, certes, de richesses mais incapable d'en assurer une redistribution équitable. L'expérience de 1982 nous avait convaincus que la France n'était plus en mesure de rompre seule une solidarité économique et monétaire qui assurait sa survie. Il fallait convaincre nos partenaires de la Communauté de s'engager avec nous dans les voies que leurs sociétés civiles réclamaient autant que la nôtre, même si elles ne le manifestaient pas avec suffisamment de netteté. Nous souhaitions donc qu'un grand effort d'« accouchement » des esprits fût entrepris, par le canal des forces sociales européennes : syndicats, associations civiques, parlementaires de Strasbourg, institutions communautaires. Le prestige que Michel Rocard s'était acquis hors de France nous encouragea à organiser à la Sorbonne une rencontre sur le devenir de la construction européenne, à laquelle les clubs Convaincre invitèrent l'ancien chancelier allemand Helmut Schmidt, le ministre espagnol Manuel Marin, le député hollandais Pieter Dankert et d'autres personnalités européennes. Michel Rocard y exposa sur l'Europe des idées auxquelles nous souscrivions sans réserve. Mais la gestion de la rencontre s'avéra plus conviviale que professionnelle et les médias restèrent muets.

L'année précédente, une rencontre similaire avait eu lieu, consacrée aux questions de politique intérieure, l'emploi, l'éducation, l'environnement et la bioéthique. Les membres de notre comité s'y étaient tous investis. Nous ne cherchions pas à polémiquer avec le gouvernement de Jacques Chirac, mais bien à comprendre ce que les Français attendaient de ceux qui briguaient leurs suffrages. Il fallait de nouvelles approches du problème du chômage, devenu insupportable tant par le nombre que par la durée des exclusions dont il était la cause. Les concepts que le club Échange et Projets avait élaborés sous le titre assez poétique de « temps choisi » et qui s'inspiraient des analyses développées par André Gorz dans *La Quête du sens*, invitaient à des changements profonds dans les mentalités et dans la relation entre travail salarié et identité sociale. La lutte contre les inégalités passait aussi par une nouvelle orientation de l'école et de l'appareil de formation, non seulement dans la période initiale de l'existence, mais tout au long de la vie professionnelle. Nous appuyant sur les expériences conduites par Bertrand Schwartz, nous voulions mettre la formation permanente au service de la création d'emplois et de l'insertion sociale. La protection de l'environnement, point de départ d'un développement durable (j'avais proposé l'épithète « diachronique » pour viser les besoins des générations futures), devait entraîner le financement et la rentabilisation de nombreux emplois. Enfin, rejoignant les réflexions menées par Edgar Morin et René Passet dans leur revue *Transversales,* nous pensions que Michel Rocard se ferait le champion d'une politique donnant la priorité à l'épanouissement et à la responsabilisation individuelle et résistant à l'emprise des technostructures et des expertises, trop facilement manipulables par les détenteurs des leviers de la finance et du profit.

C'est ainsi que, à la veille de la campagne présidentielle de 1988, nous avons rédigé et diffusé, sous le sigle des clubs Convaincre, une centaine de pages où étaient énumérés et développés les objectifs que se fixait Michel Rocard. Quelques semaines plus tard, François Mitterrand faisait connaître sa décision de se représenter et notre candidat se retirait de la course. Relisant aujourd'hui le fruit de notre travail, je constate que ce corps de réflexions, qui, loin de toute visée idéologique ou doctrinale, constituait l'ébauche d'un vrai programme de gouvernement, n'a rien perdu de sa pertinence. Et même s'il laisse de côté nombre de problèmes techniques, il demeure à mes yeux, par son orientation et sa cohérence, celui auquel la gauche française, qui est ma famille de pensée, peut et doit souscrire.

Il y eut naturellement une pause pendant la campagne. J'avais envoyé au *Monde* un article dans lequel j'exhortais François Mitterrand à couronner les grands services qu'il avait rendus à la démocratie en s'effaçant devant un homme plus jeune, susceptible de donner à la gauche un nouvel élan. Ce geste, argumentais-je, lui vaudrait assurément la reconnaissance des générations futures.

Mon exhortation étant restée sans effet, je me résolus, comme Michel Rocard, à m'associer à la campagne du président sortant, qui fut du reste éblouissante.

Le deuxième septennat commença par une surprise : le choix de Michel Rocard comme Premier ministre – nomination dont les risques nous apparurent d'emblée : le président, qui ne l'aimait pas, n'allait-il pas l'exposer à un laminage qui lui interdirait d'aspirer une fois de plus à la succession ?

Suivirent trois années délicates pour les clubs Convaincre et pour notre comité. Nous observions le comportement du Premier ministre avec sympathie, sans guère nous étonner des obstacles qu'il rencontrait sur son chemin, ni du soutien pour le moins ambigu que lui apportait l'Élysée. Il lui faudrait du temps pour imposer ses idées. Outre le fait qu'il n'avait pu choisir lui-même tous ses ministres, les parlementaires socialistes, dont les voix lui étaient indispensables, ne lui étaient pas tous acquis. Cette « cuisine » gouvernementale, dans laquelle excellait Guy Carcassonne et grâce à laquelle Michel Rocard s'est maintenu à Matignon pendant trois ans, nous la goûtions peu et la comprenions mal. Notre équipe, plus dégagée des contingences de la vie politique quotidienne, adressait au Premier ministre des critiques qui se voulaient amicales et constructives, mais qui, compte tenu de notre moyenne d'âge, pouvaient sembler légèrement paternelles et ont dû plus d'une fois l'agacer.

De temps à autre, il nous réunissait pour un repas à Matignon. Il nous parlait alors avec une grande franchise des difficultés qu'il rencontrait, nous laissant clairement entendre qu'il était très conscient de ce que nous lui reprochions, mais qu'il fallait être patient. De ces agapes nous sortions le plus souvent déçus, non de son contact, toujours cordial, mais de la confiance, à nos yeux excessive, qu'il gardait dans les progrès possibles.

Nous fûmes tous choqués de la manière dont il fut congédié en 1991 et nous le lui manifestâmes avec d'autant plus de sincérité qu'en dépit de certains revers qui nous avaient peinés, sa performance nous semblait au total très positive.

Elle me le semble encore avec le recul de bientôt sept ans. Il a été probablement le meilleur Premier ministre de François Mitterrand. Plusieurs des négociations qu'il a menées, dont celle sur la Nouvelle-Calédonie, nombre des réformes qu'il a fait passer – je pense au RMI ou à la CSG, ainsi qu'à la loi sur le financement des partis politiques – ont marqué de réels progrès dans la gestion démocratique du pays.

Mais le contact que les clubs Convaincre dans leur ensemble avaient tenté de maintenir entre un homme politique et la société française dans ses profondeurs n'a pas pris l'ampleur que nous escomptions. La décision du « candidat virtuel » de faire la conquête du Parti socialiste plutôt que du peuple français allait à l'encontre des recommandations stratégiques que nous avions constamment formulées. Si elle n'a pas mis un terme à l'existence des clubs Convaincre, elle a interrompu les liens entre les membres du comité de réflexion et l'éphémère premier secrétaire du Parti socialiste.

XXVI

Michel Rocard (2)

Je dois à Michel Rocard d'avoir pu mener aussi loin que possible ma réflexion sur deux problèmes qui ont été au cœur de mes préoccupations pendant les vingt dernières années de ma vie active : l'immigration et les rapports Nord-Sud. Le lien entre ces deux problèmes m'a toujours paru évident.

De toutes les faillites de la seconde moitié du XXe siècle, la plus grave est certainement de n'avoir pas su gérer simultanément la globalisation de l'économie et sa régulation sociale. Il faut reconnaître que la tâche est malaisée.

Au XIXe siècle, un problème analogue s'était posé, dans le cadre national, aux dirigeants des États industrialisés. Ils avaient mis beaucoup de temps à l'aborder, plus encore à le résoudre. L'expansion d'un nouveau mode de production, dont Marx avait dénoncé les méfaits sociaux, appelait, pour pallier les effets de la paupérisation et de l'exploitation décrits par Charles Dickens et Émile Zola, une politique sociale et une défense des intérêts des classes prolétariennes que Bismarck fut un des premiers à inaugurer. Ce n'est qu'au milieu du XXe siècle que des modèles sociaux-démocrates plus ou moins proches de la notion d'État-providence ont dégagé des équilibres toujours fragiles entre liberté et régulation, économie de marché et législation sociale. Sans aucun doute, le modèle soviétique a contribué à obliger toutes les nations industrielles à tenir compte des besoins des classes sociales les moins favorisées. Les résultats obtenus sont loin d'être parfaits. Mais nous avons assisté depuis cinquante ans à une prodigieuse amélioration des conditions de vie d'un demi-milliard d'habitants de la planète.

A partir des années soixante-dix, une donnée nouvelle n'a pas été prise en compte : l'évolution des sciences et des techniques a transformé la Terre en ce que l'on désigne communément mais faussement comme le « village planétaire ». Planétaire, oui, rendant donc caduques les régulations que les États chercheraient à imposer individuellement à l'intérieur de leurs frontières. Village, non, car il lui manque précisément tout ce qui caractérise la convivialité et la solidarité que nous associons à ce mot.

La globalité progresse à une allure vertigineuse. Les crispations identitaires et les marginalisations sociales qu'elle induit font reculer la convivialité et la solidarité.

Les deux questions centrales auxquelles le XXe siècle n'a pas répondu sont donc les relations entre des zones géographiques, écologiques, culturelles disparates, que la globalisation rend économiquement interdépendantes, et les mouvements migratoires que provoque cette disparité.

Dès son accession à Matignon, Rocard encouragea son ministre du Plan, Lionel Stoleru, à exhumer un rapport sur l'immigration que le commissariat au Plan avait fait élaborer par un groupe de travail sous ma présidence. Ce travail, entamé en 1985 sous le gouvernement Fabius, avait été terminé sous le gouvernement Chirac, qui avait mis le rapport sous le coude. Lionel Stoleru le présenta à la presse en lui donnant le titre ambitieux *Immigrations : le devoir d'insertion*. Nous distinguions les différentes immigrations qui exigeaient chacune pour leur insertion dans la société française la mise en œuvre d'une politique concertée et volontariste. A cette condition, la participation des étrangers qui avaient choisi de vivre et d'œuvrer en France serait pour eux-mêmes, pour les pays d'émigration et pour la société française un formidable atout. C'était aller à l'encontre de l'état d'esprit qui régnait chez la majorité des responsables de la nation, qui, sans adopter les thèses du Front national, voyaient dans l'afflux des immigrés une menace pour l'équilibre de notre société. L'immigration, il s'agissait de la freiner.

Notre rapport rappelait tout ce que l'économie, la culture, le rayonnement de la France devaient aux étrangers qui y avaient travaillé, avec une énergie souvent supérieure à celle des autres habitants du pays, et qui, sous l'effet de notre droit du sol, avaient donné naissance à des générations de Français. Il distinguait les précautions à prendre pour limiter l'immigration clandestine, les mesures indispensables pour faciliter l'accès, la formation, l'emploi, la scolarisation, la liberté d'expression, de confession, de participation à la vie sociale de ceux qui s'y trouvaient en situation régulière ou qui, cherchant asile sur une terre de liberté, y revendiquaient, pour eux et pour les leurs, le statut de réfugiés.

Issu de nombreuses consultations de sociologues, d'économistes, de syndicalistes, de chefs d'entreprise, de dirigeants associatifs, d'islamologues, de parlementaires et d'enseignants, selon la formule chère au commissariat au Plan, notre rapport de près de cent cinquante pages, sans compter les annexes, avait mûri de 1985 à 1988 et éclos durant les premiers jours du second septennat.

C'était avant la chute du mur de Berlin et le dégel foudroyant de l'Est, avant les turbulences algériennes, avant la montée dramatique du chômage, dans un contexte encore relativement stable mais qui ne tarderait pas à se dégrader.

L'élection présidentielle de 1988 avait été marquée par une poussée inquiétante des voix du Front national. Autour des problèmes d'exclusion, dont ils ne portaient d'aucune façon la responsabilité, les « immigrés » – terme dans lequel étaient englobées les populations non blanches des banlieues pauvres – devenaient la cible d'un rejet xénophobe qui imprégnait jusqu'au discours des dirigeants de la gauche. Rocard avait utilisé une expression dangereuse dans son laconisme : « Nous ne pouvons pas accueillir toute la misère du monde. » François Mitterrand lui-même avait laissé échapper une phrase sur le « seuil de tolérance » au-delà duquel les immigrés seraient de trop.

Toutefois, le président de la République n'avait jamais manqué une occasion pour fustiger publiquement tout racisme et toute atteinte aux droits de l'homme. Lors des cérémonies du bicentenaire de la Révolution française, au cours d'un colloque consacré à l'héritage de 1789 dans le grand amphithéâtre de la Sorbonne, je l'entendis caractériser les Français comme un peuple composé de Celtes, de Latins, de Germains, d'Italiens et – conclut-il après une pause – d'Arabes. Ce jour-là, comme si souvent, j'ai aimé son éloquence.

J'aurais préféré cependant qu'il fasse mettre en œuvre quelques-unes des propositions du rapport du Plan. Il n'y eut ni réforme administrative ni avancée législative. Concernant le droit de vote des résidents étrangers aux élections municipales, que j'ai toujours considéré comme l'une des clés de l'intégration, Mitterrand s'était borné à dire dans sa *Lettre aux Français* qui décrivait son programme qu'il y était favorable, mais qu'il n'en prendrait pas l'initiative, sentant que ses compatriotes n'y étaient pas prêts.

Peu après, l'opinion publique s'agita autour de l'affaire des foulards et du Code de la nationalité. La première mettait l'accent sur les problèmes de coexistence de communautés islamiques fidèles à leurs coutumes et d'une école publique marquée par la laïcité. Elle trouva une solution ambiguë et continue à diviser les meilleurs esprits. La seconde mettait en cause un des principes essentiels de la « nation » française selon Renan, le droit du sol, qui favorise le métissage culturel, atout maître de la société française. Il y eut une commission présidée par Marceau Long, qui dégagea un équilibre entre les meilleurs esprits et écarta tout retour au droit du sang.

Michel Rocard eut l'idée de s'appuyer sur ce précédent pour créer un Haut Conseil pour l'intégration et, avec son habituel manque de vergogne à mon égard, annonça que j'en étais membre avant de me consulter. L'ayant appris par les journaux, je ne pus que m'en réjouir. Je redevenais « sage » une fois de plus.

Deux ou trois fois par mois, de 1990 à 1993, j'ai gravi les marches de marbre blanc du Palais-Royal pour aller prendre ma place à la gauche de Marceau Long, dans une vaste salle qui jouxtait son bureau de vice-président du Conseil d'État. En procédant en novembre 1989 à notre installation, Michel Rocard avait précisé ce qu'il attendait de nous. La scène se passe dans le salon de l'hôtel Matignon où, l'année précédente, il a présidé à la rencontre entre les négociateurs de l'accord sur la Nouvelle-Calédonie, Jean-Marie Tjibaou et Jacques Lafleur, et son allocution porte la marque de ce souvenir émouvant pour le Premier ministre. Avant toute chose, il nous demande de dire le vrai, de donner les définitions précises et les chiffres exacts de la présence des étrangers en France, coupant court aux fantasmes et aux rumeurs. Quant à la politique d'intégration à suivre, il compte sur nos propositions.

Par sa composition très éclectique, le Haut Conseil permettait d'instaurer un vrai débat et de dégager ainsi un accord entre les familles de pensée de la société française sur un sujet souvent mal perçu par l'opinion publique.

Une fois par an, dans une belle salle du Conseil d'État qui s'orne d'un portrait en pied de Bonaparte, Premier Consul, créateur de cette vénérable institution, Marceau Long convoque une conférence de presse. Les questions des journalistes à qui il présente notre rapport expriment leur méfiance, leur espoir de nous prendre en défaut, souvent leur peu de maturité. Mais Long s'est entretenu la veille avec les éditorialistes les plus compétents, et les meilleurs journaux nous consacrent des colonnes intéressantes. L'actualité s'y prêtant, nous donnons le plus de poids possible à notre message d'incitation à la solidarité.

Qu'est-il resté de cette présentation constructive d'une politique française à l'égard des immigrés, après six ans de réflexions et de rapports du Haut Conseil, dont j'ai cessé d'être membre à la suite des élections législatives de 1993 et des débuts de la nouvelle cohabitation ?

Le gouvernement Balladur n'a fait que rendre plus répressive encore la législation sur les étrangers. Charles Pasqua a porté indirectement atteinte au droit du sol en mettant des conditions à l'acquisition de la nationalité française pour ceux qui y avaient accès de plein droit. Son successeur, Jean-Louis Debré, est allé plus loin encore dans la chasse aux « irréguliers ». C'est son obstination lamentable, son refus borné de saisir les perches qui lui ont été tendues en 1996, qui ont en fin de compte soulevé l'indignation d'une partie croissante de l'opinion publique. D'avoir pris part à la campagne pour la régularisation des « sans-papiers » et m'être trouvé, dans le collège des médiateurs, au coude à coude avec les femmes et les hommes qui m'inspirent le plus de confiance et de respect représente un des grands moments d'engagement civique, désormais pour moi les plus recherchés.

J'ai bien failli éprouver un autre de ces moments en présentant à la presse, le 1er février 1990, le rapport sur les relations de la France avec les pays en développement que Michel Rocard m'avait demandé de mettre en chantier dès son arrivée à Matignon. Mais la roche Tarpéienne est près du Capitole.

Voici la triste histoire de mon ultime tentative pour sortir mon pays des embourbements en Afrique et en faire le partenaire lucide et efficace des peuples du Sud.

Rocard avait observé, comme ministre du Plan dans le premier gouvernement socialiste, les efforts que nous avions faits, Cheysson, Cot et moi pour renouveler, dans une perspective de gauche, la politique d'aide et de coopération de la France. Il avait donné son aval à l'idée de « codéveloppement », idée hasardeuse que nous voulions tester auprès de pays comme le Mexique, l'Algérie et l'Inde. Il ne s'agissait pas simplement d'aider ces pays, mais de réfléchir avec eux à la manière dont la France pourrait accompagner leur développement parallèlement au sien propre. Nous partions du principe que les relations entre nations devaient être réciproques : non pas assistance, mais partenariat.

Rocard ne m'avait pas caché sa déception devant le peu de succès obtenu en 1982 : la délégation interministérielle passée à la trappe et Jean-Pierre Cot écarté du gouvernement.

Six ans plus tard, celui qui l'avait supplanté comme candidat à la présidence de la République l'appelait à la tête de son gouvernement. Redoutable ambiguïté. Jusqu'où iraient ses véritables pouvoirs ? Devait-il renoncer tout à fait à se mêler de politique étrangère, laissant ce domaine à Roland Dumas, qui ne l'aimait guère mais avait l'oreille de Mitterrand ?

Non. Michel Rocard avait de la suite dans les idées et estimait qu'il était urgent de réviser nos relations avec l'ensemble des pays en développement, de désenclaver notre tête-à-tête avec l'Afrique francophone, de voir plus loin que le « pré carré ». Sachant que je partageais ses convictions il fit donc appel à moi.

Je m'entourai cette fois d'un certain nombre de précautions. J'obtins qu'un membre du cabinet du Premier ministre fasse partie intégrante du groupe de travail et que le Trésor mette à ma disposition un de ses hauts fonctionnaires. Devaient en outre être représentés : le cabinet du ministre de la Coopération, la Direction générale des relations culturelles, le commissariat au Plan, le ministre chargé de l'Action humanitaire et la Caisse centrale de coopération économique. Il s'agissait d'abord de consulter toute la gamme des administrations, personnalités compétentes et organismes intéressés, et de recueillir leurs vues sur un premier canevas de propositions, aboutissant à un rapport intérimaire, dit d'« étape ».

Pour y parvenir, nous avions interrogé nos postes diplomatiques dans les pays partenaires du Sud et dans les pays concurrents du Nord, afin de comprendre la façon dont les uns accueillaient notre coopération et dont les autres géraient leurs ressources. Nous cherchions à mieux connaître les difficultés rencontrées par les institutions européennes ou multilatérales, la Banque mondiale, le Fonds monétaire, le PNUD. Quelles positions la France y avait-elle défendues et pourquoi ? Nous parlions avec le gouverneur de la Banque de France, Jacques de Larosière, un ancien du Club Jean-Moulin, plus récemment directeur général du FMI, avec le directeur du Trésor, Jean-Claude Trichet, le directeur de la Caisse centrale de coopération économique, Philippe Jurgensen. Chacun nous recevait avec beaucoup d'affabilité et des degrés divers de scepticisme sur le succès de notre entreprise.

Plus encore pour moi que pour mes jeunes collègues, il y avait un côté répétitif dans ces entretiens. Comme en 1974, comme en 1982, j'entendais évoquer des inerties regrettables, des incohérences fâcheuses, des voies nouvelles insuffisamment explorées. Au lieu de me décourager, ce ressassement me faisait penser qu'il était vraiment temps, grand temps, de renouveler de fond en comble nos objectifs, notre appareil et nos méthodes.

Le rapport d'étape portait la marque de cette conviction. Il fut soumis au Premier ministre, qui n'y fit pas d'objection, et nous reçûmes ses directives pour préparer le rapport final dont il souhaitait disposer à la fin de 1989.

Il fut convenu que je dégagerais la responsabilité des hauts fonctionnaires qui m'avaient apporté leur concours à titre uniquement personnel, c'est-à-dire sans engager leur ministre, et que j'assumerais seul les principales recommandations, tout en tenant compte des aspérités du terrain, dont nous étions bien conscients.

De cet équilibre délicat, maintenu tout au long des vingt mois que dura notre travail, devait sortir une critique sévère de la politique menée depuis vingt-cinq ans et un argumentaire serré en faveur des changements à lui apporter pour tenir compte d'un contexte mondial en pleine évolution. Mais là ne s'arrêtait pas notre démarche. Nous formulions également des propositions de réforme qui ne portaient pas seulement sur les grandes orientations, mais aussi – et il fallait faire preuve ici de prudence – sur les structures ministérielles, les méthodes de travail, les mobilisations à opérer, les cohérences à viser, sur les plans interne, européen, international.

Comme les membres de notre équipe étaient tous en poste, nos réunions avaient lieu en dehors des heures de travail, le soir, dans mon appartement, ou à midi, dans la salle à manger de l'un ou l'autre des ministères, de préférence celle de l'annexe de l'hôtel Matignon, rue Vaneau, où les menus étaient particulièrement soignés. Chacun des membres de l'équipe tenait la plume sur un sujet. Mon rôle était d'assurer la synthèse et de garantir la lisibilité.

Ferai-je le portrait de chacun des participants à cette entreprise, peut-être la plus ambitieuse, certainement la plus prenante de toutes celles que j'ai consacrées à la politique française de développement ? Ils savent l'estime que j'ai pour eux, la place que j'ai tenté de faire à leurs conceptions et à leur expérience, le respect que m'inspire leur compétence. L'essentiel, cependant, était notre commune conviction qu'il existait ce que l'on appelle une « fenêtre d'opportunité » à saisir. Il y avait les passionnés et les pointillistes, les visionnaires et les pragmatiques, les audacieux et les prudents, mais tous donnaient généreusement de leur temps et de leur confiance. Certains m'étaient familiers de longue date. Mais je faisais aussi des découvertes et de nouvelles amitiés s'ébauchaient. Quel dommage que le mode de vie des responsables de notre administration rende si difficile la consolidation des liens qui se nouent dans le travail et si éphémères des amitiés dont nous soupçonnons la possible fertilité sans pouvoir les ancrer dans la durée ! Mais peut-être est-ce seulement ma faute. Dans mes contacts avec des femmes et des hommes qui ont surgi si nombreux et si riches d'expérience sur ma route, je suis plus enthousiaste que fidèle.

Le 1er février 1990, je pus enfin remettre « mon » rapport à Michel Rocard, avec un mois de retard sur le délai prévu. Ce texte de cent cinquante pages préconisait notamment la création, auprès du Premier ministre, d'un Haut Conseil de la coopération au développement, chargé d'évaluer et d'orienter, selon l'évolution de chaque contexte, les méthodes et les ressources à consacrer à nos différents partenaires. Ce n'était que la plus ostensible des propositions contenues dans le rapport, celle qui restait prudemment en deçà de réformes plus profondes, comme la suppression du ministère de la Coopération et de la cellule africaine de l'Élysée, et la transformation de la Caisse centrale de coopération économique en une Banque française de développement à vocation universelle. Je n'avais retenu ni la dissolution de la zone franc, ni – ce qui l'aurait rendue caduque – l'européanisation des politiques de développement des Douze. J'étais donc persuadé d'avoir évité les écueils les plus repérables, tout en ouvrant des pistes qui permettraient de réels progrès.

Le Premier ministre me demanda de présenter mon rapport à la presse, ce qui fut fait dans l'un des salons de l'hôtel Matignon. Une fois de plus, je pus constater le peu d'intérêt que nos médias et nos journalistes portent aux problèmes des pays pauvres, tant qu'ils ne sont pas le théâtre de famines ou de massacres. Je parlai devant une salle à moitié vide et les principaux journaux ne consacrèrent que quelques lignes au fruit de nos longues délibérations. Décevant. Peut-être, je ne m'en souviens plus, s'était-il passé ce jour-là quelque chose de vraiment passionnant : un grand match de football ou la découverte par un jeune juge d'une affaire scabreuse.

Nous n'eûmes pas longtemps à attendre pour saisir la gravité d'une omission dans notre stratégie : les principaux ministres avaient été consultés, mais non l'Élysée. Dans mon esprit, cette mission incombait au cabinet du Premier ministre, mais j'aurais naturellement dû prendre moi-même cette précaution. Ce quiproquo avait eu pour effet de mettre le président devant le fait accompli. Ordre vint de l'Élysée de ne pas diffuser le rapport. Et Michel Rocard s'inclina.

Paradoxalement, l'incident devait faire de ce texte, fort peu révolutionnaire en lui-même, un objet de vive curiosité. Plus il était difficile de se le procurer, plus on se mettait en tête qu'il devait contenir des bombes secrètes. Ceux qui le lisaient – car il en existait, bien sûr, de nombreux exemplaires, qui se passaient de main en main – n'y trouvaient en fin de compte que ce que beaucoup d'observateurs de la politique française avaient déjà dit et qui n'avait jamais été fait.

XXVII

L'Afrique (2) : Ouagadougou

Cependant, mon rapport allait avoir un lecteur qui devait compter dans ma vie : le président du Burkina Faso, Blaise Compaoré.

Cet ancien capitaine de parachutistes était entré dans l'arène politique en soutenant la prise de pouvoir révolutionnaire de Thomas Sankara, dont il était le bras droit. Puis, estimant que Sankara passait les bornes de l'autoritarisme, il l'avait renversé et fait exécuter.

Dans cette conjoncture pour le moins ambiguë, le nouveau président avait mis en chantier un ensemble de réformes qui eurent pour effet de transformer le Burkina Faso, où s'exerçait la dictature d'un parti unique, en un État multipartite, en passe de se doter d'une Constitution démocratique comportant des garanties sur le respect des droits de l'homme.

C'est alors que je rencontrai l'un de ses conseillers français, Jean Guion, qui venait de lui consacrer une biographie fort élogieuse, pour laquelle il me demandait d'écrire une préface. Au risque de choquer les plus militants de mes amis, qui considéraient Compaoré comme l'assassin d'un président courageux et progressiste, j'acceptai, non sans exprimer un certain nombre de réserves.

Là-dessus, Compaoré nous invita, Christiane et moi, à Ouagadougou et me demanda d'y faire une conférence sur la démocratisation. L'auditoire était composé d'une cinquantaine de membres de la commission à laquelle il avait confié la mission de rédiger une Constitution.

Je connaissais Ouagadougou pour y avoir fait plusieurs séjours du temps où elle était la capitale d'un pays nommé Haute-Volta, avant que Thomas Sankara ne le rebaptise Burkina Faso, « le Pays des hommes intègres ». J'y avais rencontré le président Lamizana, un général vertueux. J'avais habité la jolie résidence authentiquement africaine de l'ambassadeur de France et rêvé d'y être nommé à ce poste.

Mais surtout, André et Anise Postel-Vinay m'avaient fait faire la connaissance du grand historien de l'Afrique Joseph Ki Zerbo et de sa femme Jacqueline. Contraints de quitter le pays après la révolution sankariste, ils s'étaient tous deux engagés dans l'action internationale, lui à l'UNESCO, elle au Programme des Nations unies pour le développement.

Craignant que je ne tombe dans un piège, Christiane avait insisté pour que je parle de notre projet à Ki Zerbo ou à sa femme. Ils nous encouragèrent à accepter ce qui pourrait être une prise de contact utile, non sans nous donner quelques conseils de prudence.

Ainsi lestés, nous arrivâmes à Ouagadougou, où le contact fut très vite établi avec le jeune président. Il nous invita à un dîner intime et informel dans le jardin de la modeste résidence qu'il occupait sur le terrain de l'état-major, gardé par des parachutistes. Son naturel et sa cordialité nous incitèrent à lui poser des questions très personnelles sur sa formation, ses liens avec Sankara, le soutien qu'il apportait au chef rebelle du Liberia, Charles Taylor. Ses réponses furent aussi directes que nos questions. Il en émanait une grande confiance en soi, un goût marqué pour la vie militaire, mais aussi la conviction que son pays avait besoin de paix et de stabilité, ce qui ne pouvait se faire que par l'instauration d'un État de droit et la réconciliation entre toutes les composantes de la société : vieux et jeunes, femmes et hommes, ethnies du centre (Mossis) et ethnies de la périphérie (Peuls) ruraux attachés aux traditions ancestrales et citadins avides de culture internationale.

Il s'expliqua clairement sur son amitié avec Sankara, évoquant l'enthousiasme avec lequel il l'avait accompagné dans sa rhétorique révolutionnaire, l'espoir qu'avait suscité chez lui la mise à l'écart des anciens profiteurs qui entouraient les Zerbos et les Yameogos, puis ses premières inquiétudes devant l'influence que prenaient les modèles cubain et libyen. De même que son action avait été, pensait-il, décisive pour amener Sankara au pouvoir, de même il s'était vu contraint de l'en chasser, bénéficiant dans l'un et l'autre cas de sa popularité dans l'armée, force principale du pays. Mais il admettait que le rôle de l'armée n'est pas de diriger l'État, et son gouvernement était du reste composé de civils.

Inutile de le nier, nous fûmes très séduits par cet homme intelligent, fin et qui exprimait bien ses convictions. Il mit l'hélicoptère présidentiel à notre disposition pour nous faire voir le barrage de Bagré et les travaux agricoles qui profiteraient de la régulation des eaux. Deux moments de cette randonnée sont gravés dans ma mémoire : le regard jeté sur un jeune militaire qui, assis à côté de nous dans l'hélicoptère, lisait... les *Confessions* de Jean-Jacques Rousseau et, plus tard, lors d'un déjeuner très chaleureux, les propos échangés en cinq langues différentes par les ouvriers et les ingénieurs du chantier de Bagré, fiers de leur barrage, solidaires dans la diversité de leurs provenances.

C'est sur ces chantiers, c'est aussi dans le cosmopolitisme de l'action humanitaire, dans les nouvelles fraternités sous le casque bleu des Nations unies que se construit, pas à pas, année après année, la génération de l'an 2000, *incolae mundus novi*, notre espérance.

De retour à Ouagadougou, je fis, devant la commission chargée d'élaborer la Constitution, une série d'exposés suivis de questions et de réponses. Mes développements parurent sans doute bien abstraits à ces cinquante « sages », et bien idéaliste l'insistance avec laquelle je soulignais l'importance de l'État de droit et du respect de la dignité humaine. Mais, au fil des heures, le courant passa et je sentis que ces femmes et ces hommes – Compaoré tenait beaucoup à ce que les deux sexes fussent à peu près également représentés – acceptaient sans trop de gêne les responsabilités qui leur avaient été confiées.

Il y eut encore une longue promenade dans une plantation d'agrumes, à trente kilomètres de la capitale. Au milieu des parfums d'orangers, d'ananas, de pamplemoussiers et de bananiers, le vieux gardien qui nous guidait déplorait l'insuffisance des débouchés et les difficultés de l'entretien, évoquant avec nostalgie le temps des Français. Nous changeâmes de sujet de conversation.

Enfin, après l'inévitable visite du grand marché central de Ouagadougou, où tout étranger est assailli par un essaim de jeunes garçons, mi-mendiants, mi-vendeurs, plus espiègles qu'obséquieux, débordant de verve et d'arguments commerciaux imparables, vinrent les adieux et le moment le plus gênant de ce genre de contact : celui de la distribution des cadeaux. Des cadeaux trop généreux, qu'on n'ose pas refuser, mais qui vous rappellent la différence entre pays riches et pays pauvres : les premiers vous font payer, les seconds vous couvrent de bienfaits.

Ma deuxième visite au président Compaoré se situe dans un contexte plus officiel. Elle eut lieu un an plus tard, à l'occasion des premières élections législatives organisées au Burkina Faso. J'avais accepté de faire partie d'une commission d'observateurs français, présidée par Pierre Messmer et composée de juristes et d'élus, parmi lesquels je retrouvai l'ancien ministre de la Jeunesse et des Sports Michèle André, qui avait fait partie du comité d'orientation des clubs Convaincre. Répartis en trois groupes affectés chacun à une région, les membres de cette commission plurielle ne manquèrent pas de se plaindre de la chaleur et des insectes, et de s'extasier devant la patience des électeurs qui, sous un soleil de plomb, attendaient à la porte des bureaux de vote en longues files presque immobiles.

Le groupe dont je faisais partie avait choisi de se rendre au nord du pays, dans la province d'Ouahigouya, dont on supposait qu'elle allait voter en majorité pour le principal parti d'opposition. Après une visite de courtoisie au gouverneur, un jeune fonctionnaire élégant et sérieux, nos chauffeurs nous emmenèrent vers un certain nombre de bureaux de vote, où nous vérifiâmes consciencieusement que tous les éléments d'une procédure démocratique étaient en place – bulletins des vingt et une formations qui présentaient des candidats, isoloir, urne mise en évidence –, tout en écoutant le président du bureau, entouré d'observateurs des partis politiques, répéter inlassablement les mêmes explications.

Pour une population qui n'avait pas pris part à des élections depuis vingt-cinq ans, l'expérience devait être étrange. Avec quels sentiments ces hommes et ces femmes se rendaient-ils aux urnes ? Outre le plaisir d'être consultés et de se retrouver au long des routes, nul doute qu'ils partageaient une commune sympathie à l'égard de leur président et de la devise du Faso : « La liberté ou la mort : nous vaincrons ! », que l'on pouvait lire sur les affiches électorales.

Le dépouillement commença dans la soirée et dura toute la journée du lendemain. Un magistrat âgé et solennel avait été préposé à ces opérations laborieuses. Notre commission n'était pas seule à suivre ces premières élections législatives organisées dans un pays du Sahel. Il y avait là également des parlementaires européens, qui mettaient en doute notre impartialité. Comment la démontrer, dans un contexte où tout contrôle est confiné dans des limites étroites ? Notre bonne foi n'était pas en cause, ni la volonté de n'être pas manipulés. Du moins n'avions-nous rien remarqué qui éveillât notre soupçon. Des millions de Burkinabés s'étaient rendus aux urnes, avaient constaté que l'État leur demandait de se comporter en citoyens. Ce n'est pas encore l'État de droit, mais c'est la seule façon de s'en rapprocher. J'eus l'occasion d'en parler avec le président et je sentis sa volonté de faire participer toute la population, et particulièrement les femmes et les jeunes filles, aux responsabilités civiques. Nous devions nous revoir deux ans plus tard dans des circonstances tout à fait imprévues.

Les cinéastes berlinois qui préparaient un film sur ma vie et ma carrière ayant émis le souhait de tourner quelques séquences en Afrique, le président Compaoré nous invita généreusement à venir passer une semaine à Ouagadougou. Ce fut une expérience pleine de charme. Des quatre Allemands qui composaient l'équipe de tournage – un couple de réalisateurs, un preneur de son et un spécialiste des éclairages –, aucun ne connaissait l'Afrique. Certains aspects du pays les émerveillaient, notamment le naturel et l'hospitalité de nos hôtes, l'intelligence et la disponibilité du président. En revanche, la misère des campagnes et le laisser-aller très africain de la capitale les choquaient. Je m'amusais de leurs réactions et jouais au cicérone.

Ils se réfugiaient dans leur professionnalisme et préparaient soigneusement chaque séquence. Je savais par expérience que, sur trois heures de tournage, trois minutes seraient retenues pour le film. Mais je prenais plaisir à les voir promener leur caméra à travers les villes et les villages, sous la conduite d'un jeune officier de la garde présidentielle qui s'étonnait de leur méticuleuse lenteur et souriait de me voir prendre et reprendre la pose.

Les cinéastes voulaient que j'évolue dans un environnement typique : paysans assis devant leurs cases au milieu de leurs familles, femmes toujours actives, hommes au repos, enfants en train de jouer, paysages de savane avec étendues d'eau où des pêcheurs jettent leurs filets, rares potagers en bordure des chemins. Il y eut aussi un vieil Africain à l'agitation revêche, qui laissa entendre que pour filmer il fallait payer. J'y étais tout disposé, mais notre officier ne voulait pas l'admettre. Il sut, avec calme et diplomatie, dissuader le vieillard, qui se retira en maugréant.

De tout cela que resterait-il dans le film ? Guère plus, en définitive, que de la merveilleuse expédition que le président nous fit organiser dans une réserve située dans le sud du pays, à proximité de la frontière avec le Ghana. On l'atteignait en bivouaquant à Pô, où l'armée a sa principale garnison, bastion des troupes fidèles au chef de l'État.

La réserve, où notre équipe débarqua en fin de matinée, après trois heures de Land Rover dans un paysage de savanes et de collines, était gérée par un jeune et svelte Burkinabé, directeur de ranch d'une grande compétence, doublé d'un excellent pédagogue. Nous recevant à déjeuner sous les flamboyants, à proximité de sa case, il nous initia aux mœurs de la faune africaine.

Son « cheptel », qu'il gardait dans un vaste enclos, se composait d'une famille de lions, de trois hyènes, de singes, d'antilopes et d'une grande variété d'oiseaux. Mais il y avait surtout un éléphanteau de six mois, recueilli après le massacre de ses parents par des braconniers ghanéens et avec lequel on pouvait jouer. Pas trop, cependant, pour qu'il ne s'habitue pas à l'homme. Le directeur de la réserve espérait le faire adopter par une famille d'éléphants lorsqu'il aurait atteint l'âge de deux ans. Le point culminant de notre expédition fut la rencontre, en pleine brousse, d'un groupe de pachydermes. Notre guide, qui avait détecté leur présence bien avant nous, fit arrêter les voitures et nous conduisit au bord d'un ruisseau. A peine le temps d'installer la caméra, nous vîmes le groupe, cinq grands adultes et deux jeunes, traverser une clairière et s'arrêter face à nous, à quelques dizaines de mètres. Rassurés par l'eau qui nous séparait d'eux, ils levèrent leurs trompes en un mouvement plein de majesté qui tenait sans doute autant de la mise en garde que du salut. Spectacle attendrissant pour moi. Les Berlinois, eux, trouvaient tout cela naturel et n'en retinrent que quelques secondes pour leur film.

Ils conservèrent une séquence plus longue de la visite que nous fîmes à l'école d'un village situé à trente kilomètres de la capitale et qui bénéficiait d'un projet de potabilisation de l'eau financé par le programme dont j'assurais la présidence à Paris. Ce programme, joliment baptisé Solidarité-Eau, mobilise des collectivités territoriales d'Europe, d'Afrique, d'Amérique et d'Asie, en coopération avec des organisations non gouvernementales spécialisées dans la maîtrise de l'eau. On appelle cela la « coopération décentralisée » : les projets de partenariat se mènent au plus près des communautés urbaines ou rurales.

Dans cette école, fréquentée par quelque cinq cents enfants répartis en sept classes, les élèves apprennent un certain nombre de techniques, rudimentaires mais fiables, destinées à préserver la qualité de l'eau potable entre les puits et les lieux de consommation, seule garantie contre les maladies les plus meurtrières : amibiases, diarrhées, onchocercose.

Toujours sous l'œil de la caméra, je m'adressai à des garçons et des fillettes sagement assis dans une classe, face au récipient d'eau potable. Je commençai par leur parler en français, puis je passai à l'allemand, exercice incongru qui égaya maître et élèves. Le directeur nous installa ensuite à l'ombre d'un vaste fromager, où il nous abreuva de jus de fruits, tout en nous exposant les problèmes et les projets du village.

Ce sont là des moments de grâce que seule l'Afrique sait offrir. Du moins n'en ai-je jamais trouvé l'équivalent ailleurs. Moments de convivialité immédiate avec des hommes et des femmes pleins de dignité, dont le plaisir qu'ils trouvent à échanger des paroles et des gestes s'exprime en toute simplicité et liberté.

XXVIII

L'Afrique (3) : Bujumbura

Comment s'expliquer que ces mêmes Africains, si souriants, si hospitaliers, puissent devenir, d'un jour à l'autre, féroces et se laisser entraîner si facilement au meurtre, au viol, au pillage, à l'usage alterné de la kalachnikov et de la machette, le tout à une échelle terrifiante ? Ni les ethnologues ni les psychiatres ne possèdent la réponse à cette question, la plus lancinante peut-être de notre temps. Elle s'était posée en un autre point du monde dans les années soixante-dix, le Cambodge, au sein d'un peuple particulièrement sensuel, serein, joyeux, lorsque tout à coup Pol Pot avait déclenché la plus effroyable des tueries. Elle a resurgi vingt ans après dans cette région des Grands Lacs dont les anthropologues nous assurent qu'elle a été le berceau d'*Homo sapiens*, il y a sept cent mille ans, parce que son climat, sa végétation, sa faune convenaient parfaitement à notre espèce.

Ce n'est pas la violence ou la cruauté en elles-mêmes qui peuvent nous surprendre, nous qui avons vu les Allemands, devenus des nazis, se livrer à un génocide systématique, les Russes faire du Goulag un moyen d'extermination planifiée, les Américains massacrer, village après village, les habitants du Vietnam. Nous possédons une catégorie de l'entendement, même s'ils nous font horreur, pour les terroristes irlandais, les poseurs de bombes basques, les « purificateurs ethniques » de l'ex-Yougoslavie.

Mais nous sommes saisis de vertige lorsque des populations qui vivaient depuis des siècles sur les mêmes collines ont perdu subitement toute humanité et sont aveuglées par une haine qui s'emballe, déferle comme une lame de fond, court à la vitesse d'un feu de brousse et ne laisse derrière elle que dévastation.

Nous ne savons ni comment prévenir ces flambées, ni, lorsqu'elles nous ont révélé la face sombre de la nature humaine, aider ces populations à se réconcilier. Sauf à trouver la réponse à ce défi, qui est l'un des plus troublants pour le siècle prochain, la vie en commun sur cette terre exiguë deviendra un cauchemar.

Je venais de rentrer de Ouagadougou, en décembre 1993, lorsque je reçus un appel du directeur de l'Institut des droits de l'homme de Montpellier, François Roux, auquel me liaient plusieurs rencontres et beaucoup d'amis communs, préoccupés comme lui et moi des suites à donner à la Conférence mondiale sur les droits de l'homme à Vienne, en juillet 1993.

Il m'expliqua son projet de monter une mission d'écoute et de dialogue au Burundi, qui venait de subir de plein fouet une de ces vagues de folie meurtrière. L'assassinat, au cours d'une tentative de coup d'État, du président Melchior Ndadayé, un Hutu élu démocratiquement trois mois plus tôt à la tête du pays, avait déclenché des massacres dont des centaines de milliers de membres de la minorité tutsie avaient été victimes et auxquels des bandes armées tutsies avaient répliqué par d'autres meurtres et d'autres exactions.

Les putschistes n'avaient cependant pas pris le pouvoir et un gouvernement fragile, dont l'ambassade de France avait un temps accueilli les éléments les plus menacés, s'efforçait de ramener le calme. Pendant ce temps, au Rwanda voisin, le règne sanguinaire de Juvénal Habyarimana sévissait. C'étaient les Hutus qui avaient le pouvoir. Les Tutsis préparaient leurs forces, appuyées sur leurs bases en Ouganda. Le calme régnait encore à Kigali.

Une association où François Roux se retrouvait avec des amis burundais résidant à Montpellier prit le nom d'Albizia, une plante de cette région qui refleurit, dit-on, après les incendies. Il noua des contacts avec les forces de paix et de réconciliation présentes dans la société burundaise. Le président de la Conférence des évêques catholiques du Burundi, Mgr Bududira, avait tenté de regrouper ces forces sous le sigle GAPS (Groupement d'action pour la paix et la solidarité) et sollicitait le concours de tous les vrais amis du Burundi.

Il était en contact étroit avec le représentant spécial du secrétaire général des Nations unies, un diplomate mauritanien particulièrement cultivé et subtil, Ahmedou Ould Abdallah, qui tenait le gouvernement légal à bout de bras, l'aidait de ses conseils, prêchant la réconciliation entre les deux principaux partis politiques, l'Union pour le progrès national et le Front démocratique burundais, qui devraient se partager les postes dans le nouveau cabinet à mettre en place. Il fallait aussi permettre au Parlement, élu l'année précédente, en même temps que le président assassiné, de lui désigner un successeur. Or le Parlement comportait une majorité écrasante de frodebistes [1], pour la plupart de l'ethnie hutue, alors que le Conseil constitutionnel, mis en place par le prédécesseur de Ndadayé, Pierre Buyoya, était à forte majorité tutsie.

Pour sortir de cette impasse constitutionnelle, Ahmedou Ould Abdallah avait fait appel à François Roux dont il appréciait les compétences et qui lui avait procuré une consultation juridique conforme à ses vues. Il l'avait engagé à venir dès que possible à la tête d'une mission à laquelle Roux m'invita alors à prendre part, connaissant mon goût pour l'Afrique et mon intérêt pour la protection des droits de l'homme. Il ne m'en cacha pas les aléas.

Il s'agissait de composer une équipe crédible et motivée, de trouver les sources de financement et de choisir le moment et la durée appropriés. En décembre 1993, nous en discutâmes avec Pierre Calame, président de la Fondation pour le progrès de l'homme, dont je connaissais les activités et les réflexions. François Roux s'était déjà assuré la participation de Marie-Claude Tjibaou, la veuve du leader canaque assassiné, qu'il avait soutenu dans son combat. Il nous fallait d'autres Africains défenseurs des droits de l'homme : une Sénégalaise collaboratrice du Centre pour les droits de l'homme des Nations unies à Genève, une Camerounaise responsable d'un Fonds d'aide au paysannat, deux théologiens, l'un membre du Conseil œcuménique des Églises, l'autre de la Confé-

1. Partisans du FRODEBU (Front démocratique burundais).

rence des Églises de toute l'Afrique, un Burkinabé président de l'Union inter-africaine des droits de l'homme. Il nous fallait un Belge : le président de la Commission justice et paix. François Roux s'était assuré la participation d'un autre « ancien » de la négociation néo-calédonienne, le pasteur Jacques Stewart, président de la Fédération protestante de France, qui avait accompagné Christian Blanc à Nouméa en 1988. Le Comité catholique contre la faim et pour le développement, la Fondation pour le progrès de l'homme et le Centre pour les droits de l'homme des Nations unies contribueraient à la couverture des frais. Une équipe de cinéastes devait accompagner la mission.

Le mois de janvier s'écoule sans que nous sachions encore si le gouvernement burundais va être réinstallé ni si les laborieuses négociations entre les partis politiques, menées avec le concours d'Ould Abdallah, vont déboucher sur la nomination d'un nouveau président. Le représentant de Boutros-Ghali nous presse de ne pas retarder notre venue. Le 8 février, nous débarquons à Bujumbura. Ce même jour, les démarches d'Ould Abdallah portent leurs fruits : l'Assemblée, dominée par le FRODEBU, désigne un de ses membres, Cyprien Ntaryamira, comme président. Celui-ci fait appel à un Premier ministre tutsi et compose son gouvernement de manière à satisfaire les ambitions des principaux groupes politiques. Le Conseil constitutionnel, très hostile au FRODEBU, va-t-il faire des objections ? Notre arrivée survient au moment où l'attente est la plus vive. Une opération « ville morte » a eu lieu à Bujumbura la semaine précédente : de jeunes voyous, stipendiés par les politiciens de l'opposition, ont semé la terreur dans certains quartiers de la ville. Une opération du même type se prépare-t-elle ?

Prenant très vite la parole à la radio et à la télévision, nous martelons un message de paix et de tolérance, qu'Ould Abdallah juge de nature à conforter sa médiation. Nous décidons de monter sans tarder sur les collines, à l'intérieur du pays. A notre première étape, l'information nous rattrape : le Conseil constitutionnel a entériné le choix de l'Assemblée. Ouf !

Cette semaine du 8 au 15 février 1994 fut une aventure d'une exceptionnelle densité. Pas de répit dans notre programme. Le Groupe d'action pour la paix et la solidarité avait organisé pour nous, dans l'hôtel qui nous hébergeait, une succession ininterrompue de rencontres, auxquelles nous nous préparions par des concertations intenses entre nous, donnant lieu à des découvertes humaines de grande qualité. Marie-Claude Tjibaou, qui avait fait ce long voyage pour apporter à la veuve de Melchior Ndadayé le message de tolérance d'une autre veuve, nous émerveillait par son calme et la beauté de son visage. Nous l'écoutions parler du travail d'animation sociale auquel elle se livrait en Nouvelle-Calédonie.

Rose Twinga, notre Burundaise d'Albizia, submergée par ses contacts avec des compatriotes dont elle connaissait trop bien les défauts et les angoisses, nous regardait opérer avec appréhension. Allions-nous nous laisser duper par les plus malins, les plus retors ? Nous, nous jouions de toute notre candeur. Puisque nous n'apportions rien d'autre que notre conviction que la concorde était nécessaire et donc possible, nous ne cherchions pas à entrer dans les intrigues des uns et des autres. A tous nous posions les mêmes questions : à quoi peut servir la violence ? Pourquoi ne pas travailler tous ensemble ?

Nous nous étions divisés en trois groupes de trois pour monter dans l'intérieur du pays afin de nous rendre compte de l'étendue des dégâts, des mesures déjà prises pour rétablir le fonctionnement de la société, de l'état d'esprit des communautés paysannes et des réfugiés regroupés dans les camps sous le contrôle de l'armée. J'eus la chance de faire partie du même groupe qu'Halidou Ouedraogo, le Burkinabé, et Élisabeth Atangana, la Camerounaise. Je connaissais le premier, dont j'appréciais la culture et la force de conviction. Je découvris la seconde, plus proche qu'aucun de nous de la vie rurale et qui, dès les premiers contacts avec les cultivateurs, trouvait les mots pour les inciter à se grouper, à s'organiser, à prendre en main leur projet. Aux bonnes sœurs chez qui nous passions la nuit elle expliquait la technique élémentaire qui permet de confectionner, avec le maïs, une bouillie nourrissante. Je la regardais faire, enchanté par sa haute silhouette et la grâce de ses gestes.

Mais les interlocuteurs qui me passionnaient le plus étaient trois jeunes étudiants, deux Hutus et un Tutsi, qui nous servaient d'interprètes et d'accompagnateurs. Les repas pris avec eux dans telle préfecture ou dans telle école où les villageois se réunissaient pour nous entendre étaient un peu trop arrosés. Les langues se déliaient. Qu'attendaient-ils de la vie ? Ils souhaitaient connaître le monde, au-delà des frontières du Burundi. Comprendre le fonctionnement des réseaux qui les entouraient, trouver un cheminement vers plus de responsabilité. Je voyais en eux les futurs citoyens d'une Afrique ambitieuse, refusant ses impasses. Et cela me rendait euphorique au point d'oublier ou d'occulter ce que je savais des obstacles qui encombreraient leur route.

Étant le plus « gradé » de la mission, il m'incomba de la présenter au nouveau président de la République et de paraître à son côté sur les écrans de télévision. Il présida ensuite avec moi la séance de clôture. Il y fit preuve de beaucoup de gentillesse, nous exprima sa gratitude et formula le vœu que « toutes ces réflexions, tous ces témoignages recueillis et ces expériences partagées sur le drame que le Burundi vient de vivre puissent aider tous ces jeunes, ces femmes et ces hommes à construire un pays au visage nouveau, fait de tolérance, de respect mutuel, de solidarité, de compréhension réciproque, d'égalité, d'amour et de fraternité, bref, un pays d'unité, de paix et d'espoir ».

Cette séance de clôture avait été précédée d'un match de foot entre les deux équipes finalistes d'un tournoi qui en avait réuni dix, toutes pluri-ethniques. Il y avait les rouges et les rayés bleu et blanc. Toute la mission était sur le stade et il me revenait de donner le coup d'envoi. Les rouges me semblaient plus courageux, mais l'unique but de la rencontre fut marqué par les rayés et je remis la coupe à leur capitaine. Aux perdants fut réservé un ballon d'honneur. Le message de tolérance que je hurlai dans un haut-parleur fut accueilli par l'inévitable tonnerre d'applaudissements. Le match fut immortalisé par une photo, sur laquelle un vieux monsieur au déhanchement plutôt gauche « shoote » dans un ballon. Cette mise en jeu fut le seul exploit footballistique de ma carrière. La photo, que j'ai rapportée, suscita les rires insolents de ma famille.

La soirée d'adieu se déroula dans les jardins de notre hôtel, où les danseurs et musiciens burundais nous présentèrent un spectacle à la fois acrobatique et joyeux. Nous n'imaginions pas que, moins de deux mois plus tard, des extrémistes rwandais mécontents des accords signés, lors de leur rencontre à Arusha le 6 avril 1994, par leur président et le président burundais feraient exploser l'avion qui ramènerait ces deux Hutus de Nairobi et déclencheraient ainsi des massacres comme l'Afrique n'en avait pas connu de comparables, transformant en charniers les villes du Rwanda et semant la mort parmi les réfugiés dans les camps du Zaïre.

Les horreurs du Rwanda, les soupçons que faisait peser sur la France son rôle dans l'évolution politique qui les avait déclenchées, tout cela détournait l'attention internationale du Burundi voisin. Serait-il à son tour entraîné dans l'inexorable confrontation des ethnies ? Le glas allait-il sonner pour l'entreprise de réconciliation à laquelle nous nous étions associés avec tant de conviction ? Le fragile équilibre que la disparition du président Cyprien Ntaryamira mettait en question et que, de toute sa subtilité, l'ambassadeur Ould Abdallah tentait de préserver, protégerait-il nos amis burundais d'une nouvelle flambée de violence ?

Tout au long de l'année 1994 la question resta ouverte. Le nouveau président du Burundi n'a pu empêcher qu'éclatent, dans sa capitale comme dans certains camps de réfugiés, des violences meurtrières que les médias, toujours pressés d'annoncer les massacres, ont peut-être amplifiées. Et le Rwanda est là, tout près, tâtonnant entre les écueils de la vengeance et de l'impunité. Mais il y a encore, dans les collines, les vieux sages qui pèsent d'un poids mystérieux en faveur de la concorde.

Quant à moi, je ne veux pas abandonner cette cause. Je ne peux oublier les adolescents qui nous ont servi de guides dans nos rencontres avec les villageois et les « regroupés » et que, Tutsis ou Hutus, nous avons quittés en les désignant comme les porteurs de l'espérance de paix de leur pays. Alors, je vais à Londres, au siège d'International Alert – la douzième association dont je suis membre ! –, qui pratique avec les moyens du bord cette diplomatie préventive que Bernard Kouchner considère comme la prochaine étape des relations internationales. Son secrétaire général, un

Sri Lankais plein de fougue, a constitué un comité d'orientation où se réunissent les « Amis du Burundi », prêts, lorsqu'on le leur demande, à prendre un avion pour Bujumbura. J'accepte sans hésiter d'en faire partie.

Une nouvelle occasion va m'être donnée de vérifier l'attachement des peuples à la paix, même lorsque sa cause a été brutalement compromise par la violence. François Roux est resté en contact avec ce pays qui oscille entre les massacres et les tentatives de réconciliation entre ethnies et entre factions. A l'appel du représentant spécial du secrétaire général des Nations unies, il prépare une mission qui fera suite à la mission Albizia. Celle-ci s'était intitulée Écoute et Dialogue. La nouvelle prendra pour titre Dialogue et Partage.

Novembre 1995. Quelques jours après mon soixante-dix-huitième anniversaire, nous partons à trois pour Bujumbura, afin de préparer la mission Dialogue et Partage, vérifier sur place quel accueil lui sera réservé, reprendre contact avec les associations religieuses ou laïques qui ont été dix-huit mois plus tôt nos inoubliables interlocuteurs. Si chaleureuse est la rencontre, si évident le vœu de tous que les liens noués en 1994 ne soient pas rompus que nous n'avons pas de peine à convaincre nos « sponsors » de faire en décembre 1995 le même effort qui nous avait permis d'agir en février 1994. Cette fois, ma femme nous accompagnera, renforçant le secrétariat de la mission.

En vingt mois, la situation du Burundi ne s'est pas améliorée. L'économie va mal, mais, grâce à la générosité de la nature et à l'acharnement de la population paysanne, pas de famine. Le gouvernement de coalition, que la communauté internationale observe avec méfiance, ne parvient à maîtriser ni les bandes armées hutues qui entretiennent la rébellion dans les collines, ni les groupes francs tutsis qui montent des attentats contre les parlementaires. L'armée, encore trop mono-ethnique, est mal acceptée par la paysannerie hutue et ses interventions contre les rebelles n'épargnent pas les populations prises en tenaille.

Quelques jours avant notre arrivée, les rebelles ont fait sauter les pylônes qui acheminent l'énergie électrique vers la capitale. Seul le Novotel, muni d'un groupe électrogène, est en état de nous accueillir, le reste de la ville est plongé dans l'obscurité, ce qui donne un sens cocasse au mot « couvre-feu », instauré à partir de 9 heures du soir. Dans ce contexte passablement oppressant, notre équipe n'en multiplie pas moins les contacts – avec les journalistes de la télévision, les associations de jeunes, les juristes et les hommes d'affaires, les Églises catholique et protestante, sans oublier le président de la République hutu, son Premier ministre tutsi et les principaux membres du gouvernement.

J'ai présentes en mémoire deux grandes silhouettes africaines : celle de notre coéquipier touareg soudain frappé d'une vive émotion à l'annonce de l'accident qui a coûté la vie à son ami et rival Mano Dayak ; celle du colonel égyptien, lui aussi de haute taille, qui fait l'intérim de la représentation du secrétaire général des Nations unies. Au cours de nos réunions éclairées à la bougie, un vrai courant de confiance passe entre eux, qui nous réconforte tous. L'Égyptien fait la jonction entre notre mission et l'action naissante et féconde d'un groupe de personnalités burundaises réunies sous le nom de Compagnie des apôtres de la paix, bien que parfaitement laïques. C'est mon association de Londres, International Alert, qui est à l'origine de cette intéressante entreprise. Elle a financé le voyage en Afrique du Sud d'une cinquantaine de Burundais, civils et militaires, parlementaires et hauts fonctionnaires, hommes et femmes, de l'une et l'autre ethnie, des différentes formations politiques.

Reçus par Nelson Mandela, accueillis par des représentants de l'ANC et de l'Inkhata, ces Burundais ont été impressionnés par les succès que les avocats sud-africains de la réconciliation ethnique ont obtenus. Ils ont invité en retour à Bujumbura deux porte-parole de ces ethnies qui se sont massacrées si longtemps. Leurs éloquentes interventions ne sont pas restées vaines : « Prêchez la paix maintenant ou vos enfants ne vous pardonneront pas ! » Une trentaine de Burundais se sont engagés dans une véritable campagne à travers le pays. Notre mission doit assister à la clôture d'un séminaire tenu par les apôtres de la paix dans l'ancienne capitale du Burundi,

Gitega, qui domine à plus de quinze cents mètres d'altitude le superbe paysage des collines.

La fête populaire qui marque la fin du séminaire fait évoluer dans le grand stade de Gitega les impressionnants ensembles de tambourinaires, de danseuses et d'acrobates. Certains groupes miment des attaques lancées par des rebelles sur de paisibles villageois et la riposte victorieuse rétablissant la concorde.

Quel rapport établir entre ces sketchs, applaudis vigoureusement par les milliers de spectateurs rassemblés sur les gradins du stade, et la réalité des relations humaines ? Comment passer de la méfiance et de la peur, enfantées par des années de violence, à la construction en commun d'une société conviviale fondée sur le respect mutuel et l'application des règles de droit ? Ce sont les questions que nous avions mises à l'ordre du jour de quatre « ateliers » réunis dans la capitale. Chacun était présidé par un Burundais, notre rôle se bornant à partager avec les participants l'expérience de réconciliations accumulée sous d'autres horizons.

La synthèse de ces travaux avait été présentée à l'ensemble de nos interlocuteurs lors d'une séance de clôture de la mission que le président de la République, Sylvestre Ntibantunganya, avait honorée de sa présence. Son portrait, entouré de deux drapeaux, avait été accroché en hâte au mur de la grande salle du Novotel.

En quittant Bujumbura quelques jours avant Noël pour regagner Paris, où des grèves houleuses venaient seulement de prendre fin, je me suis posé la sempiternelle question de l'engagement et de son efficacité : qu'étions-nous allés faire dans ces confins équatoriaux ? Peut-être voulions-nous simplement ne pas garder pour nous, partager avec ceux qui n'osaient pas y croire, notre conviction que les sociétés peuvent et doivent évoluer vers plus de justice, plus de liberté, moins de violence. Notre optimisme, épanoui dans l'atmosphère festive de Gitega, se révélerait-il contagieux ? Du moins avions-nous semé les germes d'un espoir à l'aube de cette année 1996 qui devait imposer encore au Burundi de nouvelles épreuves.

Ni la persistance de massacres localisés mais récurrents, ni le changement à la tête de l'État, où l'armée, mettant en fuite le président hutu qui nous avait accueillis, imposait à sa place Pierre Buyoya, ne sonnent le glas de cette volonté de paix dont nous avons côtoyé les acteurs.

L'un d'eux, le plus perspicace et le plus énergique, Eugène Nindorera, a rejoint le gouvernement Buyoya, pour y prêcher inlassablement la réconciliation entre toutes les composantes de la société burundaise, persuader les partenaires africains de faire confiance à la stratégie de pacification du nouveau président.

François Roux nous avait invités, lui et moi, en juin 1996, un mois avant le putsch, à accompagner une transhumance dans les Cévennes. Dans un lieu magique, le col de Bonperrier, où les troupeaux de moutons se rejoignent en un flot laineux pour une halte nocturne avant de gagner l'estive, Eugène Nindorera a répondu à mes questions :

« Comment sortir de la violence, comment construire une Afrique libre et prospère ?

– Toutes les conditions sont réunies pour gagner ce pari. Les ressources naturelles sont inégalement réparties mais abondantes. La croissance démographique multiplie les bouches à nourrir mais aussi les cerveaux fertiles. L'abolition des distances vivifie les réseaux porteurs de messages de solidarité et de responsabilité. Rien ne se fera vite. Échanger la peur, la méfiance, le mépris contre le respect mutuel et la confiance prend du temps. Affirmer le destin propre et la voie singulière de l'Afrique demande du courage. Mais n'en doutez pas. Le siècle qui s'annonce sera pour ce continent l'ère de sa résurrection. »

XXIX

Crépuscule ou aube ?

Souvenez-vous : j'ai entrepris ces mémoires d'un favori du destin à l'automne 1994. Je les mène à terme à l'automne 1996. Moi, j'ai vieilli. Quant au monde, il a accouché de quelques monstres de plus : la Tchétchénie, Srebrenica, Monrovia. La secte Aoum au Japon et les Groupes islamiques armés en Algérie. Et, plus prosaïquement, plus de trois millions de chômeurs en France.

Avant de céder l'Élysée à un instable, François Mitterrand a jeté tant de cailloux dans les eaux de ses deux septennats que leur surface en est toute troublée. Nous l'avons élu deux fois. L'aurions-nous fait si nous avions su ? Le chemin qu'il nous a fait faire est considérable. Celui qui reste à parcourir ne l'est pas moins. Mais le plus important n'est pas là. Pierre Thuillier [1] prédit à la civilisation occidentale tout entière une « grande implosion », parce qu'elle n'accorde plus la place qui lui revient à la poésie.

J'ai donc posé la question à mon ange gardien : « Tu m'as tiré de tant de périls, exposé à tant de joies, enivré si souvent de poésie. Était-ce pour m'empêcher de voir la lèpre qui ronge mes semblables, le désenchantement du monde et sa course à la calcination finale ? » Il n'a pas répondu mais il a souri, comme il le fait toujours, depuis mon enfance, lorsque je m'adresse à lui.

J'ai relu le premier paragraphe du *Rapport sur l'avenir des Nations unies*, qui porte, à côté de dix autres, ma signature : « Au moment où l'humanité se rapproche du XXIe siècle, les perspectives

1. Pierre Thuillier, *La Grande Implosion*, Paris, Fayard, 1995.

qui s'ouvrent sont à la fois menaçantes et prometteuses. » Sur les menaces nous sommes bien renseignés. Elles ne viennent plus de la colère des dieux, même si les médias nous accablent quotidiennement d'orages meurtriers, de Richter et de ses séismes, de crues dévastatrices et de cyclones ravageurs. Rien que d'habituel, disent les climatologues.

Elles sont dues à l'activité humaine. Devenus nombreux (nous sommes passés en deux siècles d'un à six milliards sur la même petite sphère), nous sommes responsables de toute une masse de dégradations, parmi lesquelles la plus mystérieuse et la plus inquiétante est ce trou dans l'ozone que nous ne savons plus comment reboucher. J'y vois comme un signe de notre *hubris*, celle jaillissant d'un vers du « Bateau ivre » : « Moi qui trouais le ciel rougeoyant », dit Rimbaud, qui caractérise ce ciel « comme un mur, qui porte, confiture exquise aux bons poètes, des lichens de soleil et des morves d'azur ». L'écroulement de ce mur-là serait plus fatal que celui du mur de Berlin. Aurions-nous atteint dans notre démesure les limites du soutenable ? Nouveaux dinosaures plus ravageurs que nos massifs ancêtres, ne laisserions-nous subsister aucune chance pour d'autres espèces sur cette planète, peut-être la seule dans le cosmos à abriter la vie ?

Je me suis toujours méfié de ces extrapolations millénaristes. La nature est tellement généreuse dans le foisonnement, perceptible dans la moindre parcelle d'herbe, de terre ou d'eau, tellement « polytrope », selon l'épithète qu'Homère attribue à Ulysse, « riche en ruses multiples ». Je la crois capable de déjouer tous les pièges de ses créatures. Je la ressens telle que Goethe l'a dépeinte dans un texte que j'ai relu bien des fois et qui s'intitule *Natur*.

Elle a doté l'homme d'un arsenal prodigieux de neurones et de synapses dont il est très loin d'avoir épuisé les ressources. Il s'en est servi pour construire des cathédrales et des aérosols, des Wall Street et des missiles balistiques, des camps d'extermination et des cités justes et prospères. Ce qui est en question, c'est donc le bon usage de l'arsenal non sa capacité.

Au cours du dernier quart de siècle nous avons assisté à une accélération exponentielle et cumulative de toutes les branches de la technique. D'où une mondialisation des problèmes qui fait subir une poussée de fièvre à l'écart angoissant entre menaces et promesses. Il n'y a tout à coup plus de bras mort dans ce torrent. Où trouver alors, pour faire pièce à l'angoisse, dans le tourbillon qu'elle suscite, les messages d'espérance ?

Dans le contact avec ceux qui en sont les porteurs. Au long des années de ma vie, j'ai rencontré principalement des gens de cette espèce, femmes et hommes animés de convictions fortes, déterminés à chercher et à trouver un sens à la marche du temps. Peut-être mon strabisme moral ne m'a-t-il pas permis de détecter leur face sombre. De ceux qui se désolent ou se résignent mon regard se détourne. Ce qu'ils me font voir ne m'intéresse pas. C'est peut-être mon infirmité.

Ceux qui proclament leur joie de vivre, je les reconnais immédiatement et je leur en sais gré. Ils sont aussi angoissés que moi, mais cette angoisse les conduit à hâter l'avènement de ce qui les en délivrera. J'aurais aimé faire le portrait de celles et de ceux qui m'ont ainsi prodigué leur chaleur. Il y en a trop. Je viens encore de faire une de ces rencontres.

Elle habite à trois kilomètres de ma maison de campagne. Elle s'appelle Yvette Pierpaoli. Elle a été chassée de sa famille à l'âge de quatorze ans. Elle a vécu dans la plus extrême misère. Elle a décidé de s'occuper des autres et est devenue la mère de tous les enfants de la rue aux quatre coins du monde. Tout ce dont elle approche devient mission à accomplir, source de bonheur pour les autres, source de joie pour elle-même.

Je lui ai posé la question : « Où détecter les messages d'espérance ? » Elle m'a répondu : « Précisément dans les angoisses. Notre siècle s'achève sur une prodigieuse prise de conscience de ces angoisses. L'écrasante majorité des habitants de la planète est ensemble dans l'aspiration à s'en délivrer. C'est sur ce constat que repose mon optimisme. »

Yvette m'a convaincu qu'il fallait se réjouir des progrès stupéfiants de la communication et de l'information. Moi, j'étais plutôt contre. Je voyais ces progrès comme un effet de l'économie de marché sans règles. Je redoutais pour l'expression de la pensée personnelle la banalisation par l'ordinateur, l'asservissement de l'imaginaire individuel par la commercialisation des messages. « Non, m'a-t-elle dit, ce sont des instruments et la personne qui s'en sert en fait ce qu'elle veut. C'est la personne qui a le dernier mot. »

J'ai voulu vérifier cette affirmation par un regard en arrière, une tentative pour jauger la marche de notre siècle.

Durant ses premières années, la pesante sérénité et les neurasthénies qu'elle engendre auraient pu faire de la bourgeoisie le linceul d'un Occident trop bien nourri. Or c'est du sein même de cette bourgeoisie qu'a surgi la révolte, qu'a émergé le renouvellement radical de la pensée européenne : Nietzsche, Freud, Dada, le surréalisme, Lénine.

La destruction de l'Europe par deux guerres successives en l'espace de trente ans aurait pu sonner le glas des valeurs particulières de ce petit cap de l'Asie. Or, si humiliées qu'elles aient été, les nations européennes ont réussi durant les trente années suivantes à renouveler de fond en comble leur position dans l'espace mondial. Elles se sont défaites de leurs empires coloniaux et ont réalisé ensemble la plus ingénieuse des constructions, combinaison audacieuse du ciment économique qui rend caduques leurs anciennes rivalités militaires et d'une interpénétration culturelle qui donne l'assise la plus large à leurs communes valeurs fondamentales, la démocratie et les droits de l'homme.

Deux puissances idéologiques totalitaires ont menacé cette évolution.

L'une, la fasciste, était vouée à l'échec par son anti-humanisme insupportable, mais son passage à travers le siècle, même s'il fut bref, a été ravageur. Il eût suffi que l'arme décisive appartienne à l'Axe et non aux Alliés pour que cette idéologie-là nous tienne longuement en servitude. Nous l'avons donc échappé belle.

L'autre, la marxiste-léniniste, avait beaucoup plus de chances de s'imposer dans toutes les parties du monde, tant elle a su faire appel à ce qu'il y a de plus noble chez l'homme, tant elle a enthousiasmé ceux qui croyaient en son succès. Pour échapper à la chape de plomb dont elle menaçait les sociétés où elle s'était imposée, il a fallu la conjugaison laborieuse de pressions internes et externes dont nul n'aurait supputé il y a encore quinze ans qu'elles feraient tomber cette bastille-là.

C'est à cette occasion que nous avons pu mesurer la force de pénétration accrue que donnaient aux idées, véhicules de liberté, les progrès saisissants de la communication, comme ils l'avaient fait déjà trente ans plus tôt pour mettre un terme aux dernières guerres coloniales ou impériales, comme ils l'ont fait quelques années plus tard pour éliminer l'apartheid

L'effondrement de l'idéologie communiste, par sa rapidité même, est source de nouvelles angoisses. Mais il a fait disparaître plusieurs spectres de notre champ de vision.

La coopération internationale organisée, dont on pouvait contester la pertinence après l'échec de la Société des Nations, a trouvé des dimensions inconnues jusqu'alors dans l'histoire des civilisations humaines avec le « système » des Nations unies. Combien de fois en cinquante ans ses insuffisances n'ont-elles pas été dénoncées et son effacement prédit ! Mais il a gardé toute sa raison d'être et ceux qui lui adressent les critiques les plus légitimes sont prêts à admettre que nous ne pourrions pas nous en passer.

Les Nations unies ont fixé à la communauté internationale des objectifs incontestables : règlement pacifique des différends, promotion et protection des droits de l'homme, rôles égaux des femmes et des hommes, développement équitable et respectueux de l'environnement, lutte contre l'argent sale, celui de la drogue et du crime. Ces objectifs sont très loin d'être atteints. Mais le fait est là : ils ont été affirmés et réaffirmés par tous les États, et ce ne sont pas seulement les gouvernements qui y souscrivent de bonne ou de mauvaise foi, mais l'ensemble des acteurs de la société civile qui les prend à son compte. Chacun des fléaux à combattre fait l'objet d'observatoires internationaux, d'associations citoyennes, de fondations et de mouvements militants, de mieux en mieux reliés entre eux en réseaux mondiaux.

Ainsi se dévoile un nouvel horizon où la responsabilité de chacun est plus claire, la solidarité entre civilisations dans le respect de leur diversité moins abstraite, l'engagement commun pour dépasser la fascination de l'économie et le culte de l'argent mieux partagé.

Ainsi s'amorce une nouvelle transcendance, loin de toute crispation identitaire et de tout sectarisme religieux, au cœur même de la nature humaine, qui prend corps dans l'exigence personnelle de convivialité et de générosité.

Post-scriptum

Écrire après l'écriture. Pour lui poser la question gardée en réserve. L'interroger sur ce qu'elle dissimule. Singulière prétention.

Vivre sa vie, c'est aller au-devant des moments qui la composent, à la rencontre des pièces de sa mosaïque, dont chacune requiert une présence.

Raconter sa vie, c'est se souvenir de ces moments, de ces pièces distinctes de la mosaïque, lorsqu'ils sont déjà loin et se colorent mutuellement dans la mémoire. Ce qui les rassemble, c'est qu'une même présence s'y retrouve. Du moins, c'est l'hypothèse retenue.

Au cours du récit, cette hypothèse n'est pas contestée. Et pourtant, en la vérifiant plus scrupuleusement, on s'aperçoit qu'elle est très contestable.

Hugo von Hofmannsthal, un de mes poètes préférés, s'exprime ainsi dans l'une de ses « Tercines sur le passage du temps »[1] : « C'est une chose que personne ne pense jusqu'au bout et bien trop terrifiante pour qu'on s'en plaigne, que tout glisse et passe en s'écoulant. Et que mon propre moi, que rien ne freine, a glissé jusqu'ici à partir d'un petit enfant qui m'est comme un chien, inquiétant, muet, étranger. »

Plus longue la vie, plus éparses les évocations qu'elle permet de soi-même. Mais, en se prolongeant, elle a un autre effet : l'existence ne précède pas seulement l'essence, comme Jean-Paul Sartre nous l'a enseigné, elle la forme dans sa durée, la sculpte, la cisèle,

1. *Terzinen über Vergänglichkeit*, *Gedichte*, p. 26.

la simplifie. Arrivée au terme de son parcours sinueux, elle finit par en faire émerger l'axe.

On peut alors jeter un regard en arrière, chercher dans la longue perspective une couleur maîtresse de ce qui a été vu, une note dominante de ce qui a été entendu. Elles s'élaborent chez chacun par les rencontres imprévisibles entre le vécu et le voulu. Pour moi, la figure qui se dessine est celle d'un médiateur.

Ce terme ne surgit pas par hasard. Une curieuse aventure m'autorise ce titre.

Tout commence à Pâques 1996. Trois cents Africains « sans-papiers » ont occupé l'église Saint-Ambroise, réclamant leur régularisation. Ils estiment y avoir droit : « Nous ne sommes ni des clandestins, ni des SDF, mais victimes d'une législation kafkaïenne imposée aux immigrés, qui est indigne de la "patrie des droits de l'homme" ».

Oui, mais occuper une église ? Et dans des conditions insalubres ! Les autorités ecclésiastiques s'inquiètent. Il vaut mieux faire évacuer ce lieu de culte. Les Africains investissent un collège. Même jeu. Intervient alors cette femme courageuse, généreuse, présente dans toutes les causes humanitaires, Ariane Mnouchkine, directrice du théâtre du Soleil, à la Cartoucherie de Vincennes. Non contente de leur offrir pour dix jours l'hospitalité de cet espace de création et de verdure, elle mobilise en leur faveur un cortège de femmes et d'hommes connus pour leur engagement civique. Anticipant sur le rôle que ces vingt-cinq amis pourront jouer, elle leur donne un nom : le Collège des médiateurs.

Insensiblement, sans l'avoir souhaité, du fait de l'âge et de mon titre d'ambassadeur de France, j'en deviens le porte-parole.

Devant le sobre et élégant décor du *Tartuffe*, face aux gradins de la salle, une conférence de presse présidée par Noël Copin réunit Germaine Tillion, Laurent Schwartz, Lucie et Raymond Aubrac, Paul Ricœur, Edgar Morin Paul Bouchet, Jacqueline Costa-Lascoux, l'amiral Sanguinetti, Jean-Pierre Vernant, Monique Chemillier-Gendreau, les pères Berjonneau, Costes et Madelin, le pasteur Louis Schweitzer et moi.

Sur les gradins, les familles africaines, leurs bébés vagissants, leurs délégués dignes et tendus, les représentants des associations de soutien, le MRAP, le GISTI, Droit devant !, la CIMADE, Mgr Gaillot, Léon Schwartzenberg. Assise dans l'angle de la grande salle, dispensant à tous chaleur humaine et boissons : Ariane Mnouchkine.

Nous nous expliquons : une régularisation globale est exclue, il faudra obtenir le maximum par un examen de la situation, cas par cas. Mais il faudra aussi poser le problème plus général : le caractère inhumain et absurde des pratiques législatives, administratives et judiciaires françaises et européennes concernant l'immigration.

Quelle sorte de médiateurs pourront être ces femmes et ces hommes dont la plupart me sont si proches, dont certains ont été à plusieurs moments de ma vie des exemples ou des symboles ? De quel poids, ensemble, pèserons-nous ?

Commence alors un parcours épuisant et assez pathétique à la recherche d'un minimum de crédibilité. Auprès des Africains d'abord, et des associations qui les soutiennent, qui réclament pour eux et avec eux une régularisation globale. Auprès des pouvoirs publics ensuite, qui ne veulent pas de médiateurs et comptent s'en tenir aux procédures en vigueur pour n'accorder de cartes de séjour qu'à celles et ceux qui entrent dans la catégorie admise par la loi : parents étrangers d'enfants français. Aller au-delà, ce serait susciter cet « appel d'air » qui préluderait à l'« invasion » de la France par les « hordes » du Sud.

Nous adoptons une position intermédiaire, la plus ouverte possible, mais non incompatible avec les textes : régularisation au cas par cas mais à un rythme et selon des critères qui permettent d'accueillir durablement dans la société française toutes celles et tous ceux qui démontrent la volonté et la capacité de s'y intégrer.

Faute d'autre perspective, mais à contrecœur, tant leur premier objectif est de rester tous solidaires, les délégués des Africains acceptent notre aide pour aller vers cette solution. En attendant, obligés de quitter les verts ombrages de Vincennes, ils ont trouvé refuge dans un entrepôt de la SNCF à proximité de la gare de l'Est, dont les portes leur ont été ouvertes, en toute irrégularité, par les cheminots syndicalistes de la CFDT.

Reste pour nous à convaincre les pouvoirs publics de nous accepter, comme médiateurs. Rien ne les y contraint. A force de démarches et de communiqués de presse, soutenus par les meilleurs journalistes, nous pensons y être parvenus le jour où les collaborateurs les plus proches du Premier ministre décident de nous recevoir. Ils conviennent avec nous d'une procédure qui répond apparemment à nos critères et à notre hâte de trouver une solution : elle devrait ne laisser de côté qu'une faible proportion des « sans-papiers » concernés. Ceux-là devront rentrer dans leurs pays, mais en bénéficiant d'une aide financière pour leur réinstallation.

Devenus ainsi médiateurs *de facto*, sinon *de jure*, nous observons le travail intense et accéléré des collaborateurs de la Direction générale de la police, chargée de centraliser l'opération dans son ensemble : ils ont pour tâche de soumettre près de trois cents dossiers à un examen « bienveillant ». Le directeur général nous remet plus de deux cents convocations, que nous distribuons le soir du 24 mai aux Africaines et Africains dont les mains se tendent, espérant qu'elles sont le signal d'autant de régularisations. Ce soir-là, dans l'entrepôt mal éclairé de la rue Pajol, l'émotion est forte. Une grève de la faim a commencé huit jours plus tôt, qui nous inquiète particulièrement : des femmes et des enfants courent des risques que l'association Médecins du monde tente de pallier dans une ambiance tendue ; des associations militantes mettent en cause notre méthode, qui leur semble naïve et inefficace. Parmi les Africains, certains, qui n'ont confiance en personne, agitent la menace de manifestations de rue. Les modérés vont-ils l'emporter ?

Le lendemain matin, nous apprenons que la grève a pris fin et que les entretiens vont commencer. Notre médiation a-t-elle franchi sa plus importante étape ?

Il est convenu que les conseillers du Premier ministre, qui nous félicitent de notre contribution à l'apaisement du conflit, nous préviendront des propositions de régularisation que la préfecture doit leur soumettre. Les journées passent. Les Africains s'impatientent. Ils ont tous joué le jeu, permis aux autorités de tout savoir sur eux, y compris les données qui les mettront en mesure de les arrêter et de les expédier chez eux par « charters » s'ils ne sont pas régularisés

Tout va dépendre de la proportion des régularisations. Les trois quarts des dossiers examinés ? Les quatre cinquièmes ?

Accroché au téléphone, j'insiste pour que nous ayons sans tarder une discussion décisive à Matignon : connaître les propositions de la préfecture et obtenir du Premier ministre un geste politique nettement plus généreux. Bref, que notre travail de médiateurs aboutisse.

La chute est douloureuse. Je reçois le 26 juin à 11 heures la proposition par téléphone d'une rencontre avec les collaborateurs du Premier ministre, le jour même, à midi. Par une chance extraordinaire, sept des médiateurs parviennent à se libérer et nous nous retrouvons à Matignon pour entamer la discussion tant attendue.

A l'annonce qui nous est faite que moins de 15 % des cas examinés pourront bénéficier d'une régularisation, nous réagissons avec vivacité : une telle décision est inacceptable, elle exclut tout apaisement, elle ne correspond en aucune façon aux critères retenus. Il faut la réexaminer avec notre concours. Nous quittons Matignon à 13 h 30 résolus à obtenir plus.

Or, à 12 h 15, pendant que nous nous entretenions avec les collaborateurs du Premier ministre, l'AFP a diffusé un communiqué du ministère de l'Intérieur annonçant 48 régularisations dont 22 seulement pour « nos » Africains de la rue Pajol, précisant qu'aucun des autres « sans-papiers » ne pourra rester en France. Nous avons été joués sans vergogne. Il nous reste à faire appel au président de la République. Ou à trouver, pour reprendre notre tentativc, une autre instance investie officiellement d'une mission de médiation.

C'est encore à la Cartoucherie de Vincennes, devant le même décor du théâtre du Soleil, que nous convoquons une conférence de presse pour rendre public notre échec et notre indignation, pour mettre le gouvernement devant ses responsabilités. Ma femme m'a accompagné constamment à chacune des étapes de cette étrange médiation. Lorsque les autres ont fini de s'exprimer, elle demande la parole et lit le texte suivant :

Je ne suis ni médiateur, ni membre d'association, mais simple citoyenne. En tant que femme de médiateur, j'ai été le témoin silencieux de ce qui s'est passé depuis deux mois : dans le confort de leurs bureaux feutrés, des responsables, soucieux de leur carrière et peut-être aussi des prochaines élections, prennent de froides décisions, en toute bonne conscience, sur des dossiers qu'ils ne connaissent pas : ceux-ci sont traités par des services subalternes, dont les agents méritent tout notre respect pour leur dévouement.

Pour nous, derrière chaque dossier, chaque nom, se profile un visage, un être humain aux prises avec une législation complexe qui le désempare et le désespère.

Contrairement aux fonctionnaires décideurs, qui n'ont jamais eu la curiosité de passer dans l'entrepôt de la rue Pajol pour y découvrir ceux dont ils pensent s'occuper, nous avons partagé pendant deux mois les angoisses, les espoirs déçus de ces trois cents Africains ; nous avons appris à les connaître un peu, à les découvrir dans leur réalité humaine, leur solidarité, leur dignité et leur résistance à certaines pressions, certains discours démagogiques et boute-feu. Nous avons rencontré des femmes qui prennent soin de leurs jeunes enfants dans les pires conditions et sans aucun laisser-aller. Nous en avons vu qui, enceintes, portaient leur enfant dans la peur et les larmes. Parce que je suis une femme, je partage leur tourment et admire leur courage.

Mais j'ai vu aussi des médiateurs qui n'avaient rien à gagner dans leur engagement et qui n'ont plus à prouver ce qu'ils sont. Ils n'ont écouté que leur générosité, mais aussi ont agi en fonction de leur éthique et au nom des principes qu'ils ont toujours défendus. Je les ai entendus critiqués par certains, je les vois bafoués par plus médiocres qu'eux : ceux qui détiennent le pouvoir de décision. Ils ne se laissent pas ébranler par ces atteintes, mais moi, je les ressens avec infiniment d'amertume.

J'ai découvert dans le monde associatif des gens extraordinaires de dévouement et d'opiniâtreté. Mais j'en ai vu aussi d'autres dont le rôle était plus trouble, plus démagogique, peut-être aussi plus politique. Je dis à ceux-là qu'ils jouent un jeu néfaste dont seuls les Africains feront les frais.

Enfin, je voudrais dire aux Africains qu'ils ne peuvent nier les courants de sympathie, de solidarité, l'infatigable soutien qui se sont manifestés à leur égard. Un échec n'est pas la fin du monde. Chacun d'entre nous a connu des moments de désespérance.

> Parfois même pires. Chacun peut penser à des situations encore plus tragiques, en Afrique, au Liberia, en Somalie, au Rwanda, au Burundi... Mais on trouve toujours une solidarité sur sa route, des actes de générosité qui permettent de croire en l'être humain. D'avoir rencontré cela donne aussi des devoirs à l'égard des autres Les Africains peuvent faire preuve de solidarité à l'égard de leur continent d'origine. Ils peuvent le servir.
> L'autre soir, à la télévision, la fille du général Oufkir était interviewée à son arrivée en France : on lui demandait pourquoi le choix de cette destination d'asile. Elle a répondu très simplement que du fond de sa prison elle rêvait de la France comme du symbole de l'accueil et des droits de l'homme. *« I have a dream »* : que mon pays retrouve ses valeurs.

Ces paroles de Christiane résument bien pour moi le sens à donner à notre engagement. Sa valeur est dans sa pérennité.

Après le premier échec, les Africains n'ont pas lâché prise. Obligés de quitter la Cartoucherie, ils ont occupé, avec le consentement évangélique du père Coindé, curé de la paroisse, l'église de Saint-Bernard, au cœur du quartier le plus pauvre de Paris, la Goutte-d'Or. Dix d'entre eux, n'écoutant ni les conseils de leurs délégués ni les objurgations des « médiateurs », y ont entamé une grève de la faim. Leur combat, mené avec un sens aigu des responsabilités et la volonté imperturbable de rester solidaires, a duré cinquante jours. Le 23 août, onze cents CRS ont brutalement évacué l'église sans pour autant mettre fin à une situation de plus en plus inextricable. Le gouvernement, qui avait d'abord reculé en doublant le nombre des régularisations mais sans sortir de l'arbitraire, s'est déshonoré par les méthodes utilisées pour humilier des Africains qui savaient lui tenir tête.

Notre combat, notre pseudo-médiation, qui semblait avoir lamentablement échoué en juin, a bénéficié peu à peu du soutien des journaux, des médias, des syndicats, d'une partie croissante de la classe politique, au fur et à mesure que se multipliait en France et ailleurs en Europe le nombre des collectifs de « sans-papiers ».

Ainsi l'expérience, si fraîche pour moi puisqu'elle est intervenue alors que mon manuscrit était achevé, des « sans-papiers » de Saint-Bernard confirme les relations que j'ai éprouvées tout au long de ma vie entre la médiation, son échec et sa résurgence. Quelque part en moi, le médiateur ne renonce jamais. L'espoir qu'il a suscité peut subir des éclipses. Certaines peuvent durer dix jours, dix ans, un siècle. Mais pendant cette éclipse d'autres espoirs prennent corps, qui vont plus loin que l'espoir provisoirement évanoui. Et c'est mon choix le plus existentiel que de rester le messager de ces nouveaux équilibres.

Il me revient que je suis né sous le signe de la Balance – en latin, *Libra* : une racine forte, où prennent leur source le « livre » et la « liberté », le signe aussi de celui qui ne cesse de peser le pour et le contre.

Il me revient qu'en choisissant pour nom Kadi avec détermination à l'âge de trois ans, j'avais consacré ce médiateur des différends qu'est le juge musulman.

Il me revient que, Français né Allemand, je n'ai à aucun moment, même dans l'angoisse des interrogatoires, cessé de rechercher la rencontre entre ces deux cultures, ces deux peuples, qui, ensemble, seraient les médiateurs potentiels entre les violences du passé et les équilibres qui conditionnent l'avenir.

Il me revient que, à la lecture du premier grand roman qui a fasciné mon adolescence, les *Affinités électives*, je suis tombé sur un personnage modeste mais crucial, que Goethe a appelé Mittler. Un nom qui désigne précisément cette fonction de médiateur dont les quatre héros du roman n'ont pas su tirer profit. Parce que sa médiation échoue, parce que la passion l'emporte sur la sagesse, Mittler symbolise la revendication – au-delà du roman – d'une société plus libre, plus harmonieuse.

De tous les longs poèmes de Rilke, celui que je suis le plus fier de savoir par cœur chante la médiation manquée d'Hermès entre Orphée et Eurydice. Ses derniers vers disent la mélancolie du dieu, qui suit du regard la jeune femme, déjà devenue racine, et qui, son amant n'ayant pu s'empêcher de se retourner vers elle, rentre aux enfers « incertaine, douce et sans impatience ».

Il n'y a pas de médiation réussie. Mais chacune, par son échec même, ouvre la voie à une autre, plus large, qui va échouer à son tour. C'est par leur enchaînement inlassable que s'écrit l'histoire courageuse de notre espèce.

Août 1996.

Table

RÉALISATION : PAO ÉDITIONS DU SEUIL
IMPRESSION : **BUSSIÈRE CAMEDAN IMPRIMERIES** À SAINT-AMAND-MONTROND
DÉPÔT LÉGAL : MARS 1997. N° 23556-4 (1/1079)